权威·前沿·原创

皮书系列为
"十二五""十三五"国家重点图书出版规划项目

东盟文化蓝皮书

BLUE BOOK OF
ASEAN CULTURE

东盟文化发展报告
（2020）

ANNUAL REPORT ON ASEAN'S CULTURE DEVELOPMENT
(2020)

主　编／刘志强　谈　笑
副主编／蒙　霖　林　丽　李婉珺

社会科学文献出版社
SOCIAL SCIENCES ACADEMIC PRESS（CHINA）

图书在版编目（CIP）数据

东盟文化发展报告.2020/刘志强，谈笑主编. ——
北京：社会科学文献出版社，2020.11
（东盟文化蓝皮书）
ISBN 978 - 7 - 5201 - 7210 - 3

Ⅰ.①东… Ⅱ.①刘… ②谈… Ⅲ.①文化发展 - 研
究报告 - 东南亚国家联盟 - 2020 Ⅳ.①G133

中国版本图书馆 CIP 数据核字（2020）第 164144 号

东盟文化蓝皮书
东盟文化发展报告（2020）

主　　编／刘志强　谈　笑
副 主 编／蒙　霖　林　丽　李婉珺

出 版 人／谢寿光
组稿编辑／周　丽
责任编辑／张丽丽　徐崇阳
文稿编辑／李惠惠

出　　版／社会科学文献出版社 · 城市和绿色发展分社（010）59367143
　　　　　地址：北京市北三环中路甲 29 号院华龙大厦　邮编：100029
　　　　　网址：www. ssap. com. cn
发　　行／市场营销中心（010）59367081　59367083
印　　装／天津千鹤文化传播有限公司

规　　格／开 本：787mm × 1092mm　1/16
　　　　　印 张：19.5　字 数：289 千字
版　　次／2020 年 11 月第 1 版　2020 年 11 月第 1 次印刷
书　　号／ISBN 978 - 7 - 5201 - 7210 - 3
定　　价／158.00 元

广东外语外贸大学国别和区域高等研究院成果

教育部省部共建协同创新中心——广东外语外贸大学"21世纪海上丝绸之路协同创新中心"成果

广东外语外贸大学科研创新团队成果

亚非语言文学二级学科博士授权点成果

编撰说明

  《东盟文化蓝皮书：东盟文化发展报告》是广东外语外贸大学"中国—东盟人文研究科研创新团队"的阶段性成果之一。作为 2000 多年来从未中断通商的商业港口，广州与东南亚国家之间的经贸、文化往来早已为史书所记载。多年来，广东一直是中国与东盟贸易额最大的省份。2019 年是中国—东盟落实"2030 愿景"的开局之年。根据中国海关统计，2019 年东盟取代美国成为我国第二大贸易伙伴，进出口贸易总额达到 4.43 万亿美元，同比增长 14.1%，其中广东与东盟贸易额为 1.02 万亿美元，同比增长 6.9%。广东同时是"21 世纪海上丝绸之路"的门户，对广东外语外贸大学而言，外语和经济是其两大优势学科，外语学科特别是东盟国家语种专业如何适应"一带一路"新要求，摆脱过去因单一教授外语技能而忽视人文素养的培养模式，是摆在新一代年轻教员面前的课题。

  中国与东盟构建命运共同体的关键还是"民心相通"，"民心相通"的前提是相互了解，而不了解东盟国家的文化发展，又何谈"民心相通"？

  自 2018 年公开发行国内第一本《东盟文化蓝皮书：东盟文化发展报告（2018）》以来，本著已是第三本，内容涵盖东盟全体成员国的年度文化发展报告以及文化遗产专题研究报告。2017 年我国教育部成立了中外人文交流中心，说明国家比以前更为重视中外人文交流，我们希望此书的出版，能对中国了解东盟国家的文化有所助益。

  广东外语外贸大学国内外诸多师友、同行，特别是社会科学文献出版社对本书的编撰给予大力支持，在此表示衷心的感谢！我们的编撰者全部精通对象国语言，运用的大多是第一手文献资料，囿于水平，本书难免挂一漏万，敬请各位读者和专家批评指正。

编者

2020 年 5 月

陈奉林（北京师范大学历史学院）

邢丽菊（复旦大学国际问题研究院）

黄　群（广东省外事办公室）

聂　槟（对外经济贸易大学）

孙晓萌（北京外国语大学）

顾佳赟（北京外国语大学）

傅聪聪（北京外国语大学）

李庆新（广东省社科院历史所、广东海洋史研究中心）

牛军凯（中山大学国际关系学院）

周　鑫（广东省社科院历史所、广东海洋史研究中心）

郭　渊（暨南大学中外关系研究所）

蔡昌卓（广西艺术学院）

范祚军（广西大学中国—东盟研究院）

汤文辉（广西师范大学出版社）

陈国保（广西师范大学越南研究院）

施雪琴（厦门大学南洋研究院）

陈彦辉（广东外语外贸大学）

陈　平（广东外语外贸大学）

陆　生（云南民族大学南亚东南亚学院）

刘忠政（四川外国语大学重庆非通用语学院）

张　旭（广西民族大学国际学部）

滕成达（广西民族大学东盟学院）

黎巧萍（广西民族大学东南亚语言文化学院）

覃秀红（广西民族大学东南亚语言文化学院）

主编简介

刘志强 博士，教授，广东外语外贸大学东方语言文化学院院长。主要研究方向为越南文史、东南亚文史，兼任四川外国语大学、云南大学等客座教授。个人代表作有：《占婆与马来世界的文化交流》（社会科学文献出版社，2013）、《越南古典文学名著研究》（商务印书馆，2018）。

谈 笑 博士，副教授，广东外语外贸大学东方语言文化学院副院长。主要研究方向为马来文学文化。个人代表作有：《文化视域中的马来班顿研究》（上海交通大学出版社，2018）。

摘　要

2019 年东盟国家的文化发展一如往年，统一性与差异性并存。统一性是指东盟各国政府部门负责制定文化规划和政策，重视传统文化的继承与保护，将建构民族文化置于国家文化发展的本位，同时加强东盟各国之间，以及与中国、韩国等国家的文化交流。差异性是指各国经济、宗教、民族、社会等基本国情千差万别，文化发展的表现形式也千变万化。市场经济机制较为成熟的国家，如新加坡，文化市场商业模式成熟，政府角色日益回归幕后。文莱文化发展则显示出日益年轻化和商业化趋势，强调伊斯兰文化特色。泰国强调佛教和王室作为泰国民族文化内核的地位。菲律宾则是引入"文化绘图"等方式来寻求本土化和全球化之间的平衡。非物质文化遗产保护是缅甸、老挝、柬埔寨文化的长期主题词，蒲甘申遗、震后佛塔修复、柏威夏和高盖遗址保护、吴哥窟修复等都有难度大、周期长的特点，因而引入外部技术和资金支持难以避免。

关键词：多元文化　文化交流　非物质文化遗产　东盟

目　录

Ⅰ　总报告

Ⅱ　国别篇

Ⅲ　文化遗产篇

Ⅳ 文化交流篇

皮书数据库阅读**使用指南**

总 报 告

General Report

B.1
2019年东盟国家文化发展总论

刘志强*

摘　要：　2019年，东盟各国在对内文化发展和对外文化交流方面均取得了较大的进展。各国利用文化资源积极发展旅游，促进经济社会发展。多个国家的文化遗产被列入《世界遗产名录》。同时，保护和传承非物质文化遗产，成为东盟各国政府相关部门的共识。东盟各国在2019年还加强了与中国和韩国等周边国家的文化交流。

关键词：　文化传承　文化交往　东盟文化

---

* 刘志强，广东外语外贸大学东方语言文化学院教授。

2019 年，东盟地区政治、社会稳定，经济也获得了较快的发展，东盟各国文化由此也得到了进一步发展。各国充分重视本土文化的保护和传承，在自上而下的政策推进下，加强文化对外交流与合作，积极推进本国文化遗产的宣传和申遗工作。综观 2019 年，东盟国家的文化发展具有统一性、差异性和挑战性。

一 东盟国家文化发展的统一性

东盟各国文化的发展政策具有一定的统一性，2019 年也不例外。第一，各国政府部门通常会制定符合自身国情的文化发展规划及政策，使其文化的发展尽量按照政府的既定轨道演进。

以马来西亚为例，马来西亚新的国家文化政策将配合政府提出的"2030 年共享繁荣愿景"推出。马来西亚国家文化政策还具有明确的原则。早在 1971 年，马来西亚坚持的国家文化政策三个原则包括：马来西亚国家文化应该以本国世居民族（马来族）之文化为核心；其他民族文化中适应性强及合理的因素可以被吸纳进入国家文化；伊斯兰教是构建国家文化的重要因素。这一强调族群文化核心的国家文化政策原则经过 40 多年的坚持，于 2019 年调整为四大原则：一是（国家文化政策）置于联邦宪法和国家原则框架内，二是以本地人民文化为核心，三是以高尚文化和宗教价值为核心，四是强调可持续性和文化传承多样性。[①] 但 2019 年的国家文化政策原则较 1971 年所制定的是否有实质性的差异，仍有待观察。

较之马来西亚，越南在 2009 年即向全国下发了《关于批准到 2020 年文化发展战略的决定》，并于 2019 年制定了未来十年越南文化发展战略草案。越南国家文化艺术研究院院长裴怀山指出，新战略的目标是发展全方位的越南文化，引导个人向"真、善、美"发展，濡染民族精神，提升人文、民

---

① 谈笑：《2019 年马来西亚文化发展报告》，见本书分报告。

主和科学涵养，建设健康的文化环境，防止道德滑坡、生活腐化。在政治和经济活动中建设文化，在建设文化和完善人格中发挥家庭、学校和社会的作用。提升文化活动的质量和效果，提高满足民众文化需求的能力，逐步缩小城市和农村、各地区、各社会阶层之间在"精神食粮"方面的差距。动员全社会的力量以完善文化体制，保护和发挥文化遗产、少数民族文化价值，发展文学艺术事业等。建设和管理文化市场，发展文化产业，推动国际交流与合作，加大向世界推广越南文化的力度等。①

印度尼西亚则在2018年出台了印度尼西亚文化战略文件，并提出七项文化促进战略议程，其文化促进整体规划由印度尼西亚人类和文化发展事务统筹部负责拟定。印度尼西亚认为，文化促进是指通过文化保护、发展、利用和指导来提升印度尼西亚文化在世界文明中的韧性和贡献。同时，印度尼西亚的文化促进活动由文教部部长进行统筹，由中央和地方政府来共同实现文化的主流化。各省、市均制定了相关的文化纲要和文化战略规划。②

第二，多数国家重视本国传统文化，尤其是对文化遗产的保护与传承。多数国家制定了文化遗产保护的相关政策和法规，如缅甸于2019年颁布了新的《文化遗产区域保护法》，泰国则颁布了《非物质文化遗产传承与保护指导方针》。③ 各国均利用文化遗产促进旅游、发展经济。各国在"申遗"工作上取得较大的进步。2019年，缅甸蒲甘古城、印度尼西亚苏门答腊省沙哇伦多的翁比林煤矿、老挝川圹石缸平原正式入选《世界遗产名录》。同年，越南岱依族、侬族和泰族的天恩仪式（Then Practice），④ 马来西亚的传统自卫格斗术希拉（Silat），⑤ 印度尼西亚传统武术班查希拉（Penencak Silat），泰国的泰式按摩，成功入选联合国教科文组织《人类非物质文化遗产代表作名录》。

---

① 林丽：《2019年越南文化发展报告》，见本书分报告。
② 袁海广：《2019年印度尼西亚文化发展报告》，见本书分报告。
③ 陈诗：《泰国非物质文化遗产专题报告》，见本书专题报告。
④ 蒙霖：《越南非物质文化遗产专题报告》，见本书专题报告。
⑤ 侯燕妮：《马来西亚非物质文化遗产专题报告》，见本书专题报告。

第三，尽管各国意识形态、宗教信仰、经济社会发展程度等存在差异，但无一例外均重视文化的对外交流。东盟各国的对外文化交流，以与传统友邦，东盟内部其他国家，中、韩、日及与欧美各国的交往为主。以老挝为例，早在2013年，老挝制定的《国家社会经济发展"八五"规划》就明确了老挝文化事业发展的总方针，其中包括"积极对外宣传老挝民族传统文化"，"有甄别地汲取人类进步文化，以契合时代发展"。2019年1月，老挝政府明确2019年对外交流的重点，即继续加强与各友好国家及国际组织的交流与合作，切实推进各项目的落实，尤其是注重贯彻老越、老中双方领导人达成的各项共识。2019年12月，"2019年越南文化周"在老挝首都万象举行，中国电视连续剧《红楼梦》在老挝国家电视台播出。同时，老挝还加强了与日本、韩国以及欧洲国家之间的文化交流。老挝新闻文化旅游部部长出席了在日本东京举行的"老挝文化周"。韩国总统文在寅则在2019年访问了老挝，韩国驻老挝大使馆在万象主办了"2019年韩国美食烹饪大赛"。①

第四，各国均加强与中国的文化交流与合作。这一方面是由于历史和地理上的联系，另一方面是由于中国国力日益强盛，与东盟国家经贸关系日益密切，同时积极与东盟各国进行文化交流与合作。自中国提出"一带一路"倡议以来，东盟多数国家与中国的文化交流日益增强。以缅甸为例，中缅不仅是近邻，且中国已经连续多年成为缅甸第一大贸易伙伴。此外，中国还是缅甸最大的外国游客来源国，两国之间每周有150多趟直飞航班。2019年8月，中国电视连续剧《红楼梦》开播仪式在内比都举行。9月，中国在同地举行了隆重的"中国电影节"，缅甸宣传部副部长吴昂腊吞出席了这一活动。② 2019年，中柬两国在金边组织了"中国—柬埔寨文化旅游年"活动，柬埔寨副首相贺南洪、中国文化和旅游部部长雒树刚等出席了开幕式。同年，柬埔寨首相洪森获北京大学授予的"名誉教授"称号。③ 2019年，泰

---

① 刘颖君：《2019年老挝文化发展报告》，见本书分报告。
② 吴迪：《2019年缅甸文化发展报告》，见本书分报告。
③ 黎国权：《2019年柬埔寨文化发展报告》，见本书分报告。

国与中国的文化交流再创辉煌。泰国公主诗琳通被中国授予中华人民共和国"友谊勋章"。李克强总理访泰，与泰国总理巴育共同发表了《中华人民共和国与泰王国政府联合新闻声明》，双方同意推动落实《中华人民共和国文化和旅游部与泰王国文化部2019年至2021年文化交流执行计划》。①

第五，韩国和日本进一步加强了对东盟国家文化的影响。以韩国为例，2019年是韩国和东盟建立对话关系30周年以及韩国—东盟中心成立10周年，东盟已经发展成为韩国的第二大贸易伙伴。2017年，韩国推出了"新南方政策"，韩国与东盟国家文化交流越发紧密，韩国相关的组织机构主要包括韩国—东盟合作基金、韩国—东盟中心和东盟文化院。在东盟国家中，韩国与泰国和越南两国的文化交流较为密切。2019年，访韩的泰国游客规模达到57万人次，居东盟各国首位；访泰的韩国游客规模达到170万人次，居东盟各国第二位。2019年，韩国总统文在寅访问泰国，并出席了在泰国举行的"韩国语演讲比赛"。泰国是最早将韩国语设置为高考科目的东盟国家。文在寅访泰期间，与泰国总理巴育签署了六份谅解备忘录，被认为是韩国"新南方政策"与"泰国4.0发展战略"的良好对接。

韩越文化交往不亚于韩泰。2019年，到访越南的韩国游客达到386万人次，远超访泰数量。访韩的越南游客达到了56万人次，在东盟国家中排名第二。越南于1997年便引进了韩国电视剧《初恋》，成为最早引进"韩流"的东盟国家。除泰国和越南之外，印度尼西亚、马来西亚、菲律宾和新加坡与韩国的文化交流较柬埔寨、缅甸、老挝和文莱更为密切。② 韩国之所以与泰国、越南文化交流密切，有其历史和文化的因素。以韩国和越南为例，受汉文化影响，两国在传统儒家思想、家庭观念等方面具有一定的相互认同。

---

① 《中华人民共和国政府和泰王国政府联合新闻声明（全文）》，新华网，2019年11月5日，http：//www. xinhuanet. com/2019 – 11/05/c_ 1125194826. htm。

② 易超：《2019年韩国与东盟的文化交流》，见本书专题报告。

二 东盟国家文化发展的差异性

首先是由于各自国情差异，东盟各国文化发展总体具有不一致性。东盟各国文化的发展，均受其政治体制、经济社会发展水平、主流意识形态与宗教、历史传统、民众受教育程度等诸多因素的影响。东盟国家的政体差异性较大。马来西亚、泰国、柬埔寨是君主立宪制，新加坡是议会制共和制，文莱是绝对君主制，菲律宾和印度尼西亚是总统制，越南和老挝是人民代表大会制，[①] 缅甸是总统制共和制。

各国经济发展程度不同，文莱、新加坡、马来西亚、泰国经济社会发展水平较高，菲律宾、越南、老挝、柬埔寨、缅甸经济社会发展水平相对较低。2019 年，东盟各国人均 GDP 和文化消费仍具有差异。根据"是否农林渔业经济占主导"划分，两类国家呈现的文化风格迥异。诸如泰国、越南、老挝、柬埔寨、菲律宾、缅甸、印度尼西亚，传统的稻作文化、农业文化在各国仍具有较大的影响。

较之东南亚其他国家，越南的社会主义文化具有鲜明的特色，这反映在越南社会文化的诸多方面。例如，2019 年，越南副总理在总结过去十年文化发展战略的实施效果时说，文化已经成为各级党委、政府、祖国阵线和各级社会团体的重要工作内容，发展文化和培养越南人的事业在越南革命进程中具有重要的意义和价值。越南文化较为重视思想政治宣传，如 2019 年，河内举行"永远保持对党的信心"文艺晚会庆祝越南共产党建党 89 周年，河内大剧院举行了"长征岁月""践行胡志明主席遗嘱 50 周年"等系列活动。除社会主义文化之外，越南文化也逐渐融入国际社会，但对于传统文化的重视是一直延续的。而对传统文化的重视，又以祭祖仪式为甚。2019 年 4 月 14 日，越南国会主席阮氏金银出席在富寿省举行的雄王"国祖"祭祖仪

---

① 张锡镇：《当代东南亚政治》，广西人民出版社，1995，第 223 页。

式。① 这在社会主义国家中，规格是罕见的。

实行君主立宪制、佛教是主要宗教的泰国，其文化政策凸显了这两者的优先性。2019 年 7 月，泰国总理巴育谈及政府政策时表示，政府政策主要包括 12 个方面，其中包括保护和尊重君主制、维护国家稳定与安全、发展宗教和传统优秀艺术文化等。泰国文化部部长易提蓬·坤本在 2019 年表示，泰国文化部会继续贯彻落实原有文化发展政策路线，同时强调文化部今后的首要工作是维护拉玛十世王及泰国王室的崇高地位，以拉玛十世王所提倡的"传承、保护、弘扬"路线为文化发展主要风向标，并将加强信息化时代的数字文化平台建设。② 除了宫廷文化，佛教文化可以说是泰国宗教文化的核心。

就越南和泰国文化发展的比较而言，尽管二者是东南亚中南半岛上相邻的国家，但是两国之间文化传统和文化发展的差异依然较大。与泰国类似，缅甸、老挝、柬埔寨的佛教文化在各自的文化发展中具有重要的地位和影响，但由于政体和经济社会发展水平等原因，泰国、缅甸、老挝、柬埔寨的文化发展也各具特点。如缅甸文化是在国家文化中央委员会和国家宗教事务与文化部的指导下发展，③ 缅甸强调宗教，但不像泰国将保护和尊重君主制放在工作首位。

其次是东盟各国文化发展内部实际强调和凸显的方面也有差异。马来西亚和印度尼西亚比其他国家更强调国语的重要性。2019 年，马来西亚出现了"爪夷文风波"，这是内部民族文化认同问题的体现之一。印度尼西亚在 2018 年即出台总统条例，规定凡在印度尼西亚工作的外国劳工必须进行印度尼西亚语培训。2019 年，印度尼西亚的《文化促进法》强调推广印度尼西亚语。2019 年，印度尼西亚对内还出台了印度尼西亚语应用的总统条例，对外则积极推广印度尼西亚语国际化。④

---

① 林丽：《2019 年越南文化发展报告》，见本书分报告。
② 唐旭阳：《2019 年泰国文化发展报告》，见本书分报告。
③ 吴迪：《2019 年缅甸文化发展报告》，见本书分报告。
④ 袁海广：《2019 年印度尼西亚文化发展报告》，见本书分报告。

新加坡由于城市国家等原因，其文化发展更体现出现代城市性和社区特点。这一点，从新加坡文化主管部门可见一斑。其文化发展主管部门是新加坡文化、社区和青年部（Ministry of Culture, Community and Youth），根据该部出台的《2019 年规划》，其使命是构建新加坡文化，提升新加坡人社会认同感，积累新加坡文化软实力。2019 年，新加坡文化发展仍多体现在现代性的文化演出、影视、视觉艺术、博物馆展览等方面。相对而言，文莱文化发展则是通过社会、文化、青年及体育活动，为马来伊斯兰君主制服务。2019 年文莱文化的发展同时体现出其商业化、年轻化、区域化等新特点。①

相对于泰国、越南、马来西亚、新加坡、文莱等国家，缅甸的文化发展更强调本国，与西方文化交流见少。菲律宾重视保护和传承本土文化，在处理殖民遗产、融入全球化趋势方面特色更为明显。2019 年，较之东南亚其他发展中国家，菲律宾各地开始运用先进的现代化理念和技术来保护和传承本国文化，其中包括联合国教科文组织推荐的"文化绘图"。②2019 年 10 月，菲律宾历史名城奥莫克（Ormoc）的"文化地图"上线开放，完整呈现了当地丰富的自然遗产、建筑遗产、非物质遗产和可移动遗产。

2017 年，碧瑶成为菲律宾首个被收录到联合国教科文组织创意城市网络名录民间工艺类的城市。2019 年，菲律宾碧瑶市将有 100 多年历史的文化遗址多米尼山发展为文化和艺术中心。该地曾经是西班牙修道士的度假区，二战期间还成为日本的刑讯室，后来又改为精神病患者康复治疗的酒店，后一度荒废。这说明菲律宾在灵活处理殖民遗产方面取得了良好的效果。这与东盟其他一些国家处理殖民遗产的方式略有差异。东盟国家中，多数曾被西方国家殖民过，取得民族独立后，这些国家在不同时期与西方国家进行了不同程度的文化交流。相对于其他东盟国家而言，菲律宾社会对西方

---

① 李婉珺：《2019 年新加坡、文莱文化发展研究报告》，见本书分报告。
② "文化绘图"的基本理念是利用数字技术收集、整理和分析当地文化数据和信息，构建文化地图，最终形成"地方文化肖像"，以此指导文化发展。

全球化思潮的接纳度较为特殊。2019 年 12 月，爱尔兰摇滚乐队 U2 在菲律宾马尼拉举行了首场演出，演出活动以旅美菲律宾诗人比诺·雷卢约（Bino A. Realuyo）的作品《菲佣》（*Filipineza*）为主题。这场演出活动可以说是菲律宾本土文化与英语流行文化的对话。诗人比诺·雷卢约的诗引发了对全球化进程中流散在世界各地的菲律宾佣工的多种思考。① 此外，菲律宾与西方接轨的选美文化及相关的社会文化批评也与东盟一些国家迥异。

三　东盟国家文化发展的挑战性

尽管东盟各国在文化发展上均取得了一定的成绩，但各种挑战依然存在。东盟各国内部的经济发展水平、族群问题、社会制度、宗教问题、人口问题等诸多因素均对文化发展产生了影响。

第一，东盟各国的经济发展水平在很大程度上影响了其文化的现代化进程。东盟国家中，越南、老挝、柬埔寨、缅甸的人均 GDP 均在 3000 美元以下，菲律宾、印度尼西亚的人均 GDP 为 3000～5000 美元。2019 年，尽管泰国人均 GDP 超过了 8000 美元，但上述这些国家均属于发展中国家，且内部不同阶层的经济收入差距也较大。国家的文化建设理想，传统文化的保护、传承和推广与国家经济实力具有密切关系。此外，这些国家的国民参与文化现代化建设仍受到经济能力的束缚。以印度尼西亚为例，印度尼西亚语要成为国际语言，仍需要加大本国经济社会的发展力度。

第二，族群问题对东盟国家内部文化的协调也产生重要的影响。以马来西亚为例，除了"爪夷文风波"，2019 年还出现了华文独中统考文凭问题、拉曼大学教育拨款问题，均涉及国内族群问题。再以印度尼西亚为例，强调提升印度尼西亚语的地位和作用是印度尼西亚文化政策的重要内容，这与主体民族人口占比达不到总人口的一半有一定的关系。与此相对，越南尽管有

---

① 谢苏丽：《2019 年菲律宾文化发展报告》，见本书分报告。

54 个民族，但主体民族越族人口占比超过 87%；缅甸的主体民族缅族人口占比也超过 65%。因此，这些国家对内的语言政策并没有似印度尼西亚对国语的强调那般突出。东盟各国尤其是发展中国家，主体民族和非主体民族文化发展的平衡也对各国政府提出了挑战。

第三，东盟国家之间文化软实力的竞争与合作。东盟大多数国家积极努力申报世界遗产，同时通过获批的世界遗产吸引游客，扩大知名度，提升各国在国际上的形象。这在一定程度上产生了相互之间的竞争。例如，马来西亚和印度尼西亚都申报了传统自卫格斗术，希望入选世界非物质文化遗产，马来西亚以"希拉"申报，印度尼西亚以"班查希拉"申报，没有实行联合申报。而两国共有的传统诗歌艺术形式班顿（Bantun）则实行了联合申报，并被联合国教科文组织列入 2020 年审核项目的计划。[①] 缅甸则对东盟国家之间在文化遗产领域的竞争直言不讳。缅甸国家非物质文化遗产保护提升委员会主席、宗教事务与文化部部长杜拉吴昂哥多次强调，如果我们不对本国非物质文化遗产的存在状况、保护情况进行统计、记录和报告，就可能被某些邻国偷梁换柱、抄袭模仿、占为己有。这也是近年来缅甸加快推动申报世界非物质文化遗产项目的原因之一。[②]

第四，东盟国家与中国文化交流的挑战与合作。2013 年，习近平主席在出访东南亚国家期间提出了共建"21 世纪海上丝绸之路"的重大倡议，其中包括民心相通。总体上说，在东盟国家文化发展过程中，与中国开展文化交流是较难回避的，且在一定程度上比较顺畅，但也存在一些问题，主要是彼此之间的国家利益、文化差异等原因造成的。我们也看到了很多好的现象，例如，2019 年马来西亚与中国联合申报了"送王船"仪式，被联合国教科文组织列入 2020 年审核项目的计划。有一些申请项目可以联合申报，仍尚未合作开展。

第五，东盟国家与韩、日、美、欧洲国家之间的文化交流。由于韩、

---

① 侯燕妮：《马来西亚非物质文化遗产专题报告》，见本书分报告。
② 张卫国：《缅甸非物质文化遗产专题报告》，见本书专题报告。

日、美、欧洲与东盟一些国家存在意识形态、历史文化、宗教信仰等差异，东盟国家如何在保持传统与接收现代中达到协调和平衡的状态，仍然具有挑战性。原因之一是韩、日、美、欧洲国家文化对东盟国家青年一代具有较大的吸引力和影响力，为此，各国出台了相应的政策和办法。各国的国民性与本国文化认同有重要的关系，但是国家经济社会发展的现代性又难以避免向这些发达国家学习和借鉴。过于保守，经济社会发展可能相对缓慢；过于激进，保持本国的文化认同又面临较大挑战。

四　东盟国家文化发展展望

文化的发展是由各自国家的政治、经济等多种因素决定的，同样，文化也会反过来影响各国的政治、经济等领域，东盟国家的文化发展亦然。2019年，东盟各国文化发展取得了较大的成绩，有一些共性，也存在明显差异，面临一定的挑战。综观东盟各国文化的发展，有几点值得思考。

第一，东盟国家文化发展的内部动力是关键。传统文化保护和传承的程度、对外交流的开放度等首先由其政府或自上而下的政策演进决定。各国的种种文化表象体现出的更多是各国的国情特点和政府文化政策意志。因此，东盟国家内部文化的发展均受其政治、经济、宗教等因素的左右。

第二，中国与东盟国家的文化交流已经取得了较大的进展，相互之间彼此尊重、你情我愿，不必刻意为之。相较于对外交流，各国均更重视国内文化的建设，中国亦然。国家发展了，文化强大了，自然更能得到其他国家的尊重和借鉴。

第三，宗教文化仍然是东盟国家文化发展的一个重要特点。如何利用好宗教的积极因素，促进相关文化的进步，仍考验着各国执政者。如泰国、缅甸、老挝、柬埔寨等以佛教信仰为主，印度尼西亚、马来西亚、文莱则以伊斯兰教信仰为主。宗教显然成为这些国家文化的底色，若这些宗教文化得不到发展，其他文化领域也将受到制约。

　　全球新冠肺炎疫情尚未得到全面控制，东盟国家文化发展面临更多挑战，如文化旅游业受到严重冲击，东盟国家内部，东盟各国之间，东盟各国与中国之间，与韩、日、欧美各国之间的文化交往和旅游几乎中断了。2020年东盟国家文化发展的计划和诸多项目几乎搁置，我们期待东盟文化发展的下一个春天尽快到来。

国 别 篇

Country Reports

B.2
2019年马来西亚文化发展报告

谈 笑*

摘 要： 2019年，马来西亚"希望联盟"政府上台执政满一年，新政
府面临较多挑战，国内政局并不平稳，一些涉及语言文化和
族群关系的热点议题持续发酵。总体而言，马来西亚文化事
业取得了一定的发展，各项文化活动蓬勃开展，"多元共生"
的文化生态继续保持，对1971年旧版"国家文化政策"的修
订被提上议事日程，申遗方面取得了新的进展，国际文化合
作与交流进一步深化。

关键词： 文化事业 族群关系 马来西亚

---

* 谈笑，广东外语外贸大学东方语言文化学院副教授。

一　2019年马来西亚国内形势综述

（一）"希望联盟"政府执政面临诸多挑战

2018年5月，马哈蒂尔所领导的反对党联盟"希望联盟"（Pakatan Harapan，以下简称"希盟"）在马来西亚第14届大选中击败执政党联盟"国民阵线"（Barisan Nasional，以下简称"国阵"），马来西亚首次发生政党轮替，马哈蒂尔再度出任总理。到2019年底，"希盟"政府执政已满一年半，然而并未交上一份令马来西亚国民满意的答卷，选前提出的许多承诺未能兑现，尤其是在经济方面，2019年马来西亚国内生产总值（GDP）增速为4.3%，创10年来最低水平，2018年为4.7%。① 失业率居高不下，低收入者生活未能得到有效改善，国内民众满意度不高。2019年9月，两大在野党——巫统（UMNO）和伊斯兰党（PAS）正式结盟，向"希盟"政府发起强有力的挑战。"希盟"在西马（马来半岛）金马伦、士毛月、晏斗和丹绒比艾的四场国会议席补选中均告失利，颓势尽显。2019年底，在马来西亚汉文化中心主办的年度汉字评选中，"骗"字以最高票数6276票（24.62%）胜出，成为马来西亚2019年度汉字。② 这从一个侧面反映了社会公众对政府的不满。

（二）国家发展战略进一步调整

马来西亚历届政府在治国理念和执政方略方面有过一些著名的提法，如1991年马哈蒂尔在担任马来西亚第四任总理时提出的"2020宏愿"（Wawasan 2020），将"2020年成为先进国"作为马来西亚的奋斗目标；2008年，纳吉布任总理时提出的"一个马来西亚"（1 Malaysia）理念，

---

① 《马来西亚2019年经济增速创10年来最低水平》，〔新加坡〕《商业时报》2020年2月12日。
② 《2019年大马年度汉字为"骗"》，〔马〕《东方日报》2019年12月8日。

强调国家团结、族群和谐以及提升政府部门的工作效率；2016 年，纳吉布政府颁布的"2050 年国家转型计划"（TN50），目标是在 2050 年让马来西亚跨入全球顶尖 20 国行列。在 2018 年政党轮替之后，纳吉布时期提出的理念和计划不再适用。2019 年 10 月 5 日，面对不甚理想的执政局面及国内民众的质疑和不满，"希盟"政府推出"2030 年共享繁荣愿景"（Wawasan Kemakmuran Bersama 2030），该愿景是马来西亚 2021～2030 年的发展框架，承诺所有不同收入阶层、族群、政治、地区和供应链都获得公正、公平、包容的经济分配，确保马来西亚成为可持续发展国家。马哈蒂尔指出，"2030 年共享繁荣愿景"将调整国家发展重心，提升国民生活水平。该愿景的指导原则包括社会、经济、廉洁、行政等方面，旨在让马来西亚成为亚洲经济轴心国。为了成功落实该愿景而推出的七项策略主轴包括重构工商业生态系统、顺应未来经济发展，以及更有效地创造价值等。该愿景希望马来西亚不应仅满足于成为消费国，而是更具竞争力，成为未来经济的创造国、生产国、供应国、服务供应商。该愿景将从 2021年开始全面落实，并纳入马来西亚第十二个五年计划和第十三个五年计划。①

（三）"国家文化政策"的修订被提上议事日程

一个国家的文化政策反映了这个国家在文化领域的核心价值观，马来西亚原有的"国家文化政策"指的是 1971 年 8 月召开的"国家文化大会"上通过的三条原则：马来西亚国家文化应该以本国世居民族（马来族）之文化为核心；其他民族文化中合适及合理的因素可以被吸纳进入国家文化政策；伊斯兰教是构建国家文化的重要因素。40 多年来，虽然这个政策饱受争议，但是历届政府从未正式对其做出任何修订。"希盟"在竞选纲领中重提"马来西亚族"的概念，即以"国族"身份取代族群身份。执政之后，

---

① 《马哈蒂尔推出 2030 共享繁荣愿景，放眼大马成为"新亚洲之虎"》，〔马〕《马新社》（Bernama）2019 年 10 月 5 日。

"希盟"政府正式将对旧有"国家文化政策"的修订提上议事日程。2019年1月28日，马来西亚旅游、艺术和文化部部长莫哈末汀·可达比（Datuk Mohamaddin Ketapi）宣布，该部正在起草新的"国家文化政策"。新"国家文化政策"的愿景是通过全面完成艺术、文化和遗产方面的使命，实现国家"文化发达"的目标，将更加专注于国族身份认同并更具包容性。① 为此，该部专门成立了"文化政策处"。2019年5月2~3日，新"国家文化政策"商讨会议在吉隆坡召开，广泛征求社会各界人士的意见和建议。此举受到了马来西亚国内各界尤其是非马来族裔的欢迎，如马来西亚"禅文化艺术协会"就回应道："在制定新'国家文化政策'的过程中，我们必须以马来西亚人的身份和视野，跨越种族地思考，尊重及善用我国多元文化的特质和资源。我们有必要摆脱独尊单一文化的偏狭思维，而让多元文化丰富马来西亚人的精神生活，也让世人欣赏及学习马来西亚多元文化共存共荣的特质与经验。"会上公布了新"国家文化政策"的目标、原则和核心。其总体目标是实现国家进步和人民文化繁荣；其四大原则是置于联邦宪法和国家原则框架内、以本地人民文化为核心、以高尚文化和宗教价值为核心，以及强调可持续性和文化传承多样性的表达；其七大核心是文化价值、社会和谐、文化传承、优越文化、文化发展、强化文化和促进经济。2020年初，可达比宣布，配合"2030年共享繁荣愿景"，新的"国家文化政策"最迟会在2020年第一季度正式推出。②

二　马来西亚国内文化发展状况

2019年，"希盟"政府的"新政"举步维艰，保守主义势力有所回潮，马来西亚政局仍处于震荡之中。受政治局势的牵扯，一些与语言文化、教育

---

① 《新国家文化政策草案将于9月公布》（"Draf akhir Dasar Kebudayaan Negara yang baharu September ini"），〔马〕《每日新闻》（Berita Harian）2019年1月28日。

② 《旅游、艺术和文化部推介国家旅游和文化两项政策》（"MOTAC lancar 2 dasar baharu pacu pelancongan, kebudayaan negara"），〔马〕《每日新闻》（Berita Harian）2020年1月6日。

资源相关的热点问题持续发酵，不断引发马来西亚国内各界的热议。与此同时，马来西亚国内文化发展仍然取得了可观的成就，具有民族特色的文化遗产和文化传统进一步得到保护和弘扬，各类文化活动蓬勃开展，旅游、出版、影视、动漫等产业持续发展。

（一）热点问题持续发酵

2019 年马来西亚国内与文化教育有关的几大热点问题，大多仍然是历史问题的延续和拉扯，从一个侧面反映出族群关系依然是马来西亚国内最敏感的问题，这几大热点问题包括爪夷文风波、华文独中统考文凭问题、拉曼大学教育拨款问题等。

1. 爪夷文风波

爪夷文（bahasa Jawi，又译"爪威文"）是一种使用阿拉伯字母来书写马来语的文字，在马来世界流传已久。它的发展是同伊斯兰教的传入密切相关的，多用于宗教文本书写。1963 年，随着马来西亚政府制定的"国语法令"正式生效，罗马字母拼写的马来文正式成为马来西亚标准"国文"，之后爪夷文虽然获准继续使用，但已迅速式微。现今，马来西亚爪夷文出版物已较难寻觅，许多人读不懂爪夷文，包括马来人。2019 年 7 月 25 日的《星洲日报》报道，马来西亚教育部将从 2020 年开始在华语和泰米尔语小学增设爪夷文书法艺术课程，目的是培养学生对爪夷文书法艺术的兴趣与鉴赏能力。虽然教育部随后澄清此举并非强推爪夷文学习，只是书法欣赏，但该消息立刻引发争议，其中华社的反应最大。在多方施压之后，马来西亚教育部决定把原本 6 页的爪夷文单元改为 3 页，并且不列入考试项目，但这并未消除各界对于此问题的疑虑。12 月 9 日，《2020 年国民型学校四年级马来文课爪夷文字书法艺术单元教学指南》正式出炉，根据该指南，家长协会发问卷给家长后，必须统计家长的选择，并以简单多数 51% 决定是否推行爪夷文单元。[①] 此举引发了马来西亚国内华语和泰米尔语教育团体的反对和抗议，总理马哈蒂尔表示担

---

① 《家长简单多数决定！爪夷书法课是否教学》，〔马〕《星洲日报》2019 年 12 月 9 日。

心相关抗议活动将引发族群矛盾，而支持推行爪夷文课程的马来人团体如"国家爪夷文理事会"（Jawatankuasa Kongres Jawi Kebangsaan）则宣称如果教育部不愿意就此事展开多方对话协商的话，不排除将此事告上法庭。① 爪夷文风波究其实质是马来西亚国内各族群之间文化冲突的一个缩影，"希盟"政府在此问题上左右为难、骑虎难下，最终导致了教育部部长马智礼的辞职。

2. 华文独中统考文凭问题

马来西亚华文独立中学统一考试（以下简称"华文独中统考"），其所颁发的文凭称为统一考试证书（Unified Examination Certificate，UEC）。该文凭不被马来西亚政府承认，因此华文独中毕业生在马来西亚无法进入公立大学深造，只能报读私立高校。在国际上，有超过1000所公立和私立高等学府认可UEC，接受华文独中统考生直接申请入学，这些高校分布在新加坡、中国、日本、印度、澳大利亚、新西兰、英国、美国等。多年以来，马来西亚华社在全力争取该文凭得到联邦政府的承认。2018年，"希盟"在其竞选宣言中公开承诺将承认华文独中统考文凭，并可凭该文凭申请进入公立大学（IPTA）或申请成为公务员。然而，"希盟"政府上台之后迟迟未能兑现该承诺，引发了马来西亚华社的广泛不满。2018年10月，"希盟"政府专门成立"独中统考特别委员会"（PPDUEC），然而由于来自各方尤其是马来保守势力的压力，原定于2019年7月向政府提交的有关华文独中统考文凭认可问题的最终研究报告一再延期。② 事实上，与中央政府的迟缓相比，马来西亚地方政府在此问题上已经有所突破。2019年9月，沙巴州成为全马第五个承认华文独中统考文凭的州，另外四个州分别是砂拉越（又译"沙捞越"）、马六甲、槟城和雪兰莪。③

---

① 《爪夷文课题未谈妥或将告上法庭》（"Tanpa dialog isu tulisan jawi mungkin ke mahkamah"），〔马〕《每日新闻》（Berita Harian）2019年12月29日。

② 《教育部尚未收到UEC的报告》（"Kementerian Pendidikan belum terima laporan UEC"），〔马〕《每日新闻》（Berita Harian）2019年11月7日。

③ 《沙成第5个承认统考州属，华教组织盼希盟速兑诺》，〔马〕《星洲日报》2019年9月29日。

3. 拉曼大学教育拨款问题

2019 年 10 月 11 日，马来西亚财政部部长林冠英公布 2020 年政府财政预算案，主题为"驱动发展、公平成果、共享繁荣"。教育部连续两年获得最多拨款，从 2019 年的 602 亿令吉（马来西亚货币单位，又译"林吉特"）到 2020 年的 641 亿令吉，增加了 39 亿令吉，其中 7.83 亿令吉用于各类型学校维修校舍、更新设备、改善教学环境。国民型中学获得 2000 万令吉拨款，华文独中获得 1500 万令吉拨款，华文小学、泰米尔文小学、寄宿学校各获得 5000 万令吉拨款。此外，政府继续致力于推进技术教育和职业培训计划，将其拨款从 2019 年的 57 亿令吉增加到 2020 年的 59 亿令吉。[1] 从这份预算案可以看出，"希盟"政府非常重视发展教育，并给予了华校较以往更大的财政支持。然而，2020 年财政预算案中教育拨款方面涉及对拉曼大学（Universiti Tunku Abdul Rahman，UTAR）的拨款问题，在华社引起轩然大波。拉曼大学是由马来西亚最大华人政党马华公会（MCA）创办，并得到马来西亚各华人组织和团体广泛支持和赞助的一所大学。在"国阵"政府时期，马华公会是执政党联盟的一员，拉曼大学每年都获得数额可观的政府拨款，至 2018 年"国阵"下台前，依然有 3000 万令吉拨款。在"希盟"执政后，在 2019 年财政预算案中，拉曼大学未能继续获得行政拨款，只得到 550 万令吉发展拨款，马来西亚财政部部长林冠英所给的理由是"希盟"政府希望政党与教育脱钩，并要求马华公会放手。在 2020 年财政预算案中，拉曼大学只获得 100 万令吉发展拨款，这引起了拉曼大学支持者的强烈不满，之后林冠英改口，要求成立不受政党控制的"拉大校友总会信托基金会"，政府才给予行政拨款。在该基金会获得批准注册之后，2019 年 12 月 16 日，马来西亚财政部给予其拨款 4000 万令吉，此风波才告一段落。[2]

---

[1] 《教育获最高拨款》（"Pendidikan terima peruntukan tertinggi"），〔马〕《每日新闻》（*Berita Harian*）2019 年 10 月 11 日。

[2] 《希盟讲到做到，4000 万拉曼拨款到手啦!》，〔马〕《火箭报》2019 年 12 月 16 日。

（二）"申遗"取得新进展

马来西亚政府向来重视对非物质文化遗产的保护，注重本国民族传统艺术的传承和发扬。马来西亚是联合国 2003 年《保护非物质文化遗产公约》的签署国之一。2005 年，马来西亚颁布了《国家遗产法》，并成立了专门的职能部门国家遗产局。在 2019 年之前，该国已有两项内容入选联合国教科文组织《人类非物质文化遗产代表作名录》，分别是马来西亚传统戏剧"玛雍"（Mak Yong）（2005 年入选）和马六甲州传统音乐舞蹈"东当沙央"（Dondang Sayang）（2018 年入选）。2019 年，马来西亚在申遗方面再次取得突破性进展。在 2019 年 12 月 9 ~ 14 日于哥伦比亚首都波哥大召开的"第 14 届保护非物质文化遗产政府间委员会会议"上，马来西亚传统自卫格斗术"希拉"（Silat）被正式收录入联合国教科文组织《人类非物质文化遗产代表作名录》，这代表该文化遗产获得了世界级认可。① 此外，2019 年 4 月，马来西亚旅游、艺术和文化部还将另外 4 项国家级非物质文化遗产向联合国教科文组织提交了申请，分别是马来西亚传统诗歌"班顿"（Pantun）、吉兰丹州传统刺绣"松革"（Songket）、吉打州传统戏剧"梅克穆隆"（Mek Mulung）和马六甲州华人传统活动"王舡大游行"（WangKang）。马来西亚旅游、艺术和文化部部长可达比表示："这些文化遗产的地位应进一步提高，并世世代代传承下去。我们正在向联合国教科文组织推荐这些文化遗产，并且希望能尽快达成心愿。"②

（三）文化活动保持繁荣

2019 年，马来西亚中央政府及各级地方政府、民间团体共同努力，组织了丰富多彩的各类文化活动，展现了马来西亚"多元共生"的文化生态，

---

① 《"希拉"受到联合国教科文组织认可》（"Silat terima pengiktirafan UNESCO"），〔马〕《马新社》（*Bernama*）2019 年 12 月 13 日。

② 《旅游、艺术和文化部向联合国教科文组织提交四项申遗》（"MOTAC cadang 4 warisan negara diiktiraf UNESCO"），〔马〕《每日新闻》（*Berita Harian*）2019 年 4 月 26 日。

继续向世界呈现"亚洲魅力所在"的文化特色。为凸显"文化大熔炉"特色，展现多元文化之美，马来西亚旅游局在2019年初就制定和推出了全年九大文化节系列活动。这九大文化节分别是：2月在新山举行的华人新年活动"妆艺大游行"（Chingay），2月28日至3月4日在巴西古当举行的"世界风筝节"，3月1~3日在玻璃市举行的庆丰收活动"东风节"，4月14日在槟城举行的锡克教徒"收获节"（Vaisakhi），5月30~31日在沙巴举行的卡达山杜顺族"丰收节"（Kaamatan），5月31日至6月1日在砂拉越举行的达雅族"丰收节"（Gawai），5月11日至6月26日在吉隆坡举行的穆斯林开斋节（Iftar），6月29日在马六甲举行的葡萄牙人"圣佩德罗嘉年华"（San Pedro），9月29日至10月7日在槟城举行的道教"九皇神节"。① 此外，2019年马来西亚国内的重要文化事件还有：4月，已故的马来西亚著名影星比南利（Tan Sri P. Ramlee，1929~1973）的149部作品被旅游、艺术和文化部正式列入国家文化遗产。比南利是马来西亚杰出的演员、歌手、音乐家、导演、监制、编剧和词曲作家。他一生共出演了66部影视作品，演绎359首歌曲，为42首歌作曲，其中有许多代表作家喻户晓，流传至今。② 5月，"2019年砂拉越音乐舞蹈节"在古晋举行，该活动是砂拉越州的标志性艺术活动，旨在展示和宣传砂拉越各族世居民众的传统音乐和舞蹈。③ 9月，马来西亚首部《国家遗产与文化宪章》在吉隆坡发布，发布仪式由总理马哈蒂尔主持。在会上，由马来西亚慈善家赛莫达（Tan Sri Syed Mokhtar Albukhari）创办的阿布卡里基金会（Yayasan Albukhary）捐款1500万令吉用于文化遗产的研究和保护。④ 10月，由"杨忠礼基金会"举办的多元文

① 《2019年的九大文化节使马来西亚成为亚洲魅力所在》（"9 festivals and celebrations in 2019 that make Malaysia truly Asia"），〔马〕《星报》（*The Star*）2019年2月22日。
② 《比南利149部作品被列入国家遗产》（"149 karya P. Ramlee diisytihar Warisan Kebangsaan"），〔马〕《每日新闻》（*Berita Harian*）2019年4月22日。
③ 《艺术节培养对祖国文艺的热爱》（"Festival semai kecintaan terhadap seni, budaya tanah air"），〔马〕《每日新闻》（*Berita Harian*）2019年5月14日。
④ 《保护文化遗产是我们共同的责任》（"Pulihara warisan, budaya tugas bersama"），〔马〕《每日新闻》（*Berita Harian*）2019年10月2日。

化节在吉隆坡举行，通过马、华、印三大民族的传统歌舞、乐器和游戏等表演展现马来西亚文化的多样性。[①] 10 月 6 ~ 26 日，"古晋智慧遗产展览会"在砂拉越州首府古晋举行，"希拉"、射箭、手鼓、歌舞、手工艺品展览等22 个项目在会上进行了展示，1001 名马来手鼓和 1000 名"希拉"练习者同台表演创造了纪录。[②] 12 月，"2019 布城灯光节"在马来西亚行政中心布特拉再也举行，该活动的主题为"美丽的马来西亚"，旨在强调团结，促进马来西亚人民"多元族群多元文化"的国家认同。[③]

（四）旅游、出版、影视、动漫等产业进一步发展

近年来，马来西亚在旅游、出版、影视、动漫等产业领域的发展不乏亮点，2019 年依然保持了这股良好的势头。旅游业是马来西亚第三大经济支柱和第二大外汇收入来源。据马来西亚旅游、艺术和文化部统计报告，2019年 1 ~ 9 月，抵马游客人数增长了 3.7%，达到 2011 万人，而 2018 年同期为1939 万人；外国游客支出增长了 6.9%，达到 661.4 亿令吉，2018 年同期为618.5 亿令吉。2019 年 6 月 22 日，马副总理万·阿齐扎在出席"2019 马来西亚开放日"活动时表示，2020 年是"马来西亚旅游年"，政府有信心在这一年实现游客量 3000 万人以及旅游总收入 1000 亿令吉的目标。为实现该目标，政府将全面实施"2016 ~ 2025 年国家生态旅游计划"，在全国建立 60个生态旅游区。此外，政府将向联合国教科文组织申报新的世界自然遗产，包括位于雪兰莪州甲洞的森林研究所（FRIM）、位于雪兰莪州鹅麦的石英山脊（Permatang Kuarza）和位于霹雳州的州立柏隆森林公园（Taman Negeri

---

① 《文化艺术促进民族和谐》（"Seni budaya pemangkin keharmonian kaum"），〔马〕《每日新闻》（*Berita Harian*）2019 年 10 月 26 日。

② 《古晋创造最多马来手鼓表演者记录》（"Rekod pemain kompang paling ramai dicipta di Kuching"），〔马〕《每日新闻》（*Berita Harian*）2019 年 10 月 22 日。

③ 《2019 年灯节凸显马来西亚民族多样性》（"LAMPU 2019 tonjol kepelbagaian etnik di Malaysia"），〔马〕《马新社》（*Bernama*）2019 年 12 月 29 日。

Royal Belum）。① 8 月 26 日，总理马哈蒂尔在吉隆坡举行的世界旅游大会开幕式上宣布，通过制定和实施"2020～2030 年国家旅游政策"，马来西亚正以数字化理念使其旅游业向着智能旅游的方向转型，并将旅游业优化成为国家经济主要驱动力之一。② 为实现"2020 马来西亚旅游年"目标，马来西亚政府在 2020 年财政预算案中拨款 11 亿令吉给旅游、艺术和文化部，其中 9000 万令吉用于旅游年的启动、推广及策划等活动。③ 2020 年，除了配合旅游年将在全国举办超过 100 场活动，马来西亚还将作为东道主主办 2020 年亚太经济合作组织（APEC）领导人峰会、2020 年吉隆坡"世界图书之都"（KLWBC）等大型国际活动。由于对融入教育、知识社会、全民阅读的高度关注和对"吉隆坡全城阅读——用读书传递温暖"口号的践行，2019 年 4 月，马来西亚首都吉隆坡被联合国教科文组织命名为"世界图书之都"，相关活动将于 2020 年 4 月 3 日开始，直至 2021 年 4 月结束，涵盖阅读活动、文学与文化、图书基础设施及其配套设施建设、电子书和数字化阅读等领域，这给马来西亚出版业带来了深远的影响。④ 2019 年，马来西亚出版业面临传统纸媒衰落、电子媒体兴起的新挑战。10 月 29 日，由于财政困难，拥有 80 年历史的"巫统"机关报《马来西亚前锋报》 （*Utusan Malaysia*）和它的姊妹报刊 *Kosmo！* 宣布停刊。在影视业方面，2018 年马来西亚本土电影总票房首次突破 1 亿令吉，2019 年前 11 个月的总票房达到 9380 万令吉。其中马来语动画片更是异军突起，成为最大黑马，2019 年上

① 《政府坚信到 2020 年能实现 3000 万游客的目标》 （"Kerajaan yakin capai sasaran 30 juta pelancong pada 2020"），〔马〕Astroawani 电视台，2019 年 6 月 22 日，http：//www. astroawani. com/berita－malaysia/kerajaan－yakin－capai－sasaran－30－juta－pelancong－pada－2020－dr－wan－azizah－210756。

② 《国家旅游政策：加速行业向数字科技方向发展－总理》 （"Dasar Pelancongan Negara：Pacu industri ke arah teknologi digital － PM"）， 〔马〕Astroawani 电视台，2019 年 8 月 26 日，http：//www. astroawani. com/berita－malaysia/dasar－pelancongan－negara－pacu－industri－ke－arah－teknologi－digital－pm－215910。

③ 《林冠英公布 2020 年财政预算案》，〔马〕《东方日报》2019 年 10 月 11 日。

④ 《"世界图书之都"称号促进阅读文化》 （"Anugerah Ibu Kota Buku Dunia semarakkan budaya membaca"），〔马〕《每日新闻》（*Berita Harian*）2019 年 4 月 4 日。

映的《波波男孩大电影2》（*BoBoiBoy Movie 2*）、《乌宾和伊宾：独猿神剑》（*Upin&Ipin：Keris Siamang Tunggal*）和《特工阿里大电影》（*Ejen Ali The Movie*）票房分别达到2957万令吉、2620万令吉和2360万令吉。这3部动画片不仅稳居马来西亚本土电影票房榜三甲，也都成功打入2019年马来西亚最卖座电影20强，分别排在第8、第9和第15位。其中，《波波男孩大电影2》更一跃成为马来西亚史上最卖座动画电影。此外，马来语惊悚电影《遗产》（*Pusaka*）在36天内取得1370万令吉票房，成绩同样不俗。马来西亚首部综合格斗（MMA）题材电影《牢笼》（*Sangkar*）则收获958万令吉票房。马来西亚华裔导演郑建国2018年进军马来西亚影坛执导的军事动作电影《海军特种作战部队》（*Paskal*）曾以3050万令吉打进2018年最卖座电影10强，2019年其推出的动作新片《勇士》（*Wira*）则未能延续前作的辉煌，仅排在本土电影票房榜第8位，贺岁片《大地回春》则是唯一入榜的华语电影。① 在动漫影视周边产业方面，由于近年来动画片《乌宾和伊宾》取得了空前的成功，马六甲州政府准备大力开发其周边产业增强该州的国际吸引力，包括建设投资高达7亿令吉的"乌宾和伊宾"主题公园，每年举办"乌宾和伊宾"主题嘉年华活动等。2019年10月29~31日，为期3天的主题嘉年华活动吸引了10万游客前来参与。未来2~3年还将拍摄两部新的《乌宾和伊宾》系列动画电影。②

三 马来西亚对外文化交流情况

在对外交往方面，马来西亚推行独立、有原则、务实的外交政策，与其他国家维持友好关系，视东盟为外交政策基石，优先发展同东盟国家关系，重视发展同大国关系，并始终保持与中国的友好合作关系。2019年9月18日，马哈蒂尔总理在布城总理府推介马来西亚新外交政策框架时指出，马来

---

① 《2019大马最卖座电影》，〔马〕《中国报》2019年12月19日。
② 《马六甲计划将"乌宾和伊宾"打造成旅游产品》（"Melaka cadang jadikan Upin & Ipin sebagai produk pelancongan"），〔马〕《马新社》（*Bernama*）2019年10月29日。

西亚外交政策的基本要素保持不变，不同的是将根据框架中所概述的方式处理与国家利益相关的特定课题。① 在对外文化交往方面，2019年马来西亚继续保持与相关国际组织的合作。2019年3月，马来西亚副总理万·阿齐扎（Datuk Seri Dr Wan Azizah Wan Ismail）前往法国对联合国教科文组织进行了工作访问，与该组织总干事奥黛丽·阿祖莱（Audrey Azoulay）举行了双边会议，表示马来西亚承诺继续支持该组织的各项工作。②

中马关系历来是马来西亚对外关系的重中之重，而双边文化交流在其中扮演了非常重要的角色。2019年是中马建交45周年，两国在教育、旅游、出版、影视等领域的合作进一步深化，并举办了一系列庆祝活动。1月27日，中国驻马来西亚大使馆在吉隆坡举行新春招待会，中国驻马大使白天和马来西亚外交部副部长马祖基（Marzuki Yahya）在招待会上共同启动中马建交45周年系列活动。招待会上同时发布了中马建交45周年主题曲《左肩》。《左肩》由中国驻马来西亚大使馆联合马来西亚芒果传媒、视星文化等共同创作，由马来西亚歌手李佩玲和玛莎联袂演唱，有中文和马来文两个版本。③ 5月27日，由中马两国电影人联合制作的微电影《时间的礼物》在中马建交45周年招待会上首映，该片以艺术的手法表现了马中两国45年来始终风雨同路、守望相助的深厚友谊。④ 8月24~31日，由马来西亚福建社团联合会主办的"马中文化交流2000年史料展"在吉隆坡举行。展览通过历史图片和文物，展现中马两国的友好交往史及两国建交以来各方面取得的合作成果。本次史料展包括中马文化交流、马来西亚华社乡团与中马交流、中马建交45周年历史回顾、新中国成立70周年等内容，共有历史图片

---

① 《敦马：基本要素不变，续奉行务实外交政策》，〔马〕《星洲日报》2019年9月18日。

② 《马来西亚承诺继续支持联合国教科文组织》（"Malaysia terus komited dalam program UNESCO"），〔马〕《每日新闻》（*Berita Harian*）2019年3月21日。

③ 《中马建交45周年系列活动启动》，中国新闻网，2019年1月28日，https://www.chinanews.com/gn/2019/01-28/8740643.shtml。

④ 《马中建交45周年微电影〈时间的礼物〉27日首映》，〔马〕《星洲日报》2019年5月26日。

和文物等展品近 300 件。① 8 月 30 日，马来西亚旅游、艺术和文化部部长可达比，旅游局局长慕沙·尤索夫（Datuk Musa Yusof）带领马来西亚 29 家企业赴中国广州参加"2019 广东国际旅游产业博览会"（CITIE）。马来西亚作为本次展会的主宾国积极宣传"2020 马来西亚旅游年""2020 中马文化旅游年"，以其丰富的旅游产品推广、精彩的文化风情表演、专业的旅游分享会等一系列展示活动，获得与会人士的一致好评。②

在教育交流方面，截至 2019 年 3 月，前往中国留学的马来西亚学生达 9500 人，比 2018 年同期增长约 20%，这说明了马来西亚国民对中国院校教育水平的高度认可。③ 2019 年 7 月 22～23 日，第 12 届"中国—东盟教育合作周"在中国贵阳举行，马来西亚教育部派出一支 46 人的代表团参加。合作周期间，来自中国 11 所大学和马来西亚 9 所大学的代表参加了中马校长圆桌会议，中马两国高校共签署了 23 份意向书和 3 份教育合作文件。此外，马方还希望能够在贵州民族大学建立马来西亚文化中心，以便向贵州推介有关马来西亚文化和发展的信息。④ 9 月 23 日，"中国与马来西亚职业教育圆桌峰会"在中国南宁举行，中马两国代表签署了合作备忘录，共建中马技职教育国际合作平台，双方将在校企合作、师资培训、学生交流、学术与课程资源研发等方面展开全面合作。⑤ 12 月 12 日，马来西亚沙巴大学孔子学院揭牌，这是东马第一所，也是马来西亚第四所孔子学院，另外三所分别设立在马来亚大学、世纪大学和彭亨大学。沙巴州教育与创新部部长尤素夫·亚各布（Yusof Yacob）在揭牌仪式上呼吁马来西亚国民学好汉语，因为汉

---

① 《"马中文化交流 2000 年史料展"在吉隆坡开幕》，新华网，2019 年 8 月 24 日，http：//www.xinhuanet.com/2019－08/24/c_ 1124916890.htm。

② 《马来西亚参加 2019 广东旅博会圆满成功，寄寓"2020 中马文化旅游年"共赢》，搜狐网，2019 年 9 月 6 日，https：//www.sohu.com/a/339233482_ 115119。

③ 《比去年增长 20%，我国 9500 人留学中国》，〔马〕《南洋商报》2019 年 4 月 14 日。

④ 《加强马中教育机构的合作》（"Perkukuh jalinan kerjasama institusi pendidikan Malaysia-China"），〔马〕《每日新闻》（Berita Harian）2019 年 7 月 31 日。

⑤ 《与中国教育国际协会签备忘录，马中共建技职教育平台》，〔马〕《南洋商报》2019 年 9 月 24 日。

语在国际学术、商业和政治领域的使用越来越广泛。①

在出版业合作方面，2019 年 7 月 1 日，中国社会科学文献出版社、马来西亚国家语文出版局和马来西亚汉文化中心在吉隆坡举行了合作项目对接仪式。马来西亚汉文化中心主席吴恒灿在致辞时说，本次完成的三部译著分别是《中国周边安全形势评估——"一带一路"与周边战略》《中国梦与中国道路》《海上丝绸之路与中国—东盟互联互通研讨》的马来文版，均得到中国"丝路书香重点翻译工程"的资助。另外三本新书的马来文翻译也即将开启，即《高速铁路与经济社会发展新格局》《冷战与新中国外交的缘起》《中国—东盟互联互通研究》。② 8 月 20 日，马来西亚教育部部长马智礼出席"2019 北京国际出版论坛"并发表主旨演讲。他说，马来西亚一直将中国视为经济和文化领域的最佳合作对象。他希望通过翻译和市场营销，将马来西亚文学名著推介到中国，并呼吁构建马中两国出版业动态合作系统。③ 11 月 5 日，"中马版权研讨会"在吉隆坡举行，作为中国出版界迈向东盟国家的一个有力步骤，本次研讨会共有来自中马两国 60 多家出版社参加。在会上，马来西亚出版的关于马来文化、马来西亚历史的书籍以及文学作品和童书吸引了中国出版商的目光。中国出版商对马来西亚图书质量表示认可，认为只要加大宣传力度，马来西亚图书完全有能力打入中国市场。双方均表示希望尽快展开大规模的版权交易。④

在影视交流方面，2019 年 11 月，在中国举行的"北京动漫游戏产业联盟"（BAGIA）年度颁奖典礼上，马来西亚动画片《乌宾和伊宾：独猿神剑》荣获最佳动画片"金翼奖"，该奖项是中国动漫界的最高奖项。《乌宾

---

① 《建议民众掌握汉语》（"Rakyat disaran kuasai Mandarin"），〔马〕《每日新闻》（*Berita Harian*）2019 年 12 月 12 日。

② 《中国社科文献出版社三本新书在马来西亚发布》，中国网，2019 年 7 月 1 日，http：// news. china. com. cn/2019 - 07/01/content_ 74938982. htm。

③ 《加强马中学术成果交流合作》（"Malaysia, China pacu kerjasama bidang karya ilmiah"），〔马〕《每日新闻》（*Berita Harian*）2019 年 8 月 20 日。

④ 《中国出版商对马来文化、马来西亚历史书籍感兴趣》（"Penerbit China tertarik buku budaya Melayu, sejarah Malaysia"），〔马〕《每日新闻》（*Berita Harian*）2019 年 11 月 5 日。

和伊宾》的制片方 Les'Copaque 公司首席执行官布哈努丁（Burhanuddin Md Radzi）表示，这将激发他们继续制作高质量作品并进一步提升马来西亚的动漫制作水平。《乌宾和伊宾：独猿神剑》计划于 2020 年引入中国市场。Les'Copaque 公司与"北京动漫游戏产业联盟"签署了谅解备忘录，在动漫和视频游戏产业方面建立起合作伙伴关系。①

四　总结和展望

2018，马来西亚年经历了史上第一次政党轮替，执政超过 60 年的"国阵"政府下台，民众普遍希望"希盟"政府可以给国家带来全新的政治气象，然而一年多过去之后，马来西亚政局仍然处于震荡之中，经济发展未见起色，民众的不满日渐增多。在涉及敏感的语言文化和族群关系的一些热点议题方面，"希盟"政府的做法引起了较大的争议，如爪夷文风波、华文独中统考文凭问题、拉曼大学教育拨款问题等。尽管如此，2019 年马来西亚在文化发展方面仍然取得了一定的成绩。多年来饱受争议的"国家文化政策"的修订工作第一次被正式提上政府议事日程；继"玛雍"和"东当沙央"之后，马来西亚格斗术"希拉"申遗成功；旅游、出版、影视、动漫等产业蓬勃发展；"世界图书之都""2020 马来西亚旅游年""2020 中马文化旅游年"等一系列重大活动的准备工作有条不紊地开展；对外文化交往，尤其是与中国的文化交流借中马建交 45 周年的契机进一步拓展和深化。总之，在未来的发展道路上，无论政局如何变化，马来西亚依然会保持多元族群、多元文化的固有特色，继续展现"亚洲文化大观园"的无穷魅力。

---

① 《"乌宾和伊宾"在中国获奖》（"Upin & Ipin menang di China"），〔马〕《每日新闻》（*Berita Harian*）2019 年 11 月 16 日。

参考文献

李洁麟：《马来西亚语言政策的变化及其历史原因》，《暨南学报》（哲学社会科学版）2009 年第 5 期。

贺圣达：《东南亚文化发展史》，云南人民出版社，2011。

龚晓辉：《马来西亚概论》，世界图书出版公司，2012。

唐慧、龚晓辉：《马来西亚文化概论》，世界图书出版公司，2015。

饶兆斌、潘永强：《当代马来西亚——政府与政治》，马来西亚：华社研究中心，2017。

A. Aziz Deraman, *Asas Pemikiran Kebudayaan Malaysia*, Kuala Lumpur：Dewan Bahasa dan Pustaka, 2005.

Norliza Rofli dan Eddin Khoo, *Kebudayaan Malaysia*：*Satu Pengenalan*, Kuala Lumpur：Jabatan Kebudayaan dan Kesenian Negara, 2009.

Foreign Policy Framework of the New Malaysia-Change in Continuity, Putrajaya：Ministry of Foreign Affairs Malaysia, 2019.

B.3
2019年新加坡、文莱文化发展研究报告[*]

李婉珺[**]

摘　要： 2019年的新加坡和文莱文化发展，既有传承，也有创新。一方面，基本延续了上一年的发展模式，按照政府文化部门规划，举办凸显各自特色的文化活动；另一方面，新加坡、文莱两国这一年的文化发展显示出一些新特点，新加坡艺术文化领域的商业化程度进一步提升，政府当幕后，市场唱主角，文莱文化显示出年轻化和商业化趋势，并突出伊斯兰文化特色。上述新特点预计将持续影响新加坡、文莱两国文化发展，从而影响两国与包括中国在内的周边国家人文交流的形式和内涵。

关键词： 文化传承　文化创新　新加坡　文莱

2019年，新加坡和文莱两国皆未出台重大文化政策，各项大型文化活动基本按照2018年的规划进行。两国文化发展的亮点主要集中在文化部门管理方针和方式的改进和创新上。整体而言，2019年的新加坡文化、社区和青年部与文莱文化、青年和体育部对两国文化发展的整体管理和引导既有传承，也有创新。这种变化正在引导两国文化向更符合本国国情和国家利益的方向发展。

---

* 本文受广东省高等教育"创新强校工程"项目（GWTP-FT－2015－16）资助，为广东外语外贸大学高层次人才项目阶段性成果。

** 李婉珺，博士，广东外语外贸大学东方语言文化学院马来语系副教授，主要研究方向为东南亚史、马来文化史。

所谓传承，是指2019年新加坡和文莱的文化发展依然以两国文化管理部门为主导，按照与上一年度相似的文化规划，如期举办多项年度文化活动，继续打造兼具公益性质和商业效应的文化活动品牌，年度文化大事成为旅游推广和国际人文交流重要窗口。

所谓创新，是指新加坡文化领域市场化程度进一步提升，政府角色回归幕后，财政投入减少，文化艺术演出市场体量增加，商业模式步入成熟期。文莱文化则显示出年轻化和商业化趋势，并突出伊斯兰文化特色，与马来西亚、印度尼西亚、中国人文交流日益密切。

一 2019年新加坡文化发展情况

新加坡当前的文化发展呈现三层金字塔式结构，第一层是作为主导力量的新加坡政府，具体管理部门是新加坡文化、社区和青年部（Ministry of Culture，Community and Youth，以下简称"文社青部"），其职能和简史在2019年的报告中已经介绍过，不再赘述；第二层是政府下属专业管理机构，包括新加坡国家遗产委员会（NHB）、国家艺术委员会（NAC）、新加坡资讯媒体发展委员会（IMDA）、新加坡国家图书馆委员会（NLB）等；第三层是以社区为基础的众多非政府组织，构成对上述两层的广泛基础和有效补充。

上述三层金字塔式结构，自2012年文社青部组建以来，逐步形成相对明确的分工和运行机制，可以说到2019年，经过8年的磨合和协调，新加坡文化发展已经实现制度化和常态化。目前以文社青部为代表的新加坡文化管理部门的主要使命是建构新加坡文化，提升新加坡人社会认同感，积累新加坡文化软实力。随着《2018年规划》和《2019年规划》的出台，文社青部已经基本确立其领导地位。[①]

---

① 李婉珺：《2018年新加坡文化发展研究报告》，载刘志强主编《东盟文化发展报告2019》，社会科学文献出版社，2019，第43~59页。

因此，本部分主要依靠文社青部等上述三层金字塔式结构中主要机构公布的 2019 年相关政策和数据等，分析 2019 年新加坡文化发展呈现的新特点，并对 2020 年的发展方向做出一些前瞻性预测。

（一）传承：政府牵头、专业分工、统筹统计

与 2018 年相似，2019 年新加坡的文化发展继续奉行政府主导原则，且按照关爱、团结和自信三大重点领域进行文化建设和管理。政府主导原则主要体现在制定文化发展规划、确立年度各类项目、数据统计和研究。对于新加坡这样的城市国家而言，政府主导的突出优势是有利于统筹规划、延续性强、可预见性好、执行力强。因此，政府牵头、专业分工、统筹统计成为新加坡文化发展领域被传承下来的特点。

1.《2020 年规划》："建设为所有人提供机遇的家园"

2019 年 3 月公布的《2019 年规划》总目标是"与市民一道合作建成一个有爱心、团结且自信的新加坡"。① 该目标注重新加坡国内文化发展规划，明确了关爱、团结、自信三大领域分工。2020 年 3 月公布的《2020 年规划》，延续了 2019 年的分工，提出了新的重大项目。

2020 年 3 月 6 日，文社青部部长傅海燕女士使用英语、马来语、华语发表了题为"建设为所有人提供机遇的家园"的演讲。她对该部过去 20 年的工作成果进行了总结，并对文社青部《2020 年规划》做出了阐述。

傅海燕表示，2020 年是下一个十年的开头，我们纪念过去 20 年新加坡在文化遗产、社会团结和体育领域所取得的成就，并为之骄傲，同时要做到以下四点：团结新加坡国民、为全民创造机遇、建立相互关爱的社区和拓展成功路径的多样性。② 这四点明显是在呼应《2020 年规划》对总目标"建

---

① 李婉珺：《2018 年新加坡文化发展研究报告》，载刘志强主编《东盟文化发展报告 2019》，社会科学文献出版社，2019，第 43~59 页。

② "Building a Home that Provides Opportunities for All", Speech by Ms Grace Fu, Minister for Culture, Community and Youth at the Committee of Supply Debate 2020, https://www.mccy.gov.sg/about-us/news-and-resources/speeches/2020/mar/building-a-home-that-provides-opportunities-for-all.

设为所有人提供机遇的家园"的表述。

《2020年规划》计划推行的重大项目包括四个：一是鼓励全民参与体育；二是增加大学生到东盟国家、中国和印度留学资助机会；三是落实中小学生艺术和文化学习项目；四是实施三大类常规项目。不难看出，前三个重大项目是阶段性的，第四个则是常规的关爱、团结和自信三大领域工作。

第一个项目鼓励全民参与体育主要包括两方面内容。第一，鼓励65岁及以上的新加坡居民从2020年4月起能够免费使用政府"活力新加坡"项目管理的健身房和游泳池。2020年4月后，通过银发冠军志愿者遴选的60岁及以上老年人，还可以到活力新加坡体育中心担任志愿者，负责老年人健身推广工作。第二，在《儿童和青少年运动合作框架协议》指导下，与新加坡教育部和各类学校合作，为儿童和青少年提供更多体育运动机会。面向学前班儿童将开设提升基础运动能力的课程，中小学生将有机会接触更多不同种类的体育运动，可以选择学习田径项目或学习民族舞蹈，即便这些科目并不是其所在学校开设的课程。

第二个项目增加大学生到东盟国家、中国和印度留学资助机会是指在新的《亚洲经验预备人才计划》（Asia-Ready Exposure Programme）支持下，在各类大专院校就读的新加坡大学生能够有更多的机会到东盟国家、中国和印度进行4天到4周的访问。新加坡国家青年联合会（National Young Council）负责和各所院校对接，在各类培养计划中加入留学环节。该项目将提供食宿和机票资助。

第三个项目落实中小学生艺术和文化学习项目是指作为基于博物馆的学习项目的一部分，新加坡要求全体小学六年级和初中二年级的学生分别到亚洲文明博物馆和新加坡国立博物馆进行参观，以确保他们能够更好地学习新加坡的历史和遗产。新的"我们关爱艺术体验"计划将免费向弱势群体提供公益门票。

第四个项目属常规的关爱、团结和自信三大领域业务，分工和内容工作在上一年的报告中已有论述，《2020年规划》子项目数从2019年的21个增加到28个，新增项目除上述三个重大项目外，还包括慈善团体数字化帮扶计划、街头怀旧画廊、互动式数字文化走廊、幕后多媒体线上平台、国家艺术委员会小型艺术团体帮扶基金、单马锡基金会运动员培育项目等。

与《2019 年规划》相比，《2020 年规划》对年度工作目标的表述角度虽从"与市民一道"向"为所有人"转变，但始终坚持新加坡文社青部为市民服务的视角。除年度重大项目变化外，《2020 年规划》延续了 2018 年以来的分工方式，按照关爱、团结、自信三大领域实施管理，其内涵无重大变化。可以说，新加坡文社青部的运行已经实现制度化和常态化。

2.《文化数据2019》

2020 年初，新加坡文社青部、国家遗产委员会、国家艺术委员会、人民联合会联合出版《文化数据 2019》，公布了 2012～2018 年的新加坡文化数据。[①]

《文化数据》是新加坡政府公布的新加坡、艺术与文化领域官方统计报告，自 2008 年第一辑出版以来，已连续出版 11 年，电影和图书馆相关数据自 2017 年起不再被纳入该报告统计范围，而是由新加坡资讯媒体发展局和新加坡国家图书馆委员会负责统计，故本节所引用数据皆不包含上述两方面。《文化数据》是新加坡艺术与文化各专业领域不同政府部门之间统筹协作的成果，是反映这些细分领域在过去数年发展情况的成绩表。

《文化数据》的统计数据有滞后性，数据时间上限是出版年份上溯 7 年，下限是出版年份上溯 2 年。《文化数据 2019》的数据来源可分为五个大板块：艺术与文化现状、艺术与文化参与度、艺术教育与学生参与度、艺术与文化支持体系、艺术与文化经济效应。因篇幅所限，为集中分析新加坡文化发展中政府和市场之间的分工和互动，本文只讨论艺术与文化现状、艺术与文化参与度、艺术与文化经济效应三个方面的数据。

---

① *Cultural Statistics* 2019，Ministry of Culture，Community and Youth，National Heritage Board，National Arts Council & People's Association，Singapore，2020.

（1）艺术与文化现状

第一板块艺术与文化现状包括两个方面，即艺术与文化活动、艺术与文化组织。艺术与文化活动主要涉及艺术与文化演出活动、视觉艺术展览、博物馆活动三项统计。

艺术与文化演出活动是指民间、传统、古典及现代类别的舞蹈、音乐（包括流行与摇滚音乐演唱会）及舞台剧演出活动。从图1可以看出，2012～2018年新加坡艺术与文化演出活动场次保持稳中有升势头，2018年艺术与文化演出场次数量出现小幅回落，但整体平稳。2017年是新加坡演出市场的转折点，售票演出场次出现小幅下降，非售票演出场次增加，增幅达14.6%。

2018年，售票演出场次增加明显，非售票演出场次显著回落。2018年新加坡艺术与文化演出活动总数达到9256场，其中售票演出场数为3844场，占41.5%，非售票演出场数为5412场，占58.5%。说明在演出总场次略有减少的前提下，新加坡市民仍然愿意通过购买入场券来获取与价格相匹配的文化体验；依赖政府资助演出场次比重下降，艺术与文化演出领域出现市场主导趋势。

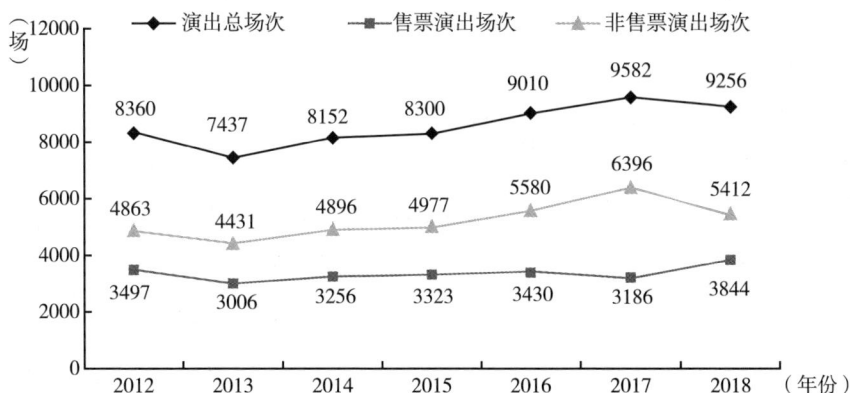

图1　2012～2018年新加坡艺术与文化演出活动场次变化

资料来源：参见 *Cultural Statistics* 2019, Ministry of Culture, Community and Youth, National Heritage Board, National Arts Council & People's Association, Singapore, 2019, pp. 3 - 4。

视觉艺术是近年来新加坡社会偏爱的艺术形式。《文化数据2019》中的视觉艺术展览是指包含抽象或象征意义艺术作品的艺术活动,如油画展、雕塑展、陶瓷展、创意摄影、装置艺术和多媒体艺术等,但不包括电影、图像设计、珠宝设计和手工艺。图2和图3反映出2012～2018年新加坡主流艺术展览场次及日数变化。

2013～2016年,新加坡视觉艺术展览场次和展览日数整体上显著增加,2016年后整体上呈现小幅回落,但整体而言,新加坡视觉艺术展览市场已经实现了明显增长。2012～2018年,以2012年为基期,展览场次最大增幅出现在2016年,达65%,即便是回落后的2018年增幅也依然有29%;展览日数最大增幅则是2014年,达77%,2018年增幅为34%。由此可见,新加坡主要艺术场馆对视觉艺术的重视程度和推广力度都与日俱增,侧面反映出新加坡社会对视觉艺术需求也在增长。

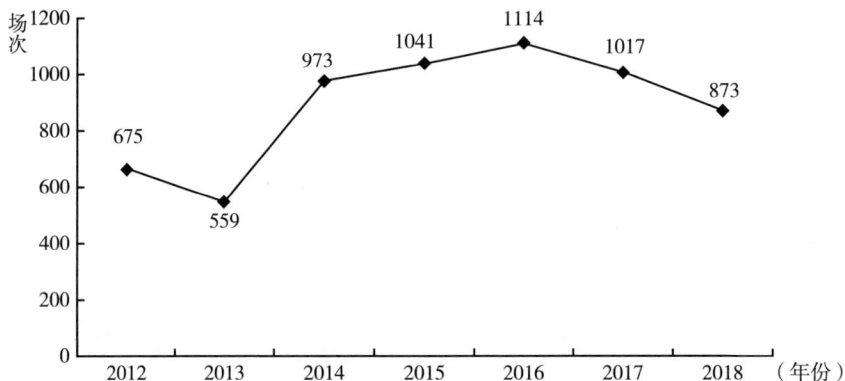

图2　2012～2018年新加坡视觉艺术展览场次变化

资料来源:参见 *Cultural Statistics* 2019, Ministry of Culture, Community and Youth, National Heritage Board, National Arts Council & People's Association, Singapore, 2019, pp. 3 -4。

除艺术展馆外,博物馆也是重要数据来源。新加坡国立博物馆共有6所。表1是2012～2018年新加坡国立博物馆换展次数及参观人次。除国立博物馆外,新加坡公立和私立博物馆数量在50家左右。1996年起,新加坡国家遗产委员会牵头成立了博物馆圆桌组织(Museums in Roundtable),

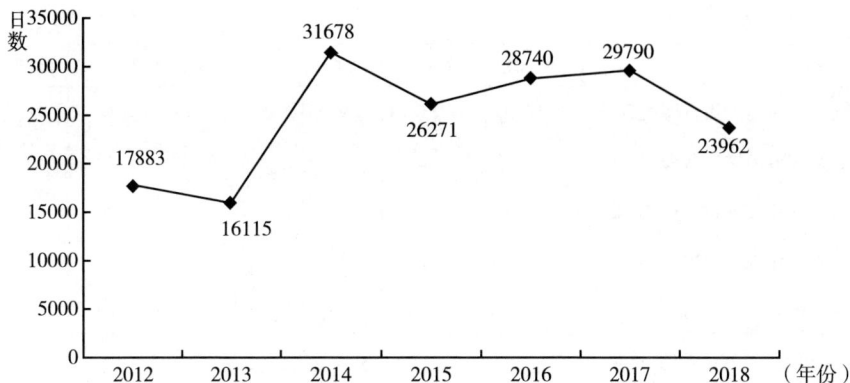

图3　2012～2018年新加坡视觉艺术展览日数变化

资料来源：参见 *Cultural Statistics* 2019，Ministry of Culture，Community and Youth，National Heritage Board，National Arts Council & People's Association，Singapore，2019，pp. 3 - 4。

邀请运营1年以上的新加坡公立和私立博物馆加入。2018年该组织成员数为57家，其中文化与社区类博物馆、遗产保护类博物馆、国家历史博物馆占比最高，各有12家，三类合计超过新加坡现有博物馆总数的一半。

新加坡国立博物馆数量虽不多，但2012～2018年年均换展次数为27.4次，即平均每两周换展一次，这样的频率在世界范围内的公益性博物馆都是较为少见的，这表现出新加坡文社青部对博物馆资源利用的重视。2012～2018年博物馆参观人次一直维持在600万人次以上水平，并在2016年突破800万人次。按2018年计，新加坡国立博物馆平均每天的参观人次为22761人次。

表1　2012～2018年新加坡国立博物馆换展次数及参观人次

	2012年	2013年	2014年	2015年	2016年	2017年	2018年
亚洲文明博物馆换展次数(次)	8	6	4	5	5	2	1
土生文化馆换展次数(次)	1	1	2	1	1	—	1
新加坡国家博物馆换展次数(次)	8	6	9	8	5	3	4

续表

	2012 年	2013 年	2014 年	2015 年	2016 年	2017 年	2018 年
新加坡艺术博物馆换展次数（次）	12	7	9	5	6	6	11
新加坡集邮博物馆换展次数（次）	4	6	5	2	3	6	3
新加坡国家美术馆*换展次数（次）	—	—	—	2	6	6	6
国立博物馆换展次数（次）	33	26	29	29	26	23	26
博物馆参观人次（人次）**	7034100	6979512	6159830	7314619	8357178	8588120	8103189

*2015 年 11 月 24 日开幕。

**此数据为全部博物馆圆桌组织成员博物馆参观人次合计。

资料来源：参见 *Cultural Statistics* 2019, Ministry of Culture, Community and Youth, National Heritage Board, National Arts Council & People's Association, Singapore, 2019, p. 4。

　　本尼迪克特·安德森指出，殖民语境下的人口调查、地图和博物馆深刻地建构了殖民地政府对其领地的想象方式，并为后殖民国家所继承。[①] 作为一个独特的东南亚前殖民地城市国家，新加坡的博物馆发展受到我国个别学者的关注，但目前讨论主要集中在与华人有关的主题博物馆。2018 年关昕在考察了牛车水原貌馆、土生文化馆、南洋理工大学华裔馆后指出，新加坡博物馆作为一个族群再现的想象机构，提供了供他者凝视的独特镜像。这种试图化差异为整体的包容性，隐含了将他者秩序化的过程，使博物馆成为建构新加坡现代国家想象共同体的权力表征。[②]

　　在此意义上，上述六家新加坡国立博物馆如此高的换展频率，显示出新加坡政府为新加坡社会从不同侧面、不同主题、不同形式来体验这种族群再现提供了想象机构，从而更自然地完成新加坡身份认同建构。例如，历史最短的新加坡国家美术馆就是世界领先的视觉艺术机构，拥有新加坡及东南亚地区最多的现代艺术公共收藏，由殖民地时期新加坡标志性历史建筑前市政

---

① 〔美〕本尼迪克特·安德森：《想象的共同体：民族主义的起源与散布》，吴叡人译，上海人民出版社，2003，第 187~215 页。

② 关昕：《移民、族群与国家：新加坡华人主题博物馆的建构与想象》，《民族艺术》2019 年第 2 期，第 157~165 页。

厅和前最高法院大楼改建而成，占地 64000 平方米。艺术馆长期开设合作研究、教育项目、长期和特殊展览、创新项目，并与国际知名美术馆合作，在全球语境中呈现东南亚艺术，将新加坡置于全球视觉艺术的重要位置。目前馆藏 8000 余件，涵盖新加坡、马来西亚、印度尼西亚、菲律宾、缅甸、越南、柬埔寨、中国等亚洲知名艺术家的杰作，包括 20 世纪 20 年代徐悲鸿旅居新加坡时创作的罕见油画作品《林路肖像》等十大馆藏，被认为是到访必看的珍品。[①]

正是在新加坡国家美术馆这样的国际级"硬件"和多元独特的东南亚历史文化"软件"的滋养下，新加坡社会对视觉艺术情有独钟。

艺术与文化现状的第二方面艺术与文化组织数据包括艺术文化公司和艺术文化协会两小类。

艺术文化公司是指已经在工商部门登记注册的，以营利或非营利为目的的法人组织。这类公司主要涉及三类业务：内容的创作和发行，如音像制品公司和出版社；乐器和摄影设备零售；提供艺术类培训课程。

从图 4 可知，整体而言，2014～2018 年，新加坡的艺术文化公司数量在小幅上升后出现小幅下滑，但音乐类艺术公司一直表现强势，数量约占总数的 1/3，2018 年更是实现逆势上升。舞蹈和戏剧类公司数量虽较少，但整体上小幅增加。数量下滑的主要是视觉艺术、手工艺、语言艺术类公司。上述数据表明，新加坡音乐商业市场空间较大，其次是视觉艺术、语言艺术、戏剧、舞蹈。而手工艺类和语言艺术类公司在 2015 年后出现明显萎缩，反映出新加坡艺术文化市场的发展趋势。

与艺术文化公司相比，艺术文化协会数量显得相当有限，整体数量仅为艺术文化公司的 10% 左右。2014～2018 年，艺术文化协会数量缓慢上升，2018 年为 509 家。艺术文化协会的构成与公司相似，以音乐类最多，2018 年共 160 家，其次是戏剧类 91 家、视觉艺术类 82 家、语言艺术类 62 家，

---

① 韩晶：《新加坡国家美术馆》，《当代美术家》2019 年第 6 期，第 86～89 页。

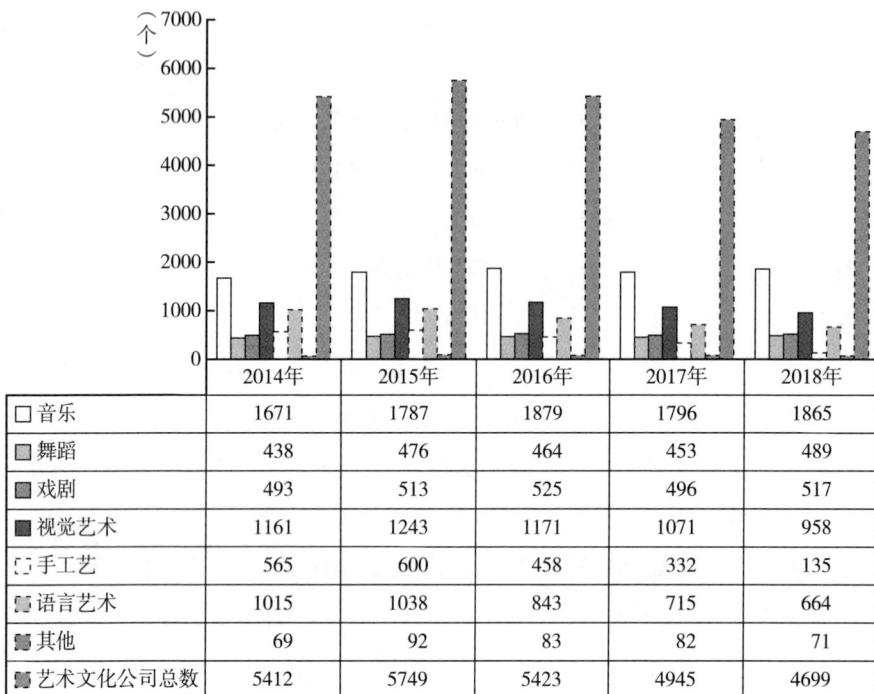

	2014年	2015年	2016年	2017年	2018年
□ 音乐	1671	1787	1879	1796	1865
▨ 舞蹈	438	476	464	453	489
▦ 戏剧	493	513	525	496	517
■ 视觉艺术	1161	1243	1171	1071	958
⬚ 手工艺	565	600	458	332	135
▨ 语言艺术	1015	1038	843	715	664
▩ 其他	69	92	83	82	71
▨ 艺术文化公司总数	5412	5749	5423	4945	4699

图4 2014～2018年新加坡艺术文化公司数量分类统计

资料来源：参见 *Cultural Statistics* 2019，Ministry of Culture，Community and Youth，National Heritage Board，National Arts Council & People's Association，Singapore，2019，p. 4。

手工艺类则一直维持在个位数。①

可见，新加坡的艺术与文化组织以公司为绝对主体，艺术文化协会数量较少。2014～2018 年，新加坡艺术文化公司数量呈现整体减少趋势，但占比最高的音乐类公司数量逆势增加，各类艺术文化协会数量稳中微增。

（2）艺术与文化参与度

第二板块艺术与文化参与度涉及三个方面，艺术文化演出观众人数、表

---

① *Cultural Statistics* 2019，Ministry of Culture，Community and Youth，National Heritage Board，National Arts Council & People's Association，Singapore，2019，p. 5.

演艺术课程与兴趣团体、博物馆参观人数。博物馆参观人数前文已论及，在此仅讨论艺术文化演出观众人数相关数据。

由图 5 可知，非购票入场观众是新加坡艺术文化演出的主体，其人数是购票入场观众的 3 ~ 6 倍，而且在 2015 年以后，人数上升明显，2018 年达到历史最高点，为 1143.6 万人次。购票入场观众人数则是以 2016 年为分界点，经历了轻微下跌再反弹回升的过程，2018 年购票入场观众数超过 2012 年水平，达到 219.5 万人次，为历史最高点。说明新加坡艺术文化演出市场的主流形式是非购票演出，但购票演出市场也处于增长状态。

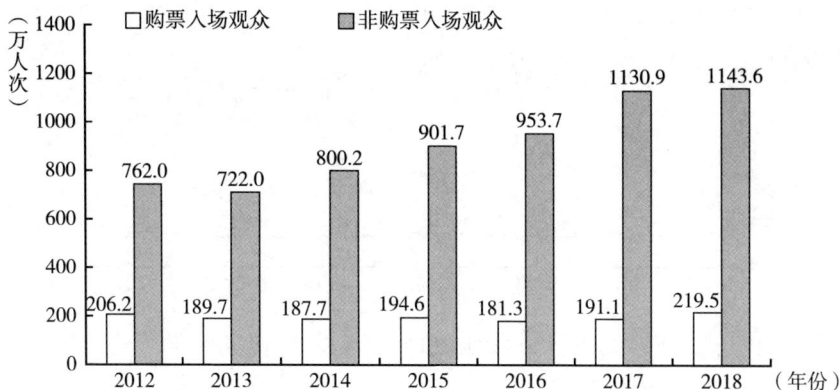

图 5　2012 ~ 2018 年新加坡艺术文化演出观众统计

资料来源：*Cultural Statistics* 2019，Ministry of Culture，Community and Youth，National Heritage Board，National Arts Council & People's Association，Singapore，2019，pp. 6 - 7。

尽管购票观众并非观众主体，但新加坡艺术文化演出票房并不低。由图 6 可知，新加坡艺术文化演出市场空间相当可观。门票销售额在 2012 ~ 2018 年曾达到 1.4470 亿新元规模，尽管有波动，但 2018 年票房已经恢复到 9660 万新元。其中，戏剧类演出最受欢迎，2018 年售出门票 909707 张；音乐类演出次之，也有 750472 张。这两项门票销售额合计便已经占当年新加坡文化演出市场票房的 96%，是新加坡艺术文化演出消费的主要形态，这也可以解释图 4 中音乐类和戏剧类公司数量的变化。①

根据图 6，在售出门票数量变化幅度不大的前提下，门票销售额经历了从 2012～2014 年下滑，到 2015 年回升，后下探至 2016 年的最低点，之后逐步增加的过程。这一变化过程说明，新加坡艺术文化演出的平均票价日益亲民，从 2012 年的 84.5 新元（约合 413 元人民币），降至 2018 年的 55.9新元（约合 273 元人民币），来自非售票演出和售票演出市场的充分竞争，令艺术不再遥不可及。

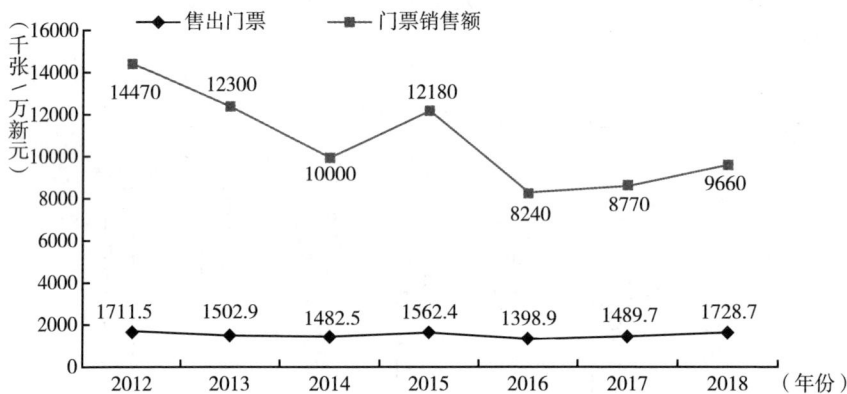

图 6　2012～2018 年新加坡艺术文化演出票房统计

资料来源：参见 *Cultural Statistics* 2019, Ministry of Culture, Community and Youth, National Heritage Board, National Arts Council & People's Association, Singapore, 2019, p. 6。

2012～2018 年参加新加坡艺术文化演出的入场观众人次、售出门票数量和销售额基本呈正比关系，2012 年起点较高，后以 2015 年为分界点，先后经历了两次小幅下跌后反弹的过程，2018 年观众人次已经基本恢复到 2012 年水平，但售出门票数量和门票销售额仍未恢复至 2012 年水平。上述变化过程与新加坡政府对艺术文化领域的财政投入规模变化不无关系。

----

① *Cultural Statistics* 2019, Ministry of Culture, Community and Youth, National Heritage Board, National Arts Council & People's Association, Singapore, 2019, p. 6.

（3）艺术与文化经济效应

2012～2018 年，新加坡政府和社会在艺术与文化领域的投入和回报都是相当可观的，而艺术文化也为新加坡经济创造了实体经济无法提供的附加值。

从投入角度看，《文化数据 2019》提供了新加坡公益慈善捐款和政府财政拨款数据（见图 7）。

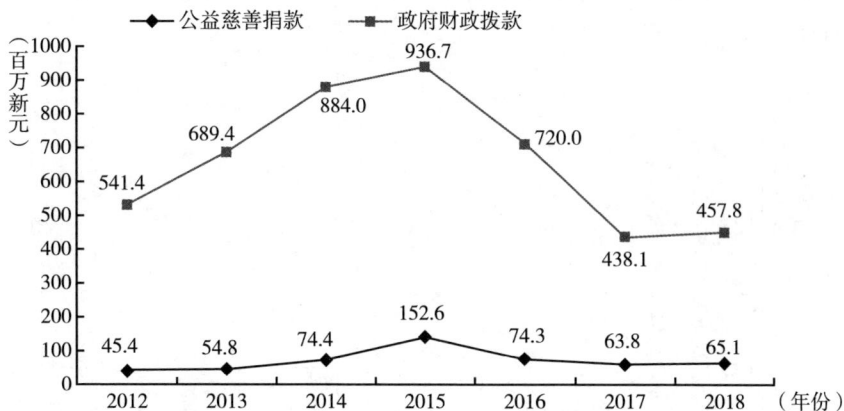

图 7　2012～2018 年新加坡艺术文化投入统计

资料来源：参见 *Cultural Statistics* 2019，Ministry of Culture，Community and Youth，National Heritage Board，National Arts Council & People's Association，Singapore，2019，p. 12。

2012～2018 年，新加坡的艺术文化投入以政府财政拨款为主，2015 年政府财政拨款和公益慈善捐款资金投入达到最高峰，总投入达到 10.8930 亿新元。但 2015 年后政府财政拨款逐步减少，2017 年降至新低，2018 年小幅回稳。即便如此，2018 年政府财政拨款占比依然达到 87.6%，形成以政府财政拨款为主、以公益慈善捐款为辅的格局。这是新加坡文化发展一直传承政府牵头传统的最直接体现。

这种可持续发展的商业化模式，构成了新加坡艺术文化的经济效应，主要体现在创造就业岗位、附加值和交易量这三方面。

由图 8 可见，2014 年是新加坡艺术文化工作岗位数量的高峰，总数达 28400 个。之后逐年小幅回落，但依然维持在 26000 个以上的水平，其中 2018 年创造最多工作岗位的是视觉艺术领域，其次是语言艺术和表演艺术。电影业就业岗位在 2016 年下跌后逆势上升，2018 年已经恢复到 2014 年水平。文化遗产领域虽占比最低，但 2015 年以后新增了 200 个岗位。艺术文化是难以被机器或人工智能替代的行业，且场地和配套设施建设成本相对较低，品牌效应形成后便能够拥有相对较长的回报期，十分适合新加坡地少人多的基本国情。

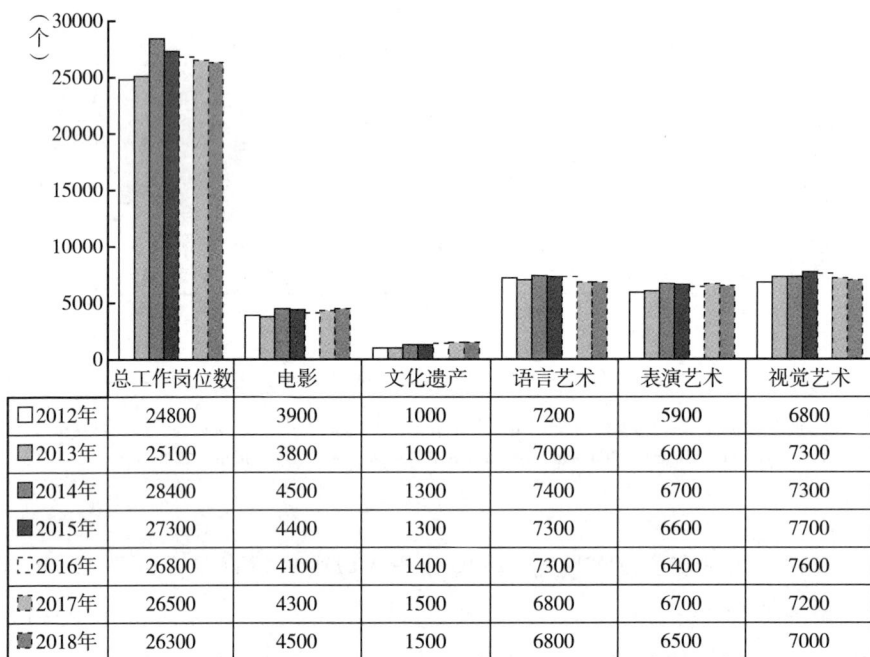

	总工作岗位数	电影	文化遗产	语言艺术	表演艺术	视觉艺术
2012年	24800	3900	1000	7200	5900	6800
2013年	25100	3800	1000	7000	6000	7300
2014年	28400	4500	1300	7400	6700	7300
2015年	27300	4400	1300	7300	6600	7700
2016年	26800	4100	1400	7300	6400	7600
2017年	26500	4300	1500	6800	6700	7200
2018年	26300	4500	1500	6800	6500	7000

图 8　2012～2018 年新加坡艺术文化工作岗位数量统计

资料来源：参见 *Cultural Statistics* 2019，Ministry of Culture，Community and Youth，National Heritage Board，National Arts Council & People's Association，Singapore，2019，p. 14。

值得注意的是，2017 年电影业划归新加坡资讯媒体发展局（IMDA）管理，不再直属文社青部，政府政策影响变少，管理方式变化也在一定程度上刺激了电影业吸收更多人才入行，促进了新加坡电影作品走出国门，新加坡电影的"蛋糕"逐步变大。具体数据在创新部分再讨论。

除了创造就业，艺术文化领域在创造附加值和提升交易数据量方面的贡献也是相当明显的。从图9可见，艺术文化领域的总附加值在2012~2017年缓慢稳步提升，2017年已上升至17.9700亿新元（约合87.7942亿元人民币）。在上述年份，视觉艺术一直是附加值排名的首席，从2012年的5.4640亿新元，到2017年的6.3030亿新元，增长率达到15.4%；其次是语言艺术领域，尽管附加值略有回落，由2012年的4.7310亿新元回落到2017年的4.5520亿新元，但依然领先第三位的电影和视频的3.5100亿新元不少。

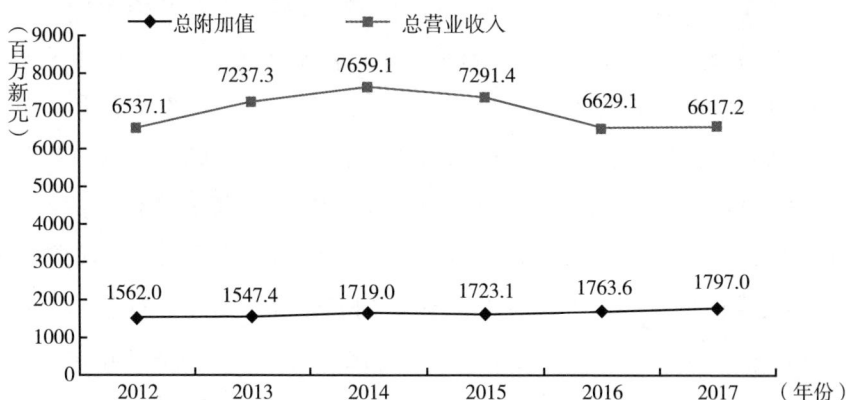

图9 2012~2017年新加坡艺术文化领域附加值及经济总营业收入统计

资料来源：参见 *Cultural Statistics* 2019，Ministry of Culture，Community and Youth，National Heritage Board，National Arts Council & People's Association：*Cultural Statistics* 2019，Singapore，2019，p. 15。

有趣的是，同时期的总营业收入却并没有稳步增加，意味着单笔交易额的附加值比重在提升，从2012年的23.9%增至2017年的27.2%，即2017年每实现1新元营业收入，就能够创造0.27新元的附加值。其中，视觉艺术居第一位，从2012年的31.4800亿新元增至2017年的34.3170亿新元，增长率达到10.9%；其次是语言艺术，营业收入略有回落，从2012年的

17. 1040 亿新元回落到 2017 年的 16. 8600 亿新元，营业收入下降了 1. 4%；排在第三名的是电影和视频业，自 2012 年的 8. 2090 亿新元快速增长到 2015 年的 10. 8530 亿新元，但在 2016 年出现显著回落，减少到 8. 5410 亿新元，2019 年恢复到 9. 3200 亿新元。

（二）创新：政府主导、市场唱戏

2015 年后，尽管新加坡政府的艺术文化财政投入显著减少，但新加坡的艺术文化演出售出门票数量并未因此缩水，而是基本保持平稳，视觉艺术展览数量甚至保持增加态势至 2016 年，非购票入场和购票入场观众数量在 2015 年后依然保持显著增加势头，说明新加坡政府在 2012～2015 年的大幅投入，已经成功培养出一大批热爱艺术文化的有消费能力的居民。这些居民通过接受艺术文化教育、参与艺术文化活动、购票观看艺术文化演出等形式，形成购买艺术文化产品的消费习惯。2015 年后，新加坡政府已无须再通过持续增加投入来扩大这一市场，成功实现"退居幕后"，做到以较少的资金投入实现艺术文化市场的可持续增长。各类艺术文化公司和协会也在市场的洗礼中汰弱留强，艺术文化演出门票销售额在 2015 年出现反弹后，2016～2018 年逐步回升，说明商业化的艺术文化运作模式已经取得成功。可持续发展的商业化模式，是新加坡文化发展管理模式实现创新的底气。

以新加坡电影和视频业为例，新加坡电影和视频业是近年来新加坡艺术文化领域发展较快的行业。2017 年，新加坡电影和视频业的管理模式发生重大变化，主管部门从金字塔塔尖的文社青部"下放"到第二层的新加坡资讯媒体发展局。新加坡资讯媒体发展局是政府机构，但非政府部门，主要职能是为信息通信和媒体行业制定行业规范，为人才、研究、创新和企业创造充满生命力的行业发展环境。[1] 根据新加坡资讯媒体发展局公布的《年度媒体业调查 2019》，2017 年新加坡电影与视频业纯

---

[1] About IMDA，IMDA，https：//www.imda.gov.sg/Who－We－Are/about－imda.

收入为 13.7960 亿新元，2018 年纯收入为 16.2110 亿新元，增长率达 17.5%。即便如此，电影和视频业在媒体业整体收入占比为 20.8%，排名第三位，排名前两位的是游戏业 35.5% 和广播业 26.5%。① 可见新加坡的媒体业发展之快。

2017 年，新加坡媒体业整体利润为 69.2620 亿新元。其中，国内市场利润为 37.1390 亿新元，占 53.6%；国外市场利润为 32.1230 亿新元，占 46.4%。但相隔仅一年，局面便发生了重大变化。2018 年，新加坡媒体业总利润达到 78.303 亿新元，增长率达到 12.7%。其中，国内市场利润为 29.1110 亿新元，比重为 37.3%；国外市场利润达 48.9220 亿新元，比重达 62.5%。换言之，新加坡媒体业在 2018 年成功完成从国内市场向海外市场的扩张，获利丰厚，开拓了新的广阔市场空间，实现了商业上的巨大成功。②

不得不说，新加坡文社青部的适时"放权"令新加坡媒体业迅速实现"松绑"，是符合新加坡艺术文化领域发展需求的有力举措，显示出新加坡政府不俗的管理能力，同时显示出新加坡媒体业作为一个新兴产业，在拓展国外市场方面积累了宝贵的经验。我国学者对新加坡电影的关注往往从华语电影或是从有代表性的导演切入，如梁智强③和邱金海④等，但对新加坡电影商业模式和管理机制的改革，及其对新加坡本土艺术文化的影响研究仍十分少见，可在日后研究中尝试讨论。

（三）小结

无论是《2020 年规划》还是《文化数据 2019》，都显示出新加坡在 2019 年基本传承了既有管理模式，通过新加坡文社青部领衔的三层金字塔

---

① *Annual Survey on Media Industry* 2019 *Public Report*，IMDA，Singapore，2020，pp. 9 – 10.
② *Annual Survey on Media Industry* 2019 *Public Report*，IMDA，Singapore，2020，pp. 9 – 10.
③ 苏竞元：《新加坡电影中的国族意识建构——以梁智强电影为例》，《当代电影》2019 年第 5 期，第 164 ~ 167 页。
④ 马然：《多元语言与国族想象——以邱金海三部曲为例谈当代新加坡电影》，《艺术评论》2009 年第 7 期，第 39 ~ 46 页。

式管理体系，实现体系化和制度化。文社青部将新加坡艺术文化大致分为电影、音乐、戏剧、视觉艺术、语言艺术、手工艺、文化遗产、博物馆、图书馆等专业领域，并通过艺术与文化现状、艺术与文化参与度、艺术教育与学生参与度、艺术与文化支持体系、艺术与文化经济效应这五个板块的数据来对艺术文化领域进行数据统计和研究，实现管理方式的调整。整体而言，新加坡文社青部管理模式可以用政府牵头、专业分工、统筹统计来概括。不难预见，在2020年及接下来的数年，新加坡文社青部依然会成为新加坡文化发展的主导力量，该国文化也会在商业模式日趋成熟的前提下，继续沿着政府主导、市场唱戏的方向发展。

二 2019年文莱文化发展情况

文莱主要的文化管理职能分散在多个部门中，因而文化管理和建设显得较为分散。

负责文莱国内青年文化事务的主要是文莱文化、青年和体育部（Kementerian Kebudayaan，Belia dan Sukan，KKBS，以下简称"文青体部"），核心职能是通过社会、文化、青年及体育活动，为马来伊斯兰君主制的国家哲学服务，对文莱社会形成身份认同给予全局性指导。

负责常态化文化活动组织的主要是文莱基础能源与旅游部（Ministry of Primary Resources & Tourism，MPRT，以下简称"能源旅游部"），核心职能是促进基础能源与旅游业发展，鼓励对内和对外投资并使基础能源和旅游业成为文莱国内生产总值增长的主要来源，关注生产力提升、高科技应用和出口市场。[①] 整体而言，该部是一个经济事务管理部门，其中与文化有关的主要是下属的文莱旅游发展局。文莱旅游发展局的职能是增大旅游产品的吸引力和增加多样性，提升旅游产品质量，以吸引更多游客来访。目前文莱旅游

---

① Ministry of Primary Resources & Tourism，Brunei Tourism Development Board，http：//www. tourism. gov. bn/Theme/Home. aspx.

发展局的战略目标是将游客数量由 2015 年的 21.8 万人次提升至 2020 年的 45 万人次，从而为拉动文莱国内生产总值增长做出贡献。①

与新加坡成熟的三层金字塔式管理架构相比，文莱艺术文化领域除上年报告已提及的国家文化政策外，尚缺乏科学宏观的规划文件和完备的统计研究制度来指导和协调各个部门在其专业领域内的工作。文莱文青体部和能源旅游部之间在理论上是平行的，因而尚未见相互协调合作的迹象，这对部门之间资源互补、形成合力、制定共同的工作目标显然是不利的。

即便如此，就 2019 年而言，文莱的文化发展还是呈现了既有传承又有创新的特点。

（一）传承：以文莱十二月文化节带动全年文化规划

文莱十二月文化节是文莱年度文化盛事，是文莱文化和旅游相关部门的年度大考。如果说文莱文青体部主要关注国内文化政策的拟定，那么十二月文化节就是能源旅游部下属的文莱旅游发展局具体文化活动组织工作的落实指标。

1. 文莱十二月文化节系列活动

与 2018 年相似，苏丹亲临 2019 年文莱十二月文化节开幕式，代表该文化节年度重头戏的地位。

2019 年 12 月 8 日，2019 年文莱十二月文化节开幕式如期在斯里巴加湾市苏丹奥马尔·阿里赛夫丁公园举办，哈桑纳尔·博尔基亚苏丹亲临现场，第三次为十二月文化节揭幕。在该文化节期间，文莱文青体部连同其他机构和团体，举办了 68 场各类文化活动，包括第二届文莱越野拉力赛、2019 年文莱观鸟系列赛、文莱电影沙龙等。

文莱旅游发展局执行局长萨莲娜·哈吉·萨利赫（Salinah Haji Salleh）在接受采访时表示，2018 年乘坐飞机抵达文莱的游客人数是 278138 人，较

---

① Mission, Vision and Strategic Objectives, Tourism Development Department, Ministry of Primary Resources and Tourism, http：//www. tourism. gov. bn/SitePages/Mission,％20Vision％20and％20Strategic％20Objectives. aspx.

2017 年增长了 7.4%，其中中国成为最大旅客来源国，占 23.6%，其次是马来西亚（21.4%）和印度尼西亚（9.9%）。她表示，2019 年 10 月 30 日文莱皇家航空在北京起降航班后，文莱旅行社预计来自中国的游客会持续增加，也将需要更多能够说汉语普通话的导游，期待文莱十二月文化节会吸引更多的中国游客访文。① 2019 年文莱十二月文化节主要活动见表 2。

表 2　2019 年文莱十二月文化节主要活动

序号	日期	活动名称	组织者
类型	国际美食节		
1	2019 年 12 月 1 日	国际美食节	BIG BWN Project 公司
2	2019 年 12 月 6~8 日	食品与饮品工业创业工作坊	EICO Enterprise 公司
3	2019 年 12 月 8 日	法式烘焙比赛	文莱法盟
4	2019 年 12 月 8 日	烘焙大甩卖	BIG BWN Project 公司
5	2019 年 12 月 14 日	户外美食音乐节	BIG BWN Project 公司
6	2019 年 12 月 25 日	巴基斯坦美食节	巴基斯坦高级专员署
类型	伊斯兰文化节		
7	2019 年 12 月 6~8 日	穆斯林青年营	贾梅阿斯尔·哈桑纳尔·博尔基亚清真寺
8	2019 年 12 月	文莱国际伊斯兰文化节 2.0	QALBY Sdn Bhd 公司
类型	文化与创意艺术		
9	2019 年 11 月 29 日至 12 月 1 日	钟楼怪人舞台剧	SEED Brunei 文莱种子培育计划
10	2019 年 12 月 1~31 日	鲜花及地标展	遮鲁东公园和乡村俱乐部
11	2019 年 12 月 1~2 日	音乐节暨第四届新星歌唱比赛	Management SGA Media & Marketing 公司
12	2019 年 12 月 1 日	巴基斯坦艺术与文化演出	巴基斯坦高级专员署
13	2019 年 12 月 4~8 日	小小文学节	Heartwrite Co 公司
14	2019 年 12 月 15 日	巴基斯坦旅游展	巴基斯坦高级专员署
15	2019 年 12 月 8~29 日	文莱电影沙龙	OAM Origin Management 公司
类型	体育与探险		
16	2019 年 11 月 30 日至 12 月 1 日	文莱超级马拉松	Begawan Athlete Enterprise 公司

① Bunei December Festival Seeks to Attract 100000 Visitors, Over 60 Events have been Lined up to Inject Life into Tourism Sector, 2019.12.8, https://thescoop.co/2019/12/08/brunei - december - festival - seeks - to - attract - more - visitors/.

序号	日期	活动名称	组织者
类型	体育与探险		
17	2019年12月1日	东盟传统射箭赛	AR-RAFI 射箭俱乐部
18	2019年12月1~6日	第二届系东流空手道公开赛	文莱系东流空手道协会
19	2019年7~8日	Ground Zero 自由搏击比赛	Go To Event Management and Services 公司
20	2019年6~7日	掰手腕大赛	掰手腕协会
21	2019年12月8日	彩弹射击锦标赛	文莱皇家技术服务部
22	2019年12月6~8日	第二届文莱飞镖公开赛2019	Kelab Komuniti Belia Transformasi 公司
23	2019年12月7~8日	文莱电子竞技锦标赛	Game On Business and Management 公司
24	2019年12月7~8日	2019年文莱观鸟系列赛	旅游发展局
25	2019年12月8日	Alpha Challenge 越野跑挑战赛 2019	DSUNLIT Sdn Bhd 公司
26	2019年12月8~12日	丛林越野车挑战赛	ENTEE Event Management 公司
27	2019年12月13~15日	文莱皇家文莱高尔夫俱乐部 RB 7S 公开挑战赛	文莱皇家高尔夫俱乐部
28	2019年12月15日	文莱迷你马拉松2019(一)	AKIF Media Marketing & Event 公司
29	2019年12月15日	BWN 室内运动会2019	BIG BWN Project 公司
30	2019年15~18日	第二届文莱越野拉力赛	Persatuan Kereta Tahan Lasak Brunei (PKLTB)文莱越野车协会
31	2019年20~22日	文莱高尔夫球俱乐部街头足球节	文莱皇家高尔夫俱乐部
32	2019年12月21日	文莱迷你马拉松2019(二)	RYS Entertainment 公司
33	2019年12月29日	首届 LINK 慈善迷你马拉松	AIZ Event Planner & Management 等公司
34	2019年12月31日	夜间快走、慢跑与骑行	Media Star 公司
类型	休闲与购物		
35	2019年12月1日	《文莱纪录》推广会	DOJO Studio 公司
36	2019年12月1~31日	周日购物嘉年华	Management SGA Media & Marketing 公司
37	2019年12月1~31日	文莱打折季	经济规划及发展局
38	2019年11月29日至2020年1月1日	大马戏团灯光秀	Management SGA Media & Marketing 公司

序号	日期	活动名称	组织者
类型	休闲与购物		
39	2019 年 11 月 29 日至 12 月 1 日	首都摩托车周	ZOL Entertainment 公司
40	2019 年 12 月 1~31 日	家庭嘉年华	遮鲁东公园和乡村俱乐部
41	2019 年 12 月 1 日	动漫文化节	BIG BWN Project 公司
42	2019 年 12 月 1 日	车尾箱跳蚤市场	BIG BWN Project 公司
43	2019 年 12 月 2~8 日	水上乐园嘉年华	Liang Lumut Recreation Club 公司
44	2019 年 12 月 6~8 日	首届文莱编程挑战赛	文莱科技大学
45	2019 年 12 月 31 日至 2020 年 1 月 1 日	年末展销会	时代广场购物中心
46	2019 年 12 月 26~29 日	YES Letop 展销	Battle Pro Event Management 公司

资料来源：*Brunei December Festival* 2019 *Festival Guide*，Tourism Development Department，Ministry of Primary Resources & Tourism，Brunei Darussalam，2019 年 8 月 5 日，https：//www. bruneitourism. com/。

2019 年文莱十二月文化节的系列活动呈现以下特点。

第一，分类标准明确。2019 年文莱十二月文化节活动共分为五大类：国际美食节、伊斯兰文化节、文化与创意艺术、体育与探险、休闲与购物。上述分类表现出当前文莱对文化节的定位，认为最能够吸引本地居民和外地游客访问、拉动消费和提升文莱旅游吸引力的就是这五方面。

第二，时间安排合理。同一类型不同活动的举办时间经过精心策划和协调，尽量做到不冲突但又不分散，紧凑合理。例如，第一类型国际美食节，基本维持十二月期间每周 1~2 场的频率。此外，短时间和长时间活动穿插进行，避免同类型活动扎堆和大型活动之间时间冲突。例如，超级马拉松、迷你马拉松、慈善马拉松、夜间慢跑这几场同类型活动的举办就从 11 月底延伸到 12 月底，做到 1~2 周安排一场活动。合理的时间安排最大限度保证每场活动有足够的参加者。

第三，以商业运营为主。不难发现，这些活动的组织者绝大部分是商业公司，除少数活动由旅游发展局、经济规划及发展局、清真寺、遮鲁东公园和乡村俱乐部、文莱皇家高尔夫俱乐部和文莱科技大学等政府机构或事业单位组织外，其余活动皆由文莱本地商业公司或者专业协会负责运作组织，其中不乏大型活动。这些公司通过收取门票、销售商品、提供服务等方式获得收益。例如，2019年文化节的重头戏之一第二届文莱越野拉力赛，便向参加者按照协会成员、非协会成员、国际选手收取三个档次的注册费和名牌制作费。商业化的运营保证了这些活动不是"赔钱赚吆喝"，而是"赚钱攒人气"，确保这些公司不会失去继续参加十二月文化节的积极性。

第四，着力吸引年轻人。电子竞技锦标赛、动漫文化节、编程挑战赛都是首次出现在十二月文化节活动清单中的项目。这类活动显然是面向青少年的，这也显示出文莱旅游发展局对吸引青少年参与国家年度文化盛事的重视，是对文化节内涵的一种创新。

第五，马来穆斯林的文化交流平台。穆斯林青年营、文莱国际伊斯兰文化节、东盟传统射箭赛、文莱飞镖公开赛是2019年十二月文化节为文莱和周边国家马来西亚、印度尼西亚、菲律宾等东南亚邻国青年切磋技艺、建立友谊而创造的平台，是文莱参与区域人文交流的举措。

第六，为文莱对外文化交流提供平台。巴基斯坦高级专员署和文莱法盟的参与，是2019年十二月文化节的一大亮点。作为南亚重要的伊斯兰国家，巴基斯坦高级专员署共组织了三场活动，包括美食节、艺术文化演出和旅游展，是文巴两国2019年人文交流的重要成果。

2. 其他文化活动

除十二月文化节外，2019年文莱影响较大的文化活动并不算多。

2019年4月19~21日，Game On Business Management Services 公司举办 PS4 FIFA19 游戏争霸赛，有42位选手参加了历时三天的角逐。最终文莱赛区选手 Rafi Balim 获得了赛区冠军，同时获得了2019年4月27~28日到吉隆坡参加 ES 足球亚洲冠军杯比赛资格，与来自13个国家和地区的选手角逐10000美元冠军奖金，这些国家和地区包括日本、马尔代夫、印度、印度尼西亚、韩国、新加坡、越南、中国香港、孟加拉国、马来西亚、缅甸、巴基斯坦和斯里兰卡。这项赛事获得了文莱旅游发展局的支持，从选拔到出战，其下属门户网站 Brunei. events 都进行了报道。①

2019 年 4 月 26～28 日每天早上 10 点至晚上 10 点，文莱本土知名服装品牌 BAJOO 在梅赛德斯奔驰旗舰店举行名为"JBoxing"的全新六大系列服装新款促销推广活动。② 这是该品牌第三年举办类似活动，规模达到历年之最。活动期间，BAJOO 旗下"秘密花园"等 6 个子品牌推出全线新装，并将推出限时折扣，部分单品售价将低至 10 文莱元，部分款式有 50% 折扣。该品牌近年来在文莱受到广泛欢迎，因其对马来人服装设计进行改良创新，更适合日常穿着，更符合当下时尚潮流。

整体而言，文莱艺术文化领域的活跃期高度集中在十二月文化节前后，通过该文化节来联合政府部门、私人企业、专业组织、本国居民、外国游客等文化领域的参与方。

（二）创新：商业化、年轻化、区域化

2019 年文莱的文化发展呈现商业化、年轻化、区域化的新特点。

商业化是指主要依赖商业公司作为文化活动的组织者，以商业利润保证文化活动的质量和可持续性。文莱十二月文化节中文化活动的组织者大多是商业公司，其中不乏一家公司承办多场活动的例子。例如，BIG BWN Project 公司就承办了多场与美食、体育、动漫有关的主要活动，Management SGA Media & Marketing 公司则承办了音乐和购物类等活动。其他专业性较强的大型活动，如丛林越野车挑战赛和第二届文莱越野拉力赛是由商业公司和该活动的爱好者协会联合主办，4 场不同类型马拉松类活动由 4 家不同的公司承办。

应该说，这些商业公司根据自身对市场的调查和文莱十二月文化节的吸

---

① Champion of PS4 FIFA 19 to Represent Brunei in Asia Tournament，2019 年 4 月 22 日，https：//brunei. events/2019/04/22/champion － of － ps4 － fifa － 19 － to － represent － brunei － in － asia － tournament/.

② JBoxing Returns for Its Third Year，2019 年 4 月 17 日，https：//brunei. events/2019/04/17/jboxing － returns － for － its － third － year/.

引力来制定价格，实现销售和完成服务后，获得盈利。如此既可以保证活动内容的质量，也可以提升组织者的积极性，也大大减轻了文莱旅游发展局的财政负担。

年轻化是指年轻人开始成为文莱文化活动的目标人群。正如前文所述，针对青少年的文化活动日渐增多。例如，电子竞技、游戏、动漫、编程类活动在 2019 年前的文莱文化大事中十分鲜见，但短短一年间，就已经进入十二月文化节活动清单，说明主办方文莱旅游发展局希望通过这类活动来改变文莱年轻人缺乏参与国家年度文化盛事兴趣的局面。这与上年报告中文莱文青体部青年政策核心原则九个方面中的第二点不谋而合，其表述为"为文莱社会、国家、经济生活的文件持续发展做贡献，以确保全文莱社会尤其是青年人可以应对社会、经济和科技的快速转变并从中获益，且不以个人价值观或文化为代价"[1]。希望日后能够看到文莱文青体部和能源旅游部实现横向合作，推动文莱青年在文莱文化发展中扮演更重要的角色。

区域化是指创造平台，让文莱马来穆斯林和周边东南亚马来穆斯林能够在文莱十二月文化节中开展文化交流、建立友谊，扩大文莱十二月文化节在区域文化中的影响力。

三 结语

整体而言，新加坡和文莱的文化发展都显示出传承和创新并重的特点。

2019 年新加坡文化发展的传承主要表现在新加坡文社青部对现有三层金字塔式管理体系的领导和统筹管理上，管理模式基本可以用政府牵头、专业分工、统筹统计来概括。创新则主要表现为商业化程度进一步提高，市场成为文化领域的主角，政府角色向幕后转型。

---

① 李婉珺：《2018 年文莱文化发展报告》，载刘志强主编《东盟文化发展报告（2019）》，社会科学文献出版社，2019，第 158 页。

2019 年文莱文化发展的传承主要表现在对文莱十二月文化节一如既往的重视，创新则主要表现在商业化、年轻化和区域化方面。

2019 年新加坡和文莱两国的文化发展各有特点，体现出两国政府和社会对文化的不同需求和理念，只有对这些需求和理念有所认识和理解，方能推进我国与两国的"民心相通"。

B.4

2019年菲律宾文化发展报告

谢苏丽*

摘　要： 自2016年杜特尔特就任菲律宾总统以来，中菲关系愈加密切，菲律宾成为"一带一路"国际合作在东南亚地区的重要伙伴，菲律宾文化也扮演着关键角色。2019年，菲律宾的文化发展十分活跃，有三个主要特点：一是注重文化传承，强调本土意识；二是进一步融入全球性多元文化，扩大自身影响力；三是发挥文化的批评作用，参与社会改革和建设。在此基础上，中菲文化交流也全方位开展，增进了两国的互信和理解。

关键词： 文化传承　文化交流　文化批评　菲律宾

一　引言

2019年3月29日，菲律宾总统杜特尔特宣布，当天在菲南部正式成立"邦萨摩洛"穆斯林自治区，取代原有的棉兰老穆斯林自治区。新自治区覆盖菲南部五省一市，面积约1.27万平方公里，人口超过400万人，比棉兰老穆斯林自治区更大，也比一般地方政府享有更大的自治权。新自治区的成立，总体上结束了菲律宾政府和该地区穆斯林反政府武装之间持续40余年的冲突，促使菲南部逐步恢复和平稳定。① 作为占全国总人口22%的菲律宾

---

*　谢苏丽，任职于广东外语外贸大学日语语言文化学院暨亚非语言文化学院（筹）。

①　《菲律宾总统宣布成立"邦萨摩洛"穆斯林自治区》，新华网，2019年3月30日，http：// www. xinhuanet. com/world/2019－03/30/c_ 1124303488. htm。

第二大岛，棉兰老岛（Mindanao）的族群、语言和宗教信仰高度多元化，历史变迁复杂，暴力冲突不断。因此，自治区的体制改革不仅是政治事件，也反映了菲律宾社会化解历史矛盾、推动对话与和解的历史进程，折射出菲律宾文化发展面临的任务：传承本土文化传统，处理殖民遗产，融入全球化进程。

二　文化传承和本土意识

和许多有殖民地经历的国家一样，菲律宾社会面临的重要任务是保护和传承文化遗产和历史记忆。2019 年，菲律宾文化建设呈现的一些特点值得关注。一是在国家文化艺术委员会的倡导下，各地开始运用"文化绘图"这一新兴理念和技术来记录、保存和传承本地社区文化。"文化绘图"是联合国教科文组织推荐的保护"无形和有形"的地方文化资产的技术，包括基于社区的参与性数据收集和管理及使用地理信息系统（GIS）的复杂制图。其基本理念是利用数字技术收集、整理和分析当地文化数据和信息，构建文化地图，最终形成"地方文化肖像"，以此指导文化发展。[①] 这是利用大数据来构建地方文化身份的方式，是传统和现代的融合。二是强调"地方性"。鉴于菲律宾多民族、多语言的历史和现状，电影、建筑、文学等各领域都鼓励地方特色发展，历史文化遗产保护往往由地方政府结合各地实际情况开展。

2019 年 10 月，菲律宾历史名城奥莫克（Ormoc）的"文化地图"上线开放，完整呈现了当地丰富的自然遗产、建筑遗产、非物质遗产和可移动遗产。[②] 这是当地运用"文化绘图"技术来促进历史文化遗产的宣传和保护的新成果。奥莫克市长理查德·戈麦斯（Richard Gomez）在 2016 年首次当选市长时就开始实施该计划，他表示："当我成为奥莫克市长时，我做的第一

---

① "文化绘图"项目介绍，参见菲律宾国家文化艺术委员会网站，https：//ncca. gov. ph/about - ncca - 3/ncca - cultural - mapping - program/。

② "Ormoc Mayor Richard Gomez Uses Mapping and Data to Preserve Local Culture"，〔菲〕Rappler 网站，https：//www. rappler. com/nation/243736 - ormoc - mayor - gomez - mapping - data - preserve - local - culture。

件事就是启动文化地图的制作，以便奥莫克市民能够更好地了解我们这个群体的身份。"奥莫克市政府与相关科研机构合作，花费约一年时间，从当地的上百个村庄收集数据并传送上线。这项工程向社会开放，市民可以通过邮件增加条目，为扩大文化地图做出贡献。

2019 年，菲律宾碧瑶市将有 100 多年历史的文化遗址多米尼加山发展为文化和艺术中心。该地起初是西班牙修道士的度假屋，二战期间成为日本的刑讯室，还曾改建为向精神病患者提供康复治疗的酒店，后逐渐被废弃。2017年，碧瑶成为菲律宾首个被纳入联合国教科文组织创意城市网络名录民间工艺类别的城市。此后，多米尼加山遗址开始筹备开发。2019 年，新任市长、前国家警察情报局局长本杰明·马加隆（Benjamin Magalong）主推艺术和文化建设，力主将多米尼加山遗址建成创意艺术家和能工巧匠的乐园，积极推广艺术品，促进城市创意经济。马加隆坚定地表示，这座城市永远不会允许外国人或跨国公司接管政府的财产，因此遗址不会用于单纯的商业性开发。碧瑶市艺术和工艺品联合会（Baguio Arts and Crafts Collective Incorporated）曾在多米尼加山举办首届碧瑶市民间艺术节，现在已着手对多米尼加山和自然公园的建筑规划和设计。2019 年 11 月，在多米尼加山遗址举行了第二届音乐节，举办了时装表演、工艺美术比赛、工艺演示、古典音乐和布鲁斯音乐会，以及绘画和雕塑展。音乐节大获成功，结束后数周游客依然蜂拥而至。

在建筑领域，2019 年 2 月 22 日到 3 月 21 日，菲律宾国家建筑和艺术委员会举办主题为"由内而外"的全国综合性巡回展览论坛，活动遍布全国各地，活动包括讲座和讲习班，以促进人们对菲律宾建筑的欣赏和认识。子展览包括菲律宾风景园林师协会设计的"绿地"风景；菲律宾室内设计师协会推出的"拼贴设计展"，展示了如何从边角料或废料（如织物和木材）中制作有用的零件。类似的，室内设计教育工作者协会举办了"室内 + 页面"展览，展示废物如何被循环利用升级改造为家居装饰和配件。[①] 这些从

---

① 〔菲〕《每日问讯者报》，https：//lifestyle. inquirer. net/288586/university – san – agustin – hosts – nccas – architecture – exhibit/。

"无用"到"有用"的转化、自然和人文的交融，体现了当代菲律宾设计中的生态意识和"就地取材"的地方意识。

在电影领域，2019 年正值菲律宾电影诞生 100 周年，对菲律宾电影发展而言意义非凡。菲律宾首家电影公司成立于 1917 年，并于 1919 年制作了首部默片，为此，菲律宾电影发展委员会于 2019 年 9 月至 2020 年 9 月开展为期一年的菲律宾电影业 100 周年纪念活动，有当地媒体称这是菲律宾电影史上"伟大的一年"。9 月 12 日，正值菲律宾首部电影上映 100 周年，菲律宾电影发展委员会在奎松古堡市的新前沿剧院举行启动仪式，进行文艺演出，并向菲律宾电影界的无名英雄致敬和颁奖，包括著名演员、地方电影推动者、独立电影人以及其他导演和制片人。① 随后，第三届菲律宾电影节（PPP）于 9 月 13～19 日举行，该电影节由菲律宾电影发展委员会与菲律宾国家电影协会（National Cinema Association of Philippines）共同主办，在全国所有大众院线放映菲律宾国产电影，为期一周。与往年一样，在 PPP 期间，除专业电影院外，不会放映任何外国电影，以鼓励和宣传菲律宾本土电影作品。接着是 2019 年的娱乐编辑"电影的选择"和菲律宾电影学院的"月神奖"，而菲律宾本土影响最大的马尼拉大都会电影节（MMFF）是 100 周年纪念的压轴活动。②

在此次纪念民族电影业的活动中，地方电影是重要组成部分。2019 年是菲律宾最大的非竞赛电影节"地方电影"（Cinema Rehiyon）举办第 11 个年头，本届电影节专注于"提升地方电影"，展映作品覆盖了菲律宾的主要文化区域，包括维萨亚斯群岛、吕宋岛和棉兰老岛等。③ 其中，位于维萨亚斯群岛的宿务市有自己独特的 BINISAYA 电影运动，着重发展以宿务方言讲述的地方特色电影，他们将派遣 7 部短片和 1 部长片的导演参加第 11 届地

① 菲律宾电影发展委员会，http：//fdcp. ph/media/relive－100－years－philippine－cinema－sine－sandaan－abs－cbns－sundays－best。

② 〔菲〕《马尼拉时报》，https：//www. manilatimes. net/2019/12/29/weekly/the－sunday－times/cover－story/2019－a－hundred－years－since－the－birth－of－philippine－cinema/668285/。

③ 〔菲〕《日星报》，https：//www. sunstar. com. ph/article/1794204。

方电影节的展映。①

与菲律宾艺术创作和演出的地方参与相呼应，伦敦大学亚非学院（SOAS）菲律宾研究中心主办的2019年菲律宾研究会议同样强调了地区史的研究视角，该届会议聚焦菲律宾著名的文化交汇地带——棉兰老岛，主题为"棉兰老岛：历史、身份和叙述的制图学"。棉兰老岛是穆斯林、定居者和自治社会动荡不安的交汇地带，各方势力都在争夺文化资本、资源、领土和发展机会，因此同时融合了全球性、国家性和地方性维度。正如菲律宾地方政府积极推进传承地方文化的"文化绘图"工程一样，这次会议也将"绘图"视为理解棉兰老岛的重要隐喻，引导社会关注岛内的多元历史、语言、族裔群体和文化传统，希望集学者、政策制定者、文化工作者和艺术家之力，绘制棉兰老岛多隙而又交叠的社会轮廓，并进一步思考以下问题：如何从史学、政治经济学和文化认同等角度看待该地区？散居于该地区的人们如何寻求对自我归属感的理解？这些如何促成不断发展的菲律宾民族文化和东南亚身份认同？会议的子议题包括"解读档案""去殖民叙事""从内部勾画身份""放置棉兰老岛"等，从10世纪到13世纪的印度教—佛教文明、苏丹国统治时期直到西班牙殖民时期，探讨了复杂的历史遗产和文化冲突如何构建一个"地方"的身份。整体来看，会议研讨表明地方性不是孤立自足的身份，而是在与全球、国家和周边地区的互动中塑造出来的特性。因此，要理解地方性，既要立足地方经验，也要跳出地方视野。

三　全球化经验

近年来，在传承本土文化的基础上，菲律宾文化也在日益介入全球多元文化的互动，国际影响力增强，菲律宾的文化经验给予全球文化和社会结构

---

① 亚洲电影节网站，https://asianfilmfestivals.com/2019/02/19/cinema-rehiyon-feature-films-2019/。

一定的启示。这一本土和全球的互动过程，集中体现在国际艺术合作与分享。2019年12月11日，著名爱尔兰摇滚乐队 U2 在马尼拉举行了他们在菲律宾历史上的首场演出，名为"约书亚树"，主题是旅美菲律宾诗人比诺·雷卢约（Bino A. Realuyo）的作品《菲佣》（Filipineza）。U2 乐队素来有将演出地的诗歌融入音乐创作的传统，此番尝试也是延续了这一传统，既是英语世界流行文化和菲律宾本土思考的对话，也是诗歌和音乐的跨媒介对话。该诗最初发表在美国《国家》杂志上，后选入雷卢约的首部诗集《我们敬的神住在隔壁》，该诗集于 2005 年获得了阿哈·沙希德·阿里诗歌奖，并于2009 年获得了菲律宾国家图书奖。因此，这次演出是地方经验和全球历史的对话，扩大了菲律宾诗歌的受众范围。

目前，在海外工作的菲律宾家庭佣工总数约为 1000 万人，约占菲律宾总人口的 1/10，从中国香港的保姆、中东的家庭佣工到北冰洋航船上的水手，他们普遍从事着薪酬较低的体力工作。这场共同创作的音乐会，从主题上和形式上都是十分典型的文化融合的产物。雷卢约的诗歌书写同胞离乡谋生的苦难，在美国主流杂志上发表，最终回到诗人的出生地演出，本身就见证了菲律宾文学在全球化进程中的漂泊、成长和寻根之旅。

在建筑领域，继 2017 年和 2018 年后，菲律宾继续选送作品参与威尼斯艺术双年展。在 2019 年威尼斯艺术双年展上，菲律宾馆展示了由泰莎·玛丽亚·瓜宗（Tessa Maria Guazon）策划、艺术家马克·贾斯蒂尼阿尼（Mark Justiniani）设计的装置艺术"海岛天气"，这项作品是由菲律宾国家文化艺术委员会（NCCA）、外交部（DFA）和参议员洛伦·莱加达（Loren Legarda）、参议员办公室（菲律宾参加威尼斯艺术双年展的主管机构）选送的。"海岛天气"采用了模拟海上航行的沉浸式环境设计，旨在探讨观看方式对构建真相的影响。展览构建了一条横跨菲律宾群岛的小径，以迷人的形式折射历史。① 该作品分为三个主题："岛上旅行""本地天气预报：动荡

---

① 菲律宾国家文化艺术委员会，https：//ncca.gov.ph/2018/07/26/philippine - pavilion - 2019 - venice - art - biennale/。

的天气""码头与港口"。装置设计参考了菲律宾殖民时期的灯塔，融合了历史、幻想和神话。浮海的小岛，暗示着艺术是精神世界的航标，赋予我们遨游其中的能力。"海岛天气"探索了感知和想象岛屿的多种方式：通过深入其地理空间，思考人类如何将岛屿视为起源、避难所、休憩地或国家的象征。① 项目设计中的"岛屿"元素紧扣菲律宾的岛国身份，而"天气"部分则表现了自然环境和历史文化的互相渗透。整体而言，作品通过独特的浸入和呈现方式，对菲律宾所处的历史空间和自然环境进行了深入反思，同时对全球化条件下地方环境和文化的发展也有重要启示。

菲律宾选美文化历史悠久，十分活跃，因此成为菲律宾扩大国际影响力的重要途径。2018 年，菲律宾选手再次脱颖而出，夺得"环球小姐"称号。菲律宾的选美文化源自西班牙殖民时期传布的天主教敬拜圣母的集体仪式。在天主教的宗教节日如圣十字架节期间，女性由男伴陪同一路巡游，或者站在带穹顶的花车中央巡游，"象征着女性羞赧、谦逊的美得到守护，女性美的群体性展演符合天主教所推崇的性别价值观"。20 世纪初，美国占领菲律宾后，美国的选美比赛制度也传入菲律宾，菲律宾当今规模最大的"菲律宾小姐"比赛前身正是美国殖民时期的"马尼拉嘉年华皇后"评选活动。② 在殖民文化影响和商业价值驱动下，菲律宾选美文化与民间丰富的节庆活动相融合，形成了自己的传统。当选 2019 年菲律宾"世界小姐"的米歇尔·迪（Michelle Dee）在 12 月 9 日发布了她的新款民族服饰，将以此参加在伦敦举办的世界选美大赛。设计师弗朗西斯·利比兰（Francis Libiran）设计的最新版菲律宾服饰"特诺"（Terno），"旨在庆祝和保存丰富的菲律宾文化。衣领上的太阳设计灵感来自菲律宾国旗上的太阳，配以设计师标志性的复杂装饰性刺绣，象征着乐观、积极和勇气。服饰刺绣图案的灵感来自菲律宾当地历史悠久的文身，称为'Batek'。它们出现在 16

---

① 威尼斯艺术双年展网站，https：//www. labiennale. org/en/art/2019/national – participations/philippines。

② 霍然：《菲律宾民间选美文化的历史成因》，《南亚东南亚研究》2019 年第 5 期，第 123 ～137 页。

世纪西班牙人最初进入菲律宾时带来的描绘当地各族人民样貌和生活方式的图册和当地武士服饰的图样。对我们的祖先而言，'Batek'象征着勇敢和胜利。精心制作的可穿戴艺术品是由柔软的薄纱制成的，有定制的精致刺绣和手工制作的珠饰"。① 因此，今天进入全球视野的菲律宾文化是本土传统、殖民历史和西方流行文化的结合。

四 中菲文化交流

2018年，习近平主席首次访问菲律宾，两国正式建立全面战略合作伙伴关系，并签订29项合作协议或备忘录，在多方面开展交流合作。② 2019年，在两国领导人战略引领下，中菲关系迈入提质升级的快车道，经历了中菲关系"转圜、巩固、提升"的重要历程。菲律宾总统杜特尔特两次访华，2019年5月中旬赴北京出席第二届"一带一路"国际合作高峰论坛，8月28日至9月1日再次专程访华并与习近平主席进行了高峰会谈，这也是杜特尔特就任总统三年以来的第五次访华，频率之高在中菲关系史上极为少见。2019年菲律宾任东盟轮值主席国，在高峰论坛期间，杜特尔特认为菲律宾等东盟国家的共同需求是投资，因此中国投资能帮助东盟国家发展经济并改善民生，有助于形成稳定的"亚洲共同体"。他表示将积极推动东盟国家加入"一带一路"倡议，加强菲律宾及整个东盟和中国之间的联系。③ 在与习近平主席的会谈中，两国领导人对中菲关系发展做出了共同的"顶层规划"，双方表示要和平解决争议、集中力量开展经贸合作和人文交流，维

---

① 〔菲〕Rappler 网站，https：//www.rappler.com/life－and－style/specials/miss－world/246858－michelle－dee－national－costume－miss－world－2019。

② 关于2018年中菲两国合作进展，参见吴杰伟、邱伟龙《菲律宾：2018年回顾与2019年展望》，《东南亚纵横》2019年第1期，第57～59页。

③ 《杜特尔特代表菲律宾和东盟出席"一带一路"峰会》，中国南海研究院网站，2019年5月12日，http：//www.nanhai.org.cn/info－detail/22/4659.html。

护地区友好关系。①

中菲两国政治、外交和经贸关系的巩固和改善为文化交流打下了坚实基础。在文化领域，中菲双方通过领事馆、孔子学院、"一带一路"倡议等机制推进交流与合作。7月26日，"'一带一路'中国—菲律宾人文交流与经济合作论坛"在菲律宾首都马尼拉举行，为两国人文交流与经济合作共同出谋划策。此次论坛由中国公共外交协会和菲律宾总统府新闻部主办，中国驻菲律宾使馆特别支持，环球网与菲律宾雅典耀大学孔子学院承办，来自中菲两国经济、交通、媒体、文化等领域的近300名嘉宾共聚一堂，包括菲律宾前总统阿罗约、中国驻菲律宾公使衔参赞檀勃生、菲律宾总统府新闻部部长安达纳尔、雅典耀大学孔子学院院长黄淑琇等。这次论坛突出了文化的重要地位，人文交流成为中菲共建"一带一路"的支柱之一。中国外文局前局长周明伟表示，人文交流与沟通是构建良好国家关系的真正基础，它直接以最广大的民众利益和民心为出发点和落脚点，能够使两国人民以非常直观的方式增进相互感情、信任和友谊。中菲要进一步加强在教育、科学、文化、青年、体育、妇女、旅游等领域的交流，希望更多媒体和智库为促进中菲人文交流放大正能量、传播好消息。

2019年6月14日，为纪念6月9日的中菲建交44周年纪念日和第18个中菲友谊日，一场名为"黄金时代菲中情"的大型文艺演出在马尼拉菲律宾文化中心举行，近2000名中菲观众观看了富有中国少数民族特色的表演。在两个小时的演出中，来自中国海南省的演艺人员为现场观众表演了十余个以中国少数民族歌舞及器乐为主的节目。中国歌手的歌曲联唱将海南省民歌《久久不见久久见》与菲律宾传统情歌《依靠》联袂呈现，悠扬的歌声唱出了中菲两国人民历久弥新的友谊。

在民间艺术交流方面，由中国与菲律宾画家共同参与的"天人合和：

---

① 《深度 | 执政3年多来5次访华，杜特尔特结束5天中国行……》，上海观察者网站，2019年9月1日，https：//www.jfdaily.com/news/detail? id＝173482。

中菲艺术文化交流活动"绘画展于 2019 年 9 月 28 日在菲律宾首都马尼拉开幕。9~10 月，十位中菲艺术家受邀先后赴菲律宾巴拉望省爱妮岛和中国湖南省醴陵市进行写生创作，作品分别在菲律宾大都会博物馆和中国深圳艺术码头进行展出。该活动由中国银行马尼拉分行、马尼拉大都会博物馆、《中国日报》亚太分社与中华文化艺术联合会共同举办，旨在通过文化交流的形式，建立"和而不同"的文明互鉴的文化基础，促进两国民心相通和睦邻互信。中国驻菲律宾大使馆赵鉴华、菲律宾财政部长多明计斯、菲律宾中央银行行长迪奥克诺等多位嘉宾出席仪式。

参加交流活动的菲律宾艺术家马努·巴德莫（Manuel Baldemor）表示，湖南醴陵的艺术氛围让他印象深刻，他认为这所小城是艺术家的"天堂"。他还表示艺术家所描绘的不仅是作品，也是中菲文化交流的桥梁，可以促进双方的艺术发展和民心互通。[①]

五　结语与展望

2019 年菲律宾文化发展表现在重建本土传统、寻求国际身份、开展社会批评三个方面，体现了全球化和本土化两大趋势之间的调适和互动，同时回应着新领导人执政以来的社会变迁。2019 年菲律宾文化发展的新特点是在新任政府权威空前加强的同时，文化艺术的地方性意识和媒体的批评意识也在增强。菲律宾族裔、语言和宗教多元性既有冲突，也有利于文化交流和融合。菲律宾的国家文化政策和个人艺术创作的共识是通过塑造本土身份来融入全球文化，发出自己的声音。

突发的全球性新冠肺炎疫情也波及了菲律宾，菲律宾卫生部已经启动一级红色警报。2020 年 3 月 17 日，杜特尔特发布总统令宣布全国进入灾难状态，部分地区实行交通和食品供应管制。在疫情冲击下，许多年度重要文化

[①] 《当水墨预见色彩，深圳画展展现中菲艺术交流成果》，《中国日报》，2019 年 10 月 27 日，http：//ex. chinadaily. com. cn/exchange/partners/82/rss/channel/cn/columns/sz8srm/stories/WS5db4e065a31099ab995e8026. html。

艺术活动将取消或延期，而关于如何理解和应对此次社会危机，媒体的报道和讨论将扮演重要角色，可能推动传媒和舆论文化的变革。2020 年，注定将成为菲律宾文化发展史中特殊的一年。

参考文献

代帆：《国家安全与对外政策：阿基诺三世的对华政策及其启示》，《国际关系研究》2013 年第 6 期。

林丹阳：《民主制度之"踵"：家族式恩庇侍从关系与菲律宾政治》，《东南亚研究》2018 年第 5 期。

王子昌：《东盟外交共同体：主体和表现》，时事出版社，2011。

魏然：《"他加禄的哈姆雷特"的抉择：何塞·黎萨尔的去殖民与亚洲问题》，《外国文学评论》2020 年第 1 期。

吴杰伟：《超越裙带政治之路："民粹主义"与杜特尔特的"强人政治"》，《东南亚研究》2018 年第 5 期。

吴杰伟：《菲律宾社会文化与投资环境》，世界图书出版公司，2012。

Nicholas Tarling, ed., *The Cambridge History of Southeast Asia*, Vols. 1–2, Cambridge：Cambridge University Press，1993.

B.5
2019年越南文化发展报告*

林　丽**

摘　要： 2019年，越南对本国文化发展战略进行了总结与更新。新战略草案中特别关注融入国际社会和工业4.0问题。越南继续大力保护民族文化遗产、弘扬民族文化，重视法治文化氛围的营造；积极推进文化外交与经济、政治外交间的互动，加强与国际组织的联系与合作，以多种形式对外宣传越南文化。

关键词： 文化发展　文化外交　越南

2019年，越南国内生产总值（GDP）增长率为7.02%。与此同时，该国在对外交往、国防安全、文化社会等方面都取得了较大成就，努力树立乐观、自信、快步迈向富强的国家形象。

一　文化发展战略更新

战略性的"继往开来"成为2019年越南文化发展的重要关注点。具体表现为总结2009～2019年文化发展成果，制定2020～2030年文化发展战略。

---

* 本文为广东外语外贸大学2020年度国别与区域研究外语语种专项项目阶段性成果。
** 林丽，博士，广东外语外贸大学东方语言文化学院越南语系讲师，主要从事越南语言文化研究。

（一）2009～2019年成就总结

2009 年 5 月 6 日，越南政府公布《关于批准〈至 2020 年文化发展战略〉的决定》（581/QĐ-TTg 号决定）[1]。2019 年 12 月 25 日，越南文化体育旅游部召开该战略实施十年总结大会[2]，副总理武德丹等主持了会议。总结报告指出，十年来，组织实施《至 2020 年文化发展战略》取得了许多成果，对社会生活多个领域产生了积极影响，对实现基层民主、政治稳定，保持社会安定有序做出了重要贡献，预防社会弊端、建设和发展越南文化、培养和造就越南人等工作取得了积极进展和重要成果。

2009～2019 年越南文化发展创造了民主氛围，使民智得以提高，使人民的创造力、参与社会的主动性和积极性得到发挥，社会生活许多领域的民主得到扩大。文化发展有助于越南人形成新理念、新价值。民众的思想、道德、生活方式和文化生活有了许多重要转变。

"全民团结建设文化生活"活动不断拓宽加深，取得切实成效。许多文化活动取得积极成果，对营造文化环境，保护和发挥民族优良传统、人文价值做出了贡献。

各种文化、文艺活动如火如荼，满足了越南民众的创意需求和多元品位。文化产品、文艺文学作品日益丰富多样，数量、质量都有明显提升，文化、文学艺术、科学技术产品市场正在形成。文化活动社会化日益扩大，各种文化体制日益成熟。

文化已经成为越南各级党委、政府、祖国阵线和各级社会团体的重要工作内容，逐步与各项经济、社会任务紧密结合。近年来，文化对于稳定发展的作用日益凸显。"经济社会发展、建设—整顿党、国防安全、对外工作与发展文化、培养人的事业密切相关"逐渐成为共识。

---

① 越南法律文本网，https：//vanbanphapluat. co/quyet - dinh - 581 - qd - ttg - phe - duyet - chien - luoc - phat - trien - van - hoa - den - nam - 2020。

② 越南信息网，2019 年 12 月 25 日，https：//baotintuc. vn/van - hoa/nhieu - thanh - tuu - thuc - hien - 10 - nam - chien - luoc - phat - trien - van - hoa - 20191225190703294. htm。

越南保护、继承和发挥优秀民族文化价值方面取得了许多重要成绩。数以千计的历史文化遗迹得以分级、修葺、维护，成为特色文化景点，融入热门旅游线路，起到了促进地方旅游经济发展的作用。

博物馆系统日益完善，有助于保持民族文化本色，开展爱国传统教育，同时满足普及科学知识和提升民众精神文化生活的需求。

有价值的传统庙会、社会习俗和信仰、传统手工艺、民间表演艺术等得以恢复和发展。许多才华出众，对保护和发扬非物质文化遗产有贡献的艺人得到了相应待遇以及国家的褒奖。

文学艺术创作有了新发展，对越南社会民主化进程、文化产品多样化做出了贡献。文学艺术创作和相关活动继续发挥革命战争时期的优良传统，更加关注和反映平常真实生活，凸显了文化中的人文主义。

该战略中的明确导向是缩小越南城乡、地区之间"精神食粮"的差距。通过国家新农村目标计划、国家减贫计划、文化发展计划等，积极将文化、体育推向基层，优先帮助低收入人群、少数民族同胞提升文化素质、加强体育锻炼，以缩小各民族、各地区（尤其是特别困难的少数民族、山区）的经济、社会生活水平差距。

越南副总理强调，发展文化、培养和造就越南人事业在越南革命进程中具有重要的意义和价值。文化是精神基础，文化建设是国家发展的内在动力。接下来越南中央和地方各级、各行应集中分析困难、制约的原因并提出解决困难的办法。据此，对战略实施情况进行概括性总结，旨在为新战略的颁布奠定科学和实践基础。

（二）未来十年战略规划

2018 年 2 月 12 日，文化、体育和旅游部部长发布 426/QĐ - BVHTTDL 号决定，将起草《至 2030 年文化发展战略》的任务交给越南国家文化艺术研究院[1]。

---

① 越南《祖国报》官网，2018 年 8 月 13 日，http：//toquoc.vn/bao - cao - tien - do - xay - dung - chien - luoc - phat - trien - van - hoa - den - nam - 2030 - 99243220.htm。

2019 年 9 月 18 日，越南文化、体育和旅游部副部长谢光东在河内主持工作会，听取《至 2030 年文化发展战略》草案的报告①。会上，越南国家文化艺术研究院院长裴怀山表示，新战略的总目标是发展全方位的越南文化，引导个人向"真、善、美"发展，濡染民族精神及人文、民主和科学涵养。建设健康的文化环境，防止道德滑坡、生活腐化。在政治和经济中建设文化，在建设文化和完善人格中发挥家庭、学校和社会的作用。提升文化活动的质量和效果，提高满足民众文化需求的能力，逐步缩小城市和农村、各地区、各社会阶层之间在"精神食粮"方面的差距。动员全社会的力量以完善文化体制，保护和发挥文化遗产、少数民族文化价值，发展文学艺术事业等。建设和管理文化市场，发展文化产业，推动国际交流与合作，加大向世界推广越南文化的力度。这些与越共"十二大"政治报告中指出的越南文化发展方向一致。

随着以人工智能、大数据、机器人等为代表的新技术推动的第四次工业革命（CMCN 4.0）不断走向深入，此战略草案中特别提出要完善越南文化体制，在发展社会主义市场经济、融入国际社会和工业 4.0 背景下确保政府更好地发挥发展文化、培养人的作用。草案还提出了一些相关具体指标和任务举措，如组织"工业 4.0 背景下的文化艺术任务"论坛②，构建新的文化生活方式，发展大众传媒、新媒体和数字文化等。

二　2019年度文体成就概览

《人民报》（*Báo Nhân dân*）评选出的 2019 年文化、体育和旅游领域十大事件③成为越南在社会文化方面年度成就的集中体现。

---

① 越南国家文化艺术研究院官网，2019 年 9 月 19 日，http：//vicas. org. vn/articledetail. aspx？sitepageid = 574&articleid = 1302。

② 越南时代电子杂志，2019 年 9 月 21 日，https：//viettimes. vn/chien – luoc – van – hoa – se – phai – gan – voi – cach – mang – cong – nghiep – 40 – 367494. html。

③ 越南《人民报》官网，2020 年 1 月 1 日，https：//nhandan. com. vn/vanhoa/dong – chay/item/42771102 – su – kien – van – hoa – the – thao – va – du – lich – 2019. html。

遗产与传统类 3 项：①越南岱依族、侬族和泰族的天恩仪式（Then Practice）被联合国教科文组织列入《人类非物质文化遗产代表作名录》；②有近 1000 年历史的木柱群在海防市出土；③成功举办第六届胡志明市传统奥黛（Áo dài）节。上述是越南继承和弘扬民族文化遗产和少数民族文化的成绩。

文学与艺术类 4 项：①举办"当前文学艺术创作与实践中批评活动的定向作用"全国学术研讨会；②第四届越南文学推介国际会议暨第三届国际诗歌联欢会在河内市、广宁省及北江省举行；③第三届国际实验戏剧节在河内举行；④举办亚洲优秀画家作品展。上述事件体现了越南致力于发展文学和艺术事业，以及主动进行文化国际合作与交流的努力。

立法与发展类 1 项：越南国会正式通过《图书馆法》，突出对图书馆互联互通的重视，旨在确保图书馆活动朝着现代化方向发展。越南注重中观、微观层面的法治保障作用，重视法治文化氛围的营造，加大了立法力度，立法范围几乎遍及各个领域。

体育与旅游类 2 项：①越南体育代表团在第 30 届东南亚运动会上以 98 枚金牌、85 枚银牌、105 枚铜牌位居奖牌榜第二，越南 U22 男子足球队登上冠军宝座，越南国家女子足球队第六次成功卫冕；②越南旅游获得由世界旅游大奖颁发的"亚洲一流旅游目的地""亚洲一流饮食目的地"等称号及全球旅游奖状。2019 年越南接待外国游客量 1800 万人次，同比增长 16%。近年来，越南在体育和旅游方面成绩斐然。

三 2019年国内文化发展

综观 2019 年越南国内文化发展，工作重点有两个：一是增强凝聚力，保持本土民族文化的鲜明特色；二是重视民族地区经济发展和基层社区文化建设，协调好物质文化与非物质文化建设的关系，防止社会发展不平衡而导致各种社会矛盾和冲突。发展方式上体现出三大特点：思政引导贯穿、民族特色突出、基层建设扎实。具体亮点有三个方面：一是将图书与阅读上升到立法和战略高度;二是将雄王"国祖"祭祖仪式扩展为全球越南祭祖日;三是开始关注并谋划工业 4.0 背景下的文化发展。

(一)图书与阅读文化

越南重视发展图书与阅读文化。2017 年 3 月 15 日,政府总理下发了《至 2020 年、展望 2030 年的全民阅读发展战略》(329/Q Đ – TTg 号决定),旨在构建学习型社会。2019 年国会正式通过《图书馆法》,成为图书馆和读书文化的发展动力。年内相关具体举措主要有以下几个方面。2 月,河内举行"2019 己亥年春节图书街"活动,以弘扬阅读文化。4 月,第六届越南图书日开幕式及图书展在河内举行。5 月,第四次欧洲文学图书节在胡志明市图书街启动,来自英国、捷克、法国、德国、匈牙利、意大利、西班牙、瑞典、瑞士、比利时等欧洲十国的代表参加。11 月,在韩国首都首尔联合举行越南书图书展和首个越南图书专卖区开业典礼。同月,胡志明国家政治学院印度研究中心出版《胡志明与印度》一书的越南语版和英语版;关于意大利企业在越南成功案例的新书《成功实验——意大利企业在越南》英文版和德文版正式亮相。12 月,"千年文献升龙书柜"第二阶段工作进展顺利①。

(二)传统庙会与祭祖

越南举办庙会通常为纪念历史上的民族英雄,弘扬民族精神。近年来,庙会承担起了传承和发扬越南民族传统道德文化的重任。各级政府也乐于借此进行爱国主义教育,以期通过潜移默化的方式增强民族向心力和凝聚力。

2019 年,多个传统庙会陆续开庙,如西宁省西宁市黑婆山庙会(2 月 8 日)、河内市美德县香迹寺庙会(2 月 10 日)、广宁省旺秘市安子庙会(2 月 14 日)、北宁省仙游县林庙会(2 月 16 日)、太平省兴河县陈祠庙会(2

---

① 越南《人民报》官网,2019 年 12 月 20 日,https://nhandan.com.vn/vanhoa/dong – chay/item/42646402 – tong – ket – du – an – tu – sach – thang – long – ngan – nam – van – hien – giai – doan – ii.htm。

月 18 日）、南定省务本县耶府（Phủ Dầy）庙会（4 月 7 日）、宁平省长安庙会（4 月 22 日）、河南省队山寺传统庙会（4 月 25 日）、清化省寿春县蓝京庙会（9 月 20 日）等。

其中最为典型的是 4 月 14 日（农历三月初十），国会主席阮氏金银出席的在富寿省举行的 2019 年雄王"国祖"祭祖仪式。不仅如此，继 2018 年在欧洲四国（俄罗斯、捷克、匈牙利、德国）成功举办雄王"国祖"祭祖仪式后，2019 年全球越南祭祖日在三大洲的 5 个国家举行，分别是老挝越侨协会总部（4 月 5～6 日）；泰国乌龙（4 月 7 日）；日本大阪和波兰越南佛教文化中心（4 月 14 日）；加拿大多伦多（4 月 30 日）。[①]

（三）历史文化遗迹保护

2019 年越南的历史文化遗迹保护工作主要包括申遗、古迹修复与发掘、展览与研究等。

越南公布了第 26 批国家非物质文化遗产名单（446/Q Đ – BVHTTDL 号决定），新增国家级非物质文化遗产 17 处。

1 月，越南顺化古都遗迹保护中心同德国非营利文化遗产保护协会（GEKE）合作修复顺化皇城凤仙殿。从 2019 年 2 月至 2020 年将对升龙皇城的敬天正殿进行修复。越南承天顺化省同日本合作开展遗产保护研究工作。12 月，在海防市水原县（Thủy Nguyên）连溪乡（Liên Khê）高葵村（Cao Quý）出土了有近 1000 年历史的木柱群，越南学者认为此考古发现可以为白藤江战役[②]研究提供新的方向[③]。

---

① 越南都市经济网站，2019 年 4 月 13 日，http：//kinhtedothi. vn/trieu – trai – tim – huong – ve – dat – to – 340795. html。

② 越南吴士连等所撰《大越史记全书》中记载了 1288 年的白藤江战役，中国的《元史》中未见提及此役。详见刘志强《2018 年越南文化发展报告》，载刘志强主编《东盟文化发展报告（2019）》，社会科学文献出版社，2019，第 15 页。

③ 越南共产党电子报网站，2019 年 12 月 21 日，http：//dangcongsan. vn/tu – tuong – van – hoa/ cong – bo – ket – qua – khai – quat – bai – coc – cao – quy – trong – quan – the – di – tich – bach – dang – giang – 545376. html。

4月，顺化举行题为"世界资料遗产——朱版中的阮朝官厂"展览会。11月23日为越南文化遗产日，越南政府总理阮春福出席了民间文化研究专家阮海莲向越南国家文化艺术研究院赠送非物质文化遗产研究成果的仪式。

该项工作中岘港市表现较为突出。岘港博物馆1月推出文化遗产数据库、移动设备多语解说系统和博物馆识别系统，将信息技术应用到收集、存储和保护数据中，以提高文化遗产价值。目前该库存储了3368份有关岘港市非物质文化遗产的文献，包括文本、图像、影片和录音资料，并将存档数据传输到文化、体育和旅游部数据库①。4月底，值越南南方解放、国家统一44周年之际，岘港举行了"岘港市文化遗产空间"图片展。

（四）文学、艺术的发展

弘扬传统艺术。越南举办了一系列活动，如表彰传统艺人和推广手工艺村、手工艺街系列文化活动，举办保护与弘扬民间舞蹈文化价值研讨会，纪念改良戏艺术100周年，保护与传承越南宣纸艺术等。具体包括首届越南织锦文化节、东湖年画展、老年汉喃字培训班、第七次国际越南传统武术节、顺化传统手工艺节、木偶戏版《金云翘传》首次亮相等。越南从2009年起把每年的4月19日定为越南"各民族文化日"。2019年越南各民族文化日主题为"丰富色彩的合奏曲"，在河内山西市开幕②。

文学事业。2月，第四届越南文学推介国际会议暨第三届国际诗歌联合会在河内举行，吸引了近200名各国诗人和作家参加，向世界推广了越南文学与诗歌。越南文坛新秀颐李（Di Li）、吕枚（Lữ Mai）、阮光兴（Nguyễn Quang Hưng）③受到关注。

电影与音乐事业。革新开放以来，越南与法国、德国等欧洲国家和中

---

① 越南《劳动者报》官网，2019年1月9日，https：//nld. com. vn/van - nghe/ra - mat - ngan - hang - du - lieu - di - san - van - hoa - da - nang - 20190109092331358. htm。

② 越南共产党电子报网站，2019年4月20日，http：//dangcongsan. vn/anh/tung - bung - ngay - van - hoa - cac - dan - toc - viet - nam - nam - 2019 - 519860. html。

③ 越南《人民报》官网，2020年2月1日，https：//nhandan. com. vn/vanhoa/dong - chay/item/42777402 - suc - bat - cua - nhung - cay - viet - tre - trong - nam - 2019. html。

国、韩国等亚洲国家开展影视、音乐文化交流，积极参与国外各种影视评奖，主动"走出去"，介绍和宣传越南的影视和音乐文化，以使世界更多地了解和认识越南。

年度重要事件。1月，英国与越南在河内联合举行主题为"电影如同一项文化遗产"研讨会。2月，越南女演员吴青芸主演的动作片《二凤》成为越南和美国同时上映的第一部越南电影，截至3月底获得2000亿越盾的票房，正式成为越南电影票房冠军。3月，越南导演黎列昂（Leon Le）凭借越南传统戏曲影片《双郎》在首届沙姆沙伊赫亚洲国际电影节（SAFF）上获得"最佳导演奖"。4月，越南微电影 *Infill & Full Set* 在牛津国际微电影节上获得"最佳英国微电影奖"（Best UK Drama）。11月，越南第21届电影节开幕。12月，越南大学生获得在俄罗斯举行的国际音乐大赛"作曲"项目三等奖。胡志明市主办国际音乐节，吸引许多国际艺术家参加。

（五）思想政治与基层文化建设

越南文化发展较为重视思想政治宣传，旨在通过对党和国家重大历史事件的纪念活动，将积极向上的思想道德、生活方式融入文化生活。

1月，河内举行以"永远保持对党的信心"为主题的文艺晚会，庆祝越南共产党建党89周年。4月，奠边府市举行纪念奠边府大捷65周年电影周活动。河内古街举办文化活动纪念4月30日越南南方解放日。8月，河内大剧院举行主题为"长征岁月"的文艺表演活动。9月，越南各地举行"践行胡志明主席遗嘱50周年"系列活动，包括"团结之歌"电视异地直播、"隆安——践行胡志明主席遗嘱50周年"摄影展、越南美术博物馆"缅怀胡伯伯"艺术展。

"全民团结建设文化生活"继续推向深入。"建设文化家庭""全民团结建设新农村、文明都市""文化村落、街区""新农村文化达标村""文明都市达标区、镇"等活动得到了各地民众的大力支持和积极响应，树立了一批典型和模范。

9月，召开越南新农村建设中文化标准落实十年总结会议①，指出新农村建设中的文化标准包括两个任务：提高农村人民的文化生活质量；执行文化基础设施06号标准以及文化建设16号标准。

根据文化、体育和旅游部的报告草案，截至2019年8月，越南共有5030个乡设立的文化—体育中心、47724个村文化—体育中心达标。以上举措提高了全社会对"文化加强全民大团结"的认识，创造空间帮助民众，特别是农村地区民众进行学习、娱乐和体育锻炼。

文化家庭和防止家庭暴力工作取得积极进展，防止家庭暴力模式得到维持和发展，对构建温暖、平等、进步、幸福家庭起到重要作用②。越南文化、体育和旅游部于2019年8月9日发布了《至2025年建立家庭数据库项目的决定》（2778/QĐ-BVHTTDL号）③，总体目标是由文化、体育和旅游部集中管理，构建全国范围的家庭数据库，利用信息技术收集、管理、共享和使用家庭数据以满足管理、制定相关政策的需求。

四 2019年文化外交成果

2011年2月17日，越南政府总理签发的《至2020年文化外交战略》中指出的发展目标包括：推进文化外交活动，旨在让世界更加了解越南风土人情和文化特色；加强与世界各国建立互信，进一步深化和持续发展越南与各合作伙伴的关系，为国家经济社会发展创造有利条件④。越南认为，通过

---

① 越南《民族与发展报》官网，2019年9月28日，http://baodantoc.com.vn/hoi-nghi-tong-ket-10-nam-thuc-hien-tieu-chi-van-hoa-trong-xay-dung-nong-thon-moi-1569606523443.htm。

② 越南《北江报》官网，2019年12月23日，http://baobacgiang.com.vn/bg/van-hoa/320033/tuyen-duong-142-tap-the-ca-nhan-xuat-sac-phong-trao-toan-dan-doan-ket-xay-dung-doi-song-van-hoa-va-cong-tac-gia-dinh-nam-2019-.html。

③ 越南《祖国报》官网，2019年11月29日，http://toquoc.vn/ban-soan-thao-dua-ra-nhung-gop-y-thiet-thuc-de-xay-dung-de-an-xay-dung-co-so-du-lieu-ve-gia-dinh-den-nam-2025-20191129203942398.htm。

④ 越南法律文本网，https://thuvienphapluat.vn/van-ban/Van-hoa-Xa-hoi/Quyet-dinh-208-QD-TTgphe-duyet-Chien-luoc-Ngoai-giao-Van-hoa-118694.aspx。

文化外交，本国文化获得广泛认可，国际地位得到提升。2019年越南文化外交的特点表现为三个方面。

一是将文化外交、经济外交和政治外交作为越南全面和现代化外交的三大支柱，并实现紧密相连和相互推动，取得突出成效。越南副总理兼外交部部长范平明表示，借助美朝领导人第二次会晤这一引起国际社会特别关注的重要事件以及河内市荣获联合国教科文组织"致力于和平城市"称号20周年契机，积极开展文化外交①，通过各国记者向国际媒体推介了越南形象，包括各方面发展成就和招商引资、吸引旅游、促进贸易的良好环境等。

二是加强与国际组织的联系与合作。主要是深化同联合国教科文组织的合作，推动越南文化国际品牌塑造；加大参与东盟文化工作力度，提升在区域文化舞台的影响力。2019年5月联合国卫塞节②系列文化活动在河南省三祝佛教文化中心开幕，为提升越南佛教在国际上的地位做出重要贡献。河内12月正式加入联合国教科文组织"创意城市网络"。

2019年东盟旅游论坛在广宁省下龙湾开幕，"东盟国家与各伙伴国的文化色彩"专题展在广宁省举行。3月，"东盟＋3"歌唱大赛正式启动。6月，"东盟与日本建交45周年"图片展在河内举行。

三是越南驻外机构、外交部通过各种方式在国外积极宣传越南文化。传统方式如举办越南文化日/周/月等宣传活动及旅游推介会，以增进越南与外国伙伴之间的友谊，促进其对越南文化的了解。2019年越南在俄罗斯、朝鲜、智利和印度尼西亚举办了一系列纪念胡志明主席的活动，旨在传播越南领导人的思想和人格，宣传越南及越南人的良好形象。

近年来，越南党、国家、各部委、地方和国内企业非常关注旅居海外越侨的越南语学习与教育工作，并为其提供巨大支持。十年来，海外越侨越南语学习与教育活动已为600名越侨教师颁发培训证书。8月在河内举行了第

---

① 越南《祖国报》官网，2020年1月20日，http：//toquoc. vn/dong－gop－cua－ngoai－giao－van－hoa－ngoai－giao－kinh－te－cho－viet－nam－nam－2019－20200120151853234. htm。

② 2019年联合国卫塞节活动主题为"佛教对全球领导的态度和对可持续社会的共同责任"。

六届海外越侨越南语教师培训班开班仪式①。

越南在文化宣传方式上开始借助流行文化和新媒体进行国家品牌运作。如 12 月与世界级电子音乐制作人艾兰·沃克（Alan Walker）合作，在其最新的 MV *Alone Pt. II* 中对越南广平省布泽县（Bố Trạch）的 Sơn Đoòng 洞美景进行推广，10 天内吸引了 1200 万名观众。Sơn Đoòng 洞近期被美国杂志 *Conde Nast Traveler* 列为"2020 年世界七大奇观"之一。

2019 年，越南对外文化交流继续保持与周边国家的交流，在亚洲国家中与中国和日本互动更为频繁。在欧洲国家中，俄罗斯和法国是越南对外文化交流的重点。

民间交流已成为中越两国关系的重要支柱，有助于增进两国人民之间的友谊和相互理解，同时推进双边经贸投资合作。近几年来，越南与中国都成为对方国民首选旅游目的地，中国继续保持越南最大客源国地位，越来越多中国大学生选择越南语专业。

中越边境文化交流热络。2 月，超过 5 万边民相聚中越边境，参加广西凭祥中越足球友谊赛、象棋友谊赛、北帝庙传统民俗庙会及文化交流展演等春节民俗活动②。6 月，"越友趣"中越学生文化交流活动举行。7 月，中越河口青年体育交流活动成功举办。

3 月，"礼乐筑梦"中越青年儒家文化交流活动在河内举行，两国青年以书法、琴曲、歌舞等为媒介，交流对儒家文化的理解感悟，深化中越传统友谊③。6 月，中国南京市文化产品展暨"文化传统及文化创新"座谈会在越南国家图书馆举行，推动了中越文化产业合作发展。6～7 月，中越文化和旅游部部长年度会晤举行。2019 年，在部长年度会晤机制的引领和推动

① 越南《劳动者报》官网，2019 年 8 月 12 日，https：//nld. com. vn/chinh－tri/tap－huan－giang－day－tieng－viet－cho－80－giao－vien－nguoi－viet－nam－o－nuoc－ngoai－20190812111128387. htm。

② 《中越边境文化交流热络》，搜狐网，2019 年 2 月 21 日，https：//www. sohu. com/a/296069301_ 267106。

③ 中国网越南语版，2019 年 3 月 25 日，http：//vietnamese. china. com/auto/5769/20190325/1499694. html。

下，两部门签署 2019~2021 年合作执行计划，河内中国文化中心投入使用，越南艺术家应邀来华参加亚洲文明对话大会。7 月，越南国会主席阮氏金银访华，其间举行了"中国越南文化日"活动，旨在推广越南稳步发展、热爱和平、亲善好客的形象①。越南驻华使馆在北京民族剧院举办了主题为"友谊桥梁"的一系列越南文化日活动②。8~12 月，中越广场舞友谊大赛暨中越文化促进交流活动在南宁举行。10 月，中越民族文化交流活动艺术作品展在河内开幕。12 月，"同唱友谊歌"中越歌曲演唱大赛总决赛在河内举行③。

继续巩固与老挝和柬埔寨的传统友谊。11 月，作为"越南—柬埔寨文化周"系列活动之一，在芹苴市博物馆举行了"柬埔寨——文化王国"图片展。12 月，老挝万象越南文化中心新总部开幕，举办了"越南文化周"④。

越南与日本的文化交流集中在胡志明市开展。1 月，主题为"紧握着手"的第六次越日文化节正式开幕。3 月，越南传统长衣与日本传统手捏花文化交流活动举行。4 月，越日艺术家同台演出舞剧《灰姑娘》。11 月，胡志明市人民委员会常务领导人会见了越日文化节组委会组长。11 月，文化、体育和旅游部部长阮玉善在河内与日本驻越南大使梅田国雄（Kunio Umeda）会面，就两国文化、体育和旅游相关问题交换了意见⑤。会谈中提及 2020 年 1 月，日本政府将在岘港开设领事馆，并举行促进投资和资源交

① 越南知恩网，2019 年 7 月 8 日，http：//www. trian. vn/tin－tuc/chinh－tri－3565/chu－tich－quoc－hoi－nguyen－thi－kim－ngan－tham－chinh－thuc－trung－quoc－468517。

② 中国国际在线网越南语版，2019 年 7 月 16 日，http：//big5. cri. cn/gate/big5/vietnamese. cri. cn/20190716/c21380aa－5bec－c835－9c5a－9cf51deda17f. html。

③ 越南之声电台官网，2019 年 12 月 29 日，https：//vov. vn/van－hoa/am－nhac/chung－ket－cuoc－thi－tieng－hat－huu－nghi－viet－trung－2019－995013. vov。

④ 越南《老—越杂志》官网，2019 年 12 月 7 日，https：//tapchilaoviet. com/tin－ngay/khai－truong－tru－so－moi－trung－tam－van－hoa－viet－nam－tai－lao－va－tuan－le－van－hoa－viet－nam－tai－lao－11846. html。

⑤ 越南《祖国报》官网，2019 年 11 月 13 日，http：//toquoc. vn/thuc－day－phat－trien－van－hoa－the－thao－va－du－lich－giua－hai－nuoc－viet－nam－nhat－ban－20191113082639859. htm。

流的研讨会。12月，胡志明市越南—日本友好协会、奥黛博物馆等联合举办"越—日文化日"活动。

越韩方面，越南许多著名歌手4月赴韩国参加"我们是一家——We are one"艺术节。11月，广南省"韩国文化日"在会安举行，越南与韩国美食文化节在河内举行。

2019年是越俄友好年。1月，越南驻俄罗斯大使馆同越南外交部海外越南人国家委员会联合举办迎新春文艺晚会。3月，在莫斯科俄罗斯人民友谊大学举行了"越南文化周"。5月，举行"2019年俄罗斯越南文化日"系列活动，介绍了越南磨漆画。8月，越南在俄罗斯翻译和出版关于胡志明的书籍。9月，越俄旅游合作会议在胡志明市召开。12月，为纪念越南—俄罗斯建交70周年，河内图书馆举行《冲与攻——一对勇敢大象》新书发布仪式。

2019年4月，越南戏剧院的《蛤蚶螺蚬》话剧在法国"越南全球领导者论坛"上亮相。同月，"法国文化周"在安江省举行。越法友好协会围绕分享、介绍和推介举办相关活动促进两国关系发展，还主办了越南专刊杂志。7月，越南文化节首次在法国里昂举行。9月，越南外交学院与外交部联合法国驻越大使馆举办了关于法国和越南文化外交的研讨会。

值得注意的是，越南近年来与捷克关系发展迅速，6.5万名旅捷越南人成为捷克的少数民族之一，也成为促进两国关系发展的重要因素。对越南而言，捷克是越南商品进入欧洲市场的重要窗口，越南也是捷克进入东南亚市场的门户。4月，捷克举行"越南文化月"活动。7月，《捷克—越南大辞典》正式问世。9月，旅捷越南人协会举行"越南文化日"活动。

此外，2019年越南还与美国、墨西哥、德国、西班牙、乌克兰、白俄罗斯、泰国、缅甸、以色列、阿尔及利亚等国家进行了文化交流。

五　总结与展望

2019年，越南文化发展取得了一定的成绩，但也存在诸多挑战，尤其是思想领域。正如越南《人民报》的评论所言，当前世界多元思想相互碰撞、各种思潮竞相涌动，对越共主导思想和越南传统思想都形成了冲击和挑战。越南长期围绕相同主题开展文化建设，形式较为单一，容易使民众出现倦怠心理，同时滋生不同程度的形式主义和官僚主义。较为典型的形式主义表现是热衷古迹"重修"，"一窝蜂"进行工业红漆涂刷，使原有精细木刻被掩盖甚至损坏①。

越南文化外交对观光资源和传统文艺的依赖性较大，在现代文化、制度文化乃至价值观的对外传播方面相对薄弱，对国家形象的塑造和推广应加强时代感，力求在全球化和本土化之间找寻平衡点。

总体而言，越南是一个发展中国家，工业化、现代化的进程仍有待加强，社会诸多领域的建设有待进一步推进，这些都是制约越南文化进一步发展的重要因素。

2020年，越南将正式出台《至2030年文化发展战略》，进入文化发展新时期。同年将担任东盟轮值主席国，是发挥其引领东盟共同体发展的能力，让地区和世界对越南有更深了解的良机。另外，受新冠肺炎疫情影响，越南年初的各类庙会、集会暂停，多处旅游景点停止对外开放。原定4月上旬在该国举办的第36届东盟峰会及相关会议推迟。如何准确把握变化与先机、化危为机，是当下越南和世界都要面对的问题。

参考文献

李碧华等：《2010年越南文化发展研究报告》，载古小松主编《越南国情报告(2010)》，社会科学文献出版社，2010。

米娜、李碧华：《2011~2012年越南文化发展报告》，载吕余生主编《越南国情报告(2012)》，社会科学文献出版社，2012。

---

① 越南《人民报》官网，2019年3月6日，https：//nhandan.com.vn/vanhoa/di - san/item/43508602 - trung - tu - kieu - "lam - moi" - bao - gio - moi - cham - dut.html。

黄骏：《越南：社会转型中民族文化的本土发展与创新》，载武翠英、张晓明、张学进主编《中国少数民族文化发展报告（2012）》，社会科学文献出版社，2012。

衣远：《越南文化外交发展初探》，《南洋问题研究》2014 年第 1 期。

陈飞、崔桂田：《越南法治文化建设的现状及态势》，《当代世界社会主义问题》2015 年第 3 期。

古小松：《越南文化的特点、发展趋势与中越文化交流》，《文化软实力》2018 年第 2 期。

刘志强：《2017 年越南文化发展报告》，载刘志强、胡乾文主编《东盟文化发展报告（2018）》，社会科学文献出版社，2018。

刘志强：《2018 年越南文化发展报告》，载刘志强主编《东盟文化发展报告（2019）》，社会科学文献出版社，2019。

顾强、蓝瑶：《越南文化外交及其影响探析》，《广西社会科学》2019 年第 1 期。

Đinh Xuân Dũng, *Văn Hoá Trong Chiến Lược Phát Triển Của Việt Nam*, Hà Nội：Nhà xuất bản Chính trị quốc gia – Sự thật, 2014.

Trịnh ThịPhương Oanh, *Văn hóa Hồ Chí Minh trong chiến lược ngoại giao văn hóa Việt Nam ở đầu thế kỷXXI*, Hà Nội：Học viện Chính trị quốc gia Hồ Chí Minh, 2017.

B.6
2019年印度尼西亚文化发展报告

袁海广*

摘　要： 2019 年是印度尼西亚《文化促进法》实施的第二年。其国内文化发展特点有三：一是聚焦青年，发挥人口红利优势；二是注重主流文化的发展，强调多元统一；三是大力推广文化经济，着重创意。对外文化交流则注重印度尼西亚民族文化的推广和文化外交。这些都体现了佐科政府实用主义的发展理念。文化预算投入少、文化人力资源欠佳等因素导致 2019 年印度尼西亚的文化发展零星爆发居多，总体缺乏可持续性。

关键词： 文化促进　文化经济　实用主义　印度尼西亚

　　自 2014 年上任以来，佐科总统提出的"世界海洋轴心战略"等显性政策备受瞩目，而同期提出的"文化促进"等隐性政策则鲜有关注。其实在文化发展方面，佐科政府也同样雄心勃勃，印度尼西亚文化和教育部（以下简称"文教部"）部长称，印度尼西亚（以下简称"印尼"）已经是联合国教科文组织承认的文化领域的超级大国，并计划在 2040 年建成多样性文化之上的幸福印尼。① 2019 年佐科的成功连任，使印尼文化战略的实施更具政策上的连续性。

＊　袁海广，广东外语外贸大学东方语言文化学院印尼语系讲师，主要研究方向为印尼国情与文化。
① 《文教部长：文化促进法为文化促进提供强有力的保障》（"Mendikbud UU Pemajuan Kebudayaan Menjadi Payung yang Sangat Kuat untuk Memajuan Kebudayaan"），〔印尼〕文教部官网，2019 年 6 月 18 日，https://kebudayaan.kemdikbud.go.id/mendikbud-uu-pemajuan-kebudayaan-menjadi-payung-yang-sangat-kuat-untuk-memajuan-kebudayaan/。

一 佐科政府文化促进战略综述

（一）现实国情和文化现状

印尼是世界上最大的群岛国家，联合国登记在册的岛屿数量是16056个。从地理分布来看，以爪哇岛为中心，苏门答腊岛、廖内群岛等5个大岛和4个群岛依次从西往东呈半圆形散开，印尼的34个省份坐落于此。其中，西巴布亚省以4108个岛屿冠绝全国。[①]

因地理上的零落分散，加之山川险阻以及航海技术的束缚，群岛历史上岛内、岛际相互隔绝，较少交流与沟通，从而形成了千姿百态、独具魅力的各族文化。佐科总统也说印尼的多样性可称世界之最。[②] 时至今日，印尼仍保留714个部族、1100多种地方语言[③]和80座王宫。[④] 古代的宫廷文化和历史传说正是印尼艺术形式的起源。[⑤]

从地方语言的岛屿分布来看，巴厘岛、爪哇岛经济最发达，地方语言也最少（分别为5种和17种），文化发展程度较高；巴布亚经济最落后，语言变种最多（395种），文化最原始。[⑥] 经济越发达，社会分工和人际联系越频密，语言变种越少，文化的同质性也越高。

爪哇族是印尼第一大族，人口占全国的41%[⑦]。爪哇族在印尼文化和政

---

① 《2020年印度尼西亚统计》，印度尼西亚中央统计局，2020年2月28日，第5~10页。
② 《以多样化的资本向前迈进》（"Modal Keberagaman Untuk Maju"），〔印尼〕《罗盘报》（*Kompas*）2020年1月31日，https://kompas.id/baca/polhuk/2020/01/31/modal-keberagaman-untuk-maju/。
③ 印尼地方语言（bahasa daerah）的概念较为复杂，既指方言如各地马来语变体，与印尼语差别不大，也指地方民族语，如爪哇语、巴布亚语，与印尼语差别极大，属于不同的语言。有关印尼地方民族语和方言的区别可参见孔远志《印度尼西亚语发展史》，北京大学出版社，1992，第80~81页。
④ 德维·维南多·哈迪等：《2019年文化统计》，印度尼西亚文教部，2019，第39页。
⑤ 梁敏和：《印度尼西亚文化概论》，世界图书出版公司，2014，第101页。
⑥ 德维·维南多·哈迪等：《2019年语言统计》，印度尼西亚文教部，2019，第2页。
⑦ 参见印尼政府官网有关印尼部族的介绍，https://www.indonesia.go.id/profil/suku-bangsa。

治制度中均占主导地位，是国家的主要统一力量。① 同时，爪哇岛的人口最为稠密，约 2/3 的印尼人居住在面积只占全国 6.7% 的爪哇岛。② 2019 年印尼青年（16~30 岁）人口 6419 万，占总人口的 24.01%，其中 55.28% 的青年居住在爪哇岛，22.32% 在苏门答腊岛。③ 世界银行预测，印尼的人口红利将持续到 2030 年，④ 故未来 10 年发展对印尼至关重要。

梁敏和教授认为，印尼的爪哇文化、马来文化、巽他文化和巴厘文化最发达，印尼文化具有多元性和受爪哇文化影响最大等特点。⑤ 印尼文学家莫塔尔·卢比斯曾列举印尼人六大国民性格，唯褒扬第 5 条，称印尼人艺术性很强，具体表现在音乐、舞蹈和民间故事上。他还称这一特质是印尼人最吸引人、最具魅力的地方，也是印尼民族未来希望之所在。⑥

（二）文化促进的战略要点与实施进度

印尼文化促进的主要法律框架有 2014 年的《地方政府法》、《2015~2019 年国家中期建设规划》以及 2017 年的《文化促进法》。后者列出十大文化促进对象为印尼口头传统、手稿、风俗习惯、宗教仪式、传统知识、传统技艺、艺术、语言、民间游戏和传统体育，并且提出文化促进是指通过文化保护、发展、利用和指导等措施来提升印尼文化在世界文明中的韧性和贡献。它规定，文化促进由文教部部长进行统筹，通过教育由中央和地方政府来共同实现文化的主流化。此外，文化促进还应依据县/市级地方文化纲要、

---

① *Indonesia-Country Report 2019*，PRS Group，2019，p. 23.
② 《70% 的印尼人在爪哇岛，但面积只有 6%》（"70 Persen Penduduk Indonesia di Jawa, tapi Tanahnya cuma 6 Persen"），〔印尼〕《罗盘报》（*Kompas*）2017 年 7 月 11 日，https://money. kompas. com/read/2017/07/11/181303426/70. persen. penduduk. indonesia. di. jawa. tapi. tanahnya. cuma. 6. persen。
③ 《2019 年印尼青年统计》，印度尼西亚中央统计局，2019 年 12 月 20 日，第 7、12 页。
④ 《说他们不爱存钱，但投资零售业最多的恰恰是千禧一代》（"Dicap Tak Suka Menabung, Milenial Ternyata Investor Ritel Terbanyak di Indonesia"），〔印尼〕《罗盘报》（*Kompas*）2019 年 9 月 18 日，https://kompas. id/baca/utama/2019/09/18/dicap－tak－suka－menabung－milenial－ternyata－investor－ritel－terbanyak－di－indonesia/。
⑤ 梁敏和：《印度尼西亚文化概论》，世界图书出版公司，2014，第 20 页。
⑥ Mochtar Lubis, *Manusia Indonesia*, Jakarta：Penerbit CV Haji Masagung，1977，p. 38.

省级地方文化纲要、文化战略以及文化促进总体规划逐步推进。政府应保护、发展、利用和指导文化促进对象，以此振兴文化生态体系、改善民生福利和提高印尼国际影响力。其中，改善民生应通过加工文化促进对象成为产品，中央政府对此进行管理，凡商业利用须征得文教部部长同意。

进展方面，2018年8月印尼出台有关地方文化要点编写程序及文化战略的总统条例，到2019年3月全国34个省份均已制定完成地方文化纲要文件，9月全国514个县市中已有339个制定完成地方文化纲要。① 2018年12月文化大会出台印尼文化战略文件，提出7项文化促进战略议程。② 文化促进总体规划由印尼人类和文化发展事务统筹部（以下简称"统筹部"）负责编写。2019年9月出台有关印尼语使用的总统条例，12月出台有关文教部组织及管理程序的部长条例。

（三）制度保障和预算拨款

根据2014年颁布的《地方政府法》及其他相关法规，印尼国内7项文化事务权限划分为3个级别，即中央政府、地方省政府和县/市政府；7项文化事务分别为文化、国产电影、传统艺术、历史、文化保护区、博物馆和文化遗产。其中，国产电影和国家级以及世界级的文化遗产由中央政府进行指导管理，其余5项均由三方共同承担。③

2003年《国民教育体系法》规定，教育预算在国家和地方收支预算中不少于20%。④ 文教部正致力于推动至少2.5%的国家和地方收支预算用于文化促进的计划。⑤ 2015～2019年，印尼文教部文化司对10个有关文化促

---

① 《2014～2019年文教部业绩成果》，印度尼西亚文教部，2019，第37页。
② 参见肖丽娴《2018年印度尼西亚文化发展报告》，载刘志强、胡乾文主编《东盟文化发展报告（2019）》，社会科学文献出版社，2019，第77～78页。
③ 《2015～2019年文教部文化司战略规划》，印度尼西亚文教部官网，2019年2月25日，https://kebudayaan. kemdikbud. go. id/wp－content/uploads/2019/02/Renstra－Ditjenbud－Baru. pdf。
④ 《呼唤优质教师》（"Menyuruh Guru Bermutu"），〔印尼〕《罗盘报》（Kompas）2020年1月11日，https：//kompas. id/baca/opini/2020/01/11/menyuruh－guru－bermutu/。
⑤ 《2014～2019年文教部业绩成果》，印度尼西亚文教部，2019年10月，"概要"第13页。

进和文化保护的战略项目进行拨款，由 2015 年的 1.4 兆印尼盾升至 2019 年的 2.11 兆印尼盾①，5 年拨款共 9.16 兆印尼盾。②

二 2019年印尼国内文化发展状况

（一）精神革命国民运动

"精神革命"（Revolusi Mental）的提法为印尼国父苏加诺首创，原本带有革命色彩。2016 年第 12 号总统指示赋予其新意，即依靠诚信、职业道德和互助合作等价值观，建立以建国五基为基础的现代化、先进发达、繁荣昌盛以及有尊严的印尼民族文化。随后佐科政府将其发展成为国民运动，先后纳入印尼政府 2014～2019 年、2020～2024 年中期规划。政府层面官僚机构需提供优质服务；社会层面由公民社会力量发起并实施，政府从旁鼓励推动。其概念和内涵较宽泛笼统，统筹部部长称精神革命只是一个主题，其核心是有大规模的好的转变，各部门各地方应因地制宜开展运动。印尼政府制定业绩指数，对各部门进行考核，2019 年底将本年度精神革命最佳部门奖颁给财政部。③

2019 年印尼青年约为总人口的 1/4，平均识字率为 99.66%，平均学校教育年限为 10.63 年。④ 印尼国家发展规划局的官员认为，印尼人口红利期在 2030～2045 年，当前这批青年在印尼建国 100 周年之际即 2045 年将处于人生

---

① 根据 2020 年 3 月 16 日汇率价格计算，1 印尼盾可兑换 0.0005 元人民币。
② 《2015～2019 年文教部文化司战略规划》，印度尼西亚文教部官网，2019 年 2 月 25 日，https://kebudayaan.kemdikbud.go.id/wp - content/uploads/2019/02/Renstra - Ditjenbud - Baru.pdf。
③ 《精神革命奖和全国统筹会议》（"Rakornas dan Anugerah Revolusi Mental"），〔印尼〕统筹部官网（Kemenkopmk），2019 年 12 月 21 日，https://kemenkopmk.go.id/artikel/rakornas - dan - anugerah - revolusi - mental。
④ 《2019 年印尼青年统计》，印度尼西亚中央统计局，2019 年 12 月 20 日，第 11、第 22 页。

巅峰,[①] 故印尼政府将其视作国民运动的焦点目标而广泛发动起来。

1. 个性化教育

作为精神革命国民运动的一部分,佐科总统于2017年颁布强化个性化教育的总统条例。为达成12年义务教育的目标,2019年印尼文教部继续推行智能印尼计划,1792万中小学生从中受益。学习屋门户网站已被超过19.2万名教师和48.5万名学生使用。文教部还将全国划分为2580个教育区域,力推各区教育资源的平均分配。[②] 此外,2019年继续推行"艺术家走入校园""和大师们一起学习"等文化项目,一共1500名艺术家、作家进入中小学课堂传授文化知识和经验。[③]

2. 社交媒体正能量青年聚会

印尼青年在社交媒体上对国民运动的开展最为热衷。统筹部邀请各地社交媒体青年活跃分子参加聚会,传达正能量信息,拒绝网络谣言;同时安排参观当地优质项目,要求与会者献言献策。这些聚会依次在雅加达、泗水、万隆、日惹以及南加里曼丹省举行,每次约有100人参加。

3. 印尼青年历史大赛

2019年4月4~7日,第一届印尼青年历史大赛在三宝垄市召开,750名来自不同种族、宗教和社会背景的大学生参加。大学生们在4天之内拜访三宝垄市下辖的15个镇和10个工作坊,直接在人民当中实施精神革命国民运动,目的是让其了解印尼的历史、社会问题,从实践中培养有担当的年青一代。[④]

① 《政府应对人口红利做好准备》("Pemerintah Perlu Persiapkan Diri Hadapi Bonus Demografi"),〔印尼〕《罗盘报》(Kompas)2018年9月3日,https://kompas.id/baca/utama/2018/09/03/pemerintah-perlu-persiapkan-diri-hadapi-bonus-demografi/。
② 《2014~2019年文教部业绩成果》,印度尼西亚文教部,2019年10月,第8~10页。
③ 《文化司长出席巴黎文化论坛》("Dirjenbud Hadiri Forum Kebudayaan Dunia di Paris"),〔印尼〕文教部官网(kemdikbud),2019年11月20日,https://kebudayaan.kemdikbud.go.id/dirjenbud-hadiri-forum-kebudayaan-dunia-di-paris/。
④ 《通过青年历史大赛,统筹部努力内化历史价值和民族主义》("Upaya Kemenko PMK Internalisasikan Nilai Sejarah dan Nasionalisme Melalui GSPI"),〔印尼〕统筹部官网(Kemenkopmk),2019年4月5日,https://kemenkopmk.go.id/artikel/upaya-kemenko-pmk-internalisasikan-nilai-sejarah-dan-nasionalisme-melalui-gspi-2019。

4. 印尼青年文化夏令营

2019 年 7 月 21 日，印尼青年文化夏令营在日惹市普南班楠神庙召开，来自 26 个省份的 558 位青年参加。活动为期 5 天，132 个小组展示各自的文化促进创意，专家优选 12 组最佳参加 10 月的全国文化周。①

（二）弘扬传统主流文化

文化的主流化是《文化促进法》的目标，对于印尼这样一个多元民族多元文化的国家，它既能增强文化的向心力和凝聚力，又能加强民族团结和维护国家统一。

1. 推广印尼语

印尼是多民族多语言的国家，大多数印尼人是双语甚至三语习得者，其母语是地方语言而非印尼语，日常对话多掺杂印尼语和地方语言，故推广印尼语意义非凡。2009 年，《国旗、国歌、国徽和语言法》对印尼语作为国家语言（国语）的使用做出规管，2015 年文教部发起公众场合重视使用国语的活动，2019 年出台印尼语应用的总统条例。据统计，2019 年共对 146 家政府单位、158 家教育机构和 26 家非政府机构进行了印尼语应用培训，累计培训 4256 人。文教部还开发《印尼语大字典》线上版本和 App，2019 年收录的词条数达 110938 个。②

2. 全国文化周

2019 年 10 月 7 ~ 13 日，第一届全国文化周在雅加达召开，主题为"共同空间、幸福印尼"。这是全年印尼最大的文化盛宴。按照计划，全国文化周将成为年度活动，今后将分别从县市级、省级、国家级逐次展开。此次活动持续 7 天，共举办 10 场传统游戏比赛、36 场会议、125 场表演、27 个展览、10 场文化工作室活动、50 场印尼美食展览和 13 场印尼美食示范。共

---

① 《合作第一，比赛第二》（"Kolaborasi Lebih Utama Dibandingkan Kompetisi"），〔印尼〕文教部官网（kemdikbud），2019 年 7 月 22 日，https：//kebudayaan. kemdikbud. go. id/kemah - budaya - kaum - muda/。

② 《2014 ~ 2019 年文教部业绩成果》，印度尼西亚文教部，2019 年 10 月，第 71 ~ 75 页。

58 个文化社区和 31 位艺术家音乐家参与，表演者达 3262 人。最终观众人数远超预计，达 203245 人。最后一天举行努山塔拉（指印尼群岛或印尼）大游行，由舞蹈表演和文化游行两部分组成。文化游行队伍参与人数 4324 人，队伍长达 2 公里。文教部部长称这是印尼民族文化崛起的开端。①

3. 哇扬和蜡染

二者均属人类非物质文化遗产。每年 2 月 7 日为"国家哇扬日"，2019 年文教部开始推动巴厘岛 2020 年举办世界哇扬节，支持创新形式表现哇扬艺术。2019 年 10 月 2 日蜡染节当天，文教部举办活动纪念蜡染成为人类非物质文化遗产 10 周年。7 月 23 日，印尼国家美术馆举办为期 1 个月的印尼儿童美术节，优胜作品将制成蜡染、哇扬、雕塑等样式，鼓励儿童在玩乐中进行艺术创作。

4. 努山塔拉潘吉节

潘吉（爪哇贵族封号）故事最早出现于 13 世纪的爪哇，讲述一对青年男女的爱情和冒险故事。它先从爪哇传至印尼群岛，19 世纪传至东南亚各国。印尼潘吉节每年举行，国际潘吉节每三年 1 次。2019 年 7 月 9～12 日，印尼潘吉节在东爪哇的 4 个城市举行，展示东爪哇各大城市的艺术潜力之余，还举办了潘吉文化的视觉展览。②

5. 其他活动

2019 年 12 月 23 日，1500 件印尼文物从荷兰回归，其中有印尼最著名的王子蒂博尼哥罗生前所用克里斯宝剑。珍贵文物的回归对印尼社会重建民族身份意义重大。③

---

① 《全国文化周闭幕，文教部长：这是我们民族文化崛起的开端》（"Tutup Pekan Kebudayaan Nasional, Mendikbud: Ini Awal Kebangkitan Kebudayaan Nasional Kita"），〔印尼〕文教部官网（kemdikbud），2019 年 10 月 13 日，https://kebudayaan. kemdikbud. go. id/tutup - pekan - kebudayaan - nasional - mendikbud - ini - awal - kebangkitan - kebudayaan - nasional - kita/。

② 《2019 年努山塔拉潘吉节议程》（"Ini Agenda Festival Panji Nusantara 2019"），〔印尼〕玛琅市政府官网（Malangkota），2019 年 6 月 27 日，https://malangkota. go. id/2019/06/27/ini - agenda - festival - panji - nusantara - 2019/。

③ 《"失踪的孩子"回家了》（"Kembalinya" Si Anak Hilang），〔印尼〕《罗盘报》（Kompas）2020 年 2 月 18 日，https://interaktif. kompas. id/baca/anak - hilang/。

2019 年 3 月 28～31 日，文教部文化司历史局在全国不同城市开展一系列认识印尼历史的活动。第一站在中爪哇的马格朗市纪念蒂博尼哥罗被捕历史，活动形式有剧目表演、文物展出和书展，约 1500 人参加。

2019 年 10 月 28 日，纪念青年誓言 91 周年音乐会在雅加达召开，主题为"团结使我们进步"，国家电视台全程直播。2019 年 10 月 30 日印尼民族英雄苏加诺夫人法特马瓦蒂雕像安放在明古鲁市，表彰她缝制印尼第一面国旗的历史功绩。2019 年 10 月 31 日，印尼安汶市因传统音乐等文化因素而被联合国教科文组织评定为世界音乐城市。2019 年 11 月 18 日，在雅加达开展为期 1 个月的巴布亚多样性文化活动，介绍巴布亚的文化起源、传统习俗及文化融合情况。

（三）大力推广文化经济

文教部文化司长称，文化经济占世界经济总额的 6.1%；对于文化价值链条的五大成分，印尼从哪一个途径进入均可，当前印尼只在部门上填补了 35% 的空间，发展潜力巨大。他还说，印尼的生物和文化多样性异常丰富，印尼许多文化表达是人类与自然交汇的成果，故印尼的文化产品也是无尽的自然资源。[1]

1. 民族服装穿戴运动

据统计，印尼的传统服装共 287 种，其中婚嫁 67 种，日常 100 种，风俗庆典 120 种。[2] 2019 年，印尼政府先后推广每周至少穿戴 1 次民族服装纱笼（sarung，筒裙）和可巴雅（kebaya，女性上衣）的活动。2019 年 3 月 3 日雅加达举行纱笼节，佐科总统和统筹部部长普安（时任，现印尼国会议长）出席。普安说纱笼历史悠久，遍布印尼各地，穿上它不仅可展示印尼

---

[1] 《文化经济贡献 6.1% 的世界经济》（"Ekonomi Berbasis Budaya Sumbang 6.1% Dari Ekonomi Dunia"），〔印尼〕文教部官网（kemdikbud），2019 年 7 月 23 日，https://kebudayaan.kemdikbud.go.id/ekonomi－berbasis－budaya－sumbang－6－1－dari－ekonomi－dunia/。

[2] 德维·维南多·哈迪等：《2019 年文化统计》，印度尼西亚文教部，2019 年，第 38 页。

文化的丰富性，还可增加纱笼手工业者和中小企业的收入。此次活动有各地纱笼时装展览和美食展示。① 8 月 6 日，统筹部接力发起"星期二穿戴可巴雅"活动。历史上，可巴雅于 15 世纪和伊斯兰教同时传入印尼群岛，有研究称该服装发源于中国。它起初是爪哇（尤其是中爪哇的日惹和梭罗）女性所穿的一种服装，如今遍及印尼。可巴雅于 1972 年被法律确定为印尼民族服装，统筹部正致力于推动将其作为印尼非物质文化遗产进行保护，同时鼓励将其引入校园。②

2. 申遗工作和遗产利用

申遗成功意味着国际知名度大增，不仅有利于保护当地文化，更有利于发展当地经济，尤其是旅游业。印尼对此十分积极，2017 年《文化促进法》就有"努力将文化促进对象变成世界文化遗产"的内容，2019 年文教部已确定 1086 项印尼非物质文化遗产。2019 年 7 月 6 日，印尼西苏门答腊省沙哇伦多的翁比林煤矿被联合国教科文组织确定为世界文化遗产；12 月 12日，印尼武术传统成功进入联合国《人类非物质文化遗产名录》。至此，印尼有 4 项世界自然遗产、5 项世界文化遗产以及 9 项人类非物质文化遗产，③共 18 项。目前，印尼努力推动嘉美兰乐器成为人类非物质文化遗产。2019年统筹部开始编写非物质文化遗产指导书，重点是保护和管理。2019 年中，

---

① 《除了蜡染之外，统筹部长全力支持纱笼成为印尼社会的正式服装》（"Selain Batik, Menko PMK Dukung Penuh Busana Sarung sebagai Pakaian Resmi Masyarakat Indonesia"），〔印尼〕统筹部官网（Kemenkopmk），2019 年 3 月 3 日，https：//www. kemenkopmk. go. id/artikel/selain－batik－menko－pmk－dukung－penuh－busana－sarung－sebagai－pakaian－resmi－masyarakat－indonesia。

② 《统筹部推动可巴雅成为文化遗产》（"Kemenko PMK Dorong Pelestarian Kebaya Sebagai Warisan Budaya"），〔印尼〕统筹部官网（Kemenkopmk），2019 年 11 月 18 日，https：//www. kemenkopmk. go. id/artikel/kemenko－pmk－dorong－pelestarian－kebaya－sebagai－warisan－budaya。

③ 《新闻发布会：武术传统进入联合国教科文组织非物质文化遗产名录》（"Siaran Pers：Traditions of Pencak Silat Telah Diinskripsi Dalam Representative List of the Intangible Cultural Heritage of Humanity UNESCO"），〔印尼〕统筹部官网（Kemenkopmk），2019 年 12 月 13 日，https：//kebudayaan. kemdikbud. go. id/siaran－pers－traditions－of－pencak－silat－telah－diinskripsi－dalam－representative－list－of－the－intangible－cultural－heritage－of－humanity－unesco/。

亚齐4县在当地世界自然遗产地——嘉悦·阿拉斯联合举办高山节，统筹部官员称这将有利于把当地发展成为文化、经济和旅游中心。

3. 博物馆、民俗村振兴项目

2018年，印尼共有435座博物馆，政府所有288座，私人所有147座。[①] 文教部出台博物馆标准指南，随后召开全国会议探讨博物馆的优化管理，同时通过博物馆特别资金向111个博物馆进行援助。统筹部将强化博物馆的中心角色，向大众提供历史文化等教育服务，推进博物馆旅游业的发展，努力提高千禧一代访问率。总统博物馆举行努山塔拉瓦斯特拉节，展出几百件印尼知名女性的蜡染作品，前总统哈比比受邀前来并颁奖。民俗村振兴项目专款专用，支援各地旅游发展，提高各地社会福利。2019年，印尼通过该项目建起了1514座艺术设施，1363座文化社区设施，振兴民俗村510个[②]。

4. 扶持创新创意经济发展

2019年3月18日，统筹部部长普安宣布中爪哇的苏卡哈加县为印尼草药旅游目的地，该县是印尼传统草药销售中心。同日，部长还为当地市场第一家口味独特的草药咖啡馆揭幕，称政府将继续扶持类似的中小企业，继续支持有地方智慧的创新经济。2019年8月22～25日，在统筹部的支持下，雅加达会展中心举行第四届印尼文化遗产展览，共130个摊位展示印尼蜡染、编织和珍珠等三样物品。这些物品内含印尼民族文化价值，经重新包装，作为创意经济作品向社会推广。

5. 发展电影业

每年的3月30日是印尼全国电影日。统筹部部长称，印尼文化艺术具有多样性强等优势，可运用电影动画来记录印尼人的姿势、声音和视觉之美。前副总统卡拉称，印尼电影业发展势头良好，这将促进餐饮院线等行业发展，有利于民族经济。2015年开始，文教部电影发展中心每年举办电影

---

① 德维·维南多·哈迪等：《2019年文化统计》，印度尼西亚文教部，2019年，第17页。
② 《2014～2019年文教部业绩成果》，印度尼西亚文教部，2019年10月，第55页。

节，颁发电影业当年最高奖项，由最初 17 类最佳发展到 2019 年的 24 类。①
2016 年印尼国产电影票房出现转折，当年售票 3700 万张，2019 年增至 5200
万张，印尼国产电影国内市场份额达 35%，亚洲国家超过此数唯中、日、
韩、印。售票 100 万张以上的电影 15 部，占 57%；售票 25 万～100 万张的
电影 27 部，占 30%。印尼目前共 2051 块观影银幕，每百万印尼人共享 8
块，印度是 9 块，中国是 38 块。问卷调查显示，2019 年不看国产电影的原
因，23% 的印尼人说票价太贵，12% 说电影院太远，只有 9% 的人说印尼电
影不好看和 3% 的人说国产电影质量差。②

三 2019年印尼对外文化交流与合作

（一）推广印尼民族文化

1. 对外印尼语

2009 年，《国旗、国歌、国徽和语言法》提出要将印尼语发展成为
国际语言，政府计划在 2045 年达成此目标。作为文化外交的一部分，印
尼十分重视对外印尼语。2018 年，总统条例规定凡在印尼工作的外国劳
工必须进行印尼语培训。2018～2019 学年，共计 2539 名外国大学生获得
印尼政府奖学金，大部分在爪哇岛学习。③ 目前，全球一共有 45 个国家 300
多个机构教授印尼语。④ 过去三年，文教部一共向 39 个国家派出 739 位对
外印尼语教师，教授印尼语和印尼文学。2019 年有研究发现，有 23 个国家

---

① 《2014～2019 年文教部业绩成果》，印度尼西亚文教部，2019 年 10 月，第 93 页。
② 《守护印尼电影的未来》（"Menjaga Masa Depan Film Indonesia"），〔印尼〕《罗盘报》
（Kompas）2020 年 2 月 23 日，https：//kompas. id/baca/opini/2020/02/23/menjaga - masa -
depan - film - indonesia/。
③ 《2014～2019 年文教部业绩成果》，印度尼西亚文教部，2019 年 10 月，第 89 页。
④ 《印尼语成为国际语言正确的途径》（"Jalur Tepat Bahasa Indonesia Jadi Bahasa
Internasional"），〔印尼〕《罗盘报》（Kompas）2019 年 11 月 22 日，https：//kompas. id/
baca/utama/2019/11/22/jalur - tepat - bahasa - indonesia - jadi - bahasa - internasional/。

的人因热爱印尼文化而对学习印尼语抱有热情，其中有东帝汶、泰国、法国等国家。①

2. 苏加诺雕像

2019 年 9 月 26 日，在墨西哥首都举行苏加诺雕像落成仪式，苏加诺外孙女、统筹部部长普安前往参加。雕像安置在苏加诺花园，与世界知名人物林肯等为伍。因万隆亚非会议的功绩，墨方将苏加诺定为世界和平知名人物。普安称这一举动对两国有历史意义，象征两国人民的紧密联系。

3. 颁发文化奖项

2019 年 10 月 24 日，文教部部长为来自荷兰、苏里南、埃及和日本的四名外国人士颁发外国个人类别文化奖，以表彰他们在推广印尼文化方面的杰出贡献。

（二）开展文化外交

1. 伦敦书展

3 月 12 ~ 15 日伦敦书展上，作为市场焦点国，印尼派出 100 人代表团参加。其中包括 12 名作家、34 名出版商和创意产业代表。印尼有两个国家摊位，除 450 本书的展示之外，咖啡空间还推销印尼的创意产业，如服装、表演、美食等。文教部官员称此次参展是印尼文化外交的重要事件，也是对印尼文学全球需求的一种回应。②

2. 太平洋文化论坛

2019 年 7 月 11 ~ 14 日，第一届太平洋博览会在新西兰举行。作为博览会的一部分，印尼文教部联合大使馆于 13 日在奥克兰举行第一届太平洋文

---

① 《认真工作让印尼语成为国际语言》（"Garap Serius Bahasa Indonesia menjadi Bahasa Internasional"），〔印尼〕《罗盘报》（Kompas）2019 年 7 月 10 日，https：//kompas. id/baca/utama/2019/07/10/garap – serius – bahasa – indonesia – menjadi – bahasa – internasional/。

② 《2019 年伦敦书展，印尼文学作品和文化推广场所》（"London Book Fair 2019, Ajang Promosi Budaya Dan Karya Sastra Indonesia"），〔印尼〕文教部官网（kemdikbud），2019 年 3 月 6 日，https：//kebudayaan. kemdikbud. go. id/london – book – fair – 2019 – ajang – promosi – budaya – dan – karya – sastra – indonesia/。

化论坛,与会国 19 个。统筹部部长称,印尼有五个省面向太平洋,这五省和其他太平洋国家在文化上有很多相似之处。论坛议题之一是探讨太平洋国家向联合国教科文组织提交文化遗产集体提名的可能性,它能凝聚太平洋国家间的友谊,同时是对各国拥有类似文化的承认。①

3. 东盟文化艺术高官会议

2019 年 9 月 8 ~ 12 日,第 15 届东盟文化艺术高官会议在印尼日惹召开,东盟十国和中日韩三国赴会。会议主题为"拥抱预防文化,丰富东盟身份",意图振兴并守护印尼国内以及区域间的文化生态。

4. 巴黎世界文化论坛

2019 年 11 月 19 ~ 20 日,印尼文教部文化司司长参加在巴黎举办的联合国教科文组织的世界文化论坛,向与会国分享印尼文化促进的经验。

四　总结

综观 2019 年印尼国内文化的发展状况,有三个特点值得注意:一是聚焦青年,发挥人口红利优势;二是注重主流文化的发展,强调多元统一;三是大力推广文化经济,着重创意。对外文化交流则注重印尼民族文化推广和文化外交。

1. 投入少,不重视

有印尼文化人士认为,印尼历届总统都不太重视文化发展,中央和地方文化预算投入很少。佐科时代的投入与其前任基本持平,更重教育而轻文化,结果文化作品质量堪忧。地方受此影响,常将文化投入视作经济负

---

① 《文教部联合印尼驻新西兰大使馆共同举办第一届太平洋文化论坛》("Bersama KBRI New Zealand, Kemendikbud Selenggarakan Pasific Cultural Forum Di Selandia Baru"),〔印尼〕文教部官网(kemdikbud),2019 年 7 月 14 日,https://kebudayaan. kemdikbud. go. id/bersama - kbri - new - zealand - kemendikbud - selenggarakan - pasific - cultural - forum - di - selandia - baru/。

担。① 最终，文化发展效果欠佳，往往雷声大、雨点小。

2. 以投资的理念来理解文化发展

文化是很特殊的领域。2019 年，佐科政府任命没有文化经历的人（印尼 Gojek 公司创始人）任文教部部长。他在部门改组时削减多个艺术部门，提出"文化的发展和利用"口号更体现了纯粹的经济思路，与文化发展的自身规律相违背。②

3. 人力资源质量欠佳

2019 年国际学生评估项目中，印尼连续四年评分持续下降，位列东盟十国最末。③ 2019 年印尼 15 岁及以上居民平均学校教育时长只有 8.75 年。④ 文化司司长称印尼目前缺乏高质量的人力资源，很多优秀的文化创意无法实现；印尼的文化发展呈零星爆发状态，缺乏可持续性。⑤

4. 官僚体系效率低下，管理混乱

文化促进总体规划的编写需 61 个部委机构给予反馈，统筹部发出四次邀请，却只有两个机构给予回应。⑥ 2014～2019 年文教部共出台 980 个部门条例，平均每年 163 个，一些条例条款重叠紊乱。官僚机构在利益之争时还

---

① 《文化艺术奄奄一息》（"Sakratul Maut Seni-Budaya"），〔印尼〕《罗盘报》（*Kompas*）2020 年 1 月 21 日，https：kompas. id/baca/opini/2020/01/21/sakratulmaut – seni – budaya – 2/。

② 《文化艺术奄奄一息》（"Sakratul Maut Seni-Budaya"），〔印尼〕《罗盘报》（*Kompas*）2020 年 1 月 21 日，https：kompas. id/baca/opini/2020/01/21/sakratulmaut – seni – budaya – 2/。

③ 《文化经济贡献 6.1% 的世界经济》（"Ekonomi Berbasis Budaya Sumbang 6.1% Dari Ekonomi Dunia"），〔印尼〕文教部官网（kemdikbud），2019 年 12 月 4 日，https：//www. liputan6. com/global/read/4126480/skor – terbaru – pisa – indonesia – merosot – di – bidang – membaca – sains – dan – matematika。

④ 《2019 年印尼教育统计概览》，印尼中央统计局，2019 年 11 月，第 86 页。

⑤ 《PISA 最新得分：印尼的阅读、数学和科学分数下降》（"Skor Terbaru PISA：Indonesia Merosot di Bidang Membaca，Sains，dan Matematika"），〔印尼〕第 6 报道网（liputan6），2019 年 7 月 23 日，https：//kebudayaan. kemdikbud. go. id/ekonomi – berbasis – budaya – sumbang – 6 – 1 – dari – ekonomi – dunia/。

⑥ 《统筹部同相关部委机构一同完成总体规划编写工作》（"Bersama K/L Terkait，Kemenko PMK Finalisasi Penyusunan RIPK"），〔印尼〕统筹部官网（Kemenkopmk），2019 年 8 月 30 日，https：//www. kemenkopmk. go. id/artikel/bersama – kl – terkait – kemenko – pmk – finalisasi – penyusunan – ripk。

会内讧，比如世界自然遗产——苏门答腊热带雨林的地热资源的管辖权之争。

5. 社会不容忍现象抬头

2019 年是大选之年，政争激烈，印尼社交媒体充斥大量谣言，身份政治大行其道。极端势力借机煽动民粹主义，以宗教的名义行使暴力，致使民众不容忍现象增加，对印尼社会造成冲击。

B.7
2019年泰国文化发展报告

唐旭阳*

摘　要： 2019 年泰国文化发展平稳，在下半年的工作中表现突出。首先是继续维护和弘扬泰国王室传统文化，营造良好的社会道德风气和文明的网络环境，利用数字化信息时代和高科技作用于文化发展，在文化遗产和非物质文化遗产的申请与保护方面成绩斐然。其次是将文化发展与经济效益有效对接，促进影视业的多方合作，推进特色文化旅游产业的发展。在对外文化交流方面，2019 年可谓"中泰文化交流年"，在中华人民共和国成立 70 周年之际，中国相关团体举行了一系列让文化"走出去"的活动进一步推动中泰文化交流。在传统文化保护与传承过程中，泰国政府也遇到一些挑战。

关键词： 文化交流　文化遗产　泰国文化　中泰关系

2019 年泰国文化发展情况按照泰国政府的《国家 20 年发展战略规划 (2018～2037 年)》和"泰国工业 4.0"国家战略规划进行工作部署，依然以维护国王、宗教及国家传统文化为工作要点，提倡运用信息化大数据时代的高科技及数字化网络平台进行文化资源的分享与整合，倡导以文化发展带动经济发展，加强对外文化交流。

---

* 唐旭阳，广东外语外贸大学东方语言文化学院泰语系讲师，主要研究方向为泰国语言文化。

综观 2019 年的泰国文化发展情况，上半年受到泰国大选和拉玛十世王加冕等事件影响，文化活动与往年相比有所减少，主要活动在下半年表现活跃，特别是 2019 年 9 ~ 12 月的文化活动和标志性事件较多。

2019 年 6 月，经过为期两个月的投票和党派激烈角逐，泰国巴育·占奥差总理获得连任，成为第 30 任总理。拉玛十世王玛哈·哇集拉隆功正式加冕，泰国政府举行盛大的拉玛十世王加冕仪式和皇家御船巡游活动。泰国公主诗琳通荣获中华人民共和国"友谊勋章"。泰国成为 2019 年全球旅游创收榜排名第四的国家。国际方面，高层互访频繁，李克强总理访泰，韩国总理文在寅访泰，并分别签署多项备忘录，中泰两国政府发布联合新闻声明。中国香港特首林郑月娥访泰促合作。天主教教皇方济各 35 年来首次访泰，第 35 届东盟峰会在曼谷闭幕，泰国佳丽在国际小姐比赛中摘得桂冠。2019 年泰国文化发展方面所取得的成绩较为突出。

一 2019年泰国主要文化政策

泰国总理巴育于 7 月 21 日公开谈及政府政策时表示，政府政策共有 12 大方面，主要包括保护和尊重君主制、维护国家稳定与安全、发展宗教和传统优秀艺术文化、提高泰国经济影响力及竞争力、加强政府管理改革等。2019 年 6 月，泰国更换文化部部长，由年轻有为、曾担任芭堤雅市长的易提蓬·坤本担任。易提蓬在 7 月 15 日的讲话中表示泰国文化部会继续贯彻落实原有文化发展政策路线，但强调今后工作内容的首位是拥护拉玛十世王及泰国王室的崇高地位，以拉玛十世王所提倡的"传承、保护、弘扬"路线为文化发展风向标，并将加强数字信息化时代的数字文化平台建设；提高文化部预算经费，申请将 2020 年的文化部预算从 2018 年的 90 亿泰铢提升至 140 亿泰铢；强调关注年轻人群体对于泰国文化的认同感，让民族优秀传统文化得到弘扬和发展。[1]

---

[1] 《易提蓬上任第一天，宣布预算经费申请提高百分之四十》，〔泰〕《民情报》（*Matichon*）2019 年 7 月 18 日，https://www.matichon.co.th/education/religious – cultural/news_ 1586360。

7月25日，文化部新闻发言人优帕·塔为温娜集扎卜女士提到未来泰国5~10年的文化发展会加强以下五个方面的工作。一是建设一个好人社会，提升泰国人的文化认同感和自豪感。二是建立一个人民安居乐业的社会。三是提高泰国文化的国际地位和影响力，以文化发展带动经济建设，全面恢复和推进面临衰退的优秀民族文化，如泰式"合十礼"等。四是发展旅游业，并通过高科技和大数据加强对于全国名胜古迹的监控检测和修复。五是进一步加强对海外流失文物的召回工作，积极召回流失在国外的珍贵泰国文物。①

二 2019年泰国国内文化发展状况

（一）继续维护与弘扬泰国王室传统文化

文化政策是文化政治表现形态，反映的是一定阶级的文化利益、愿望、要求和目的，体现的是国家的文化意志。② 泰国作为君主立宪制国家，国王拥有神圣不可侵犯的地位。泰国政府与王室继续传承和保护传统王室文化。5月4~6日，泰国举行十世王玛哈·哇集拉隆功的正式加冕大典，这是自2016年12月十世王继位以来时隔两年多的正式加冕，此次加冕仪式象征十世王时代真正来临，泰国政府对十世王加冕大典进行全球170个国家的现场直播。在加冕前夕，十世王于5月1日下御旨，宣布册封素缇达女上将为新王后。③ 5月22~28日，泰国文化部和内政部在皇家田广场以及全泰77个府域地区举行庆典活动。曼谷皇家田广场搭建舞台进行为期七天的演出，包括仪乐队演奏、民间戏剧、传统音乐舞蹈表演、民间乐展、文艺美食集市和灯光秀等各类泰国特色主题活动。12月12日，泰国举行盛大的皇家御船巡

---

① 《文化部进一步促进泰国传统文化习俗发展》，〔泰〕《民情报》（*Matichon*）2019年7月25日，https://www.matichon.co.th/publicize/news_1597495。
② 胡惠林：《文化政策学》，上海文艺出版社，2014，第4页。
③ 《2019年5月4~6日泰国十世王加冕仪式将载入史册》，〔泰〕《泰叻报》（*Thairath*）https：//www.thairath.co.th/news/royal/1562513。

游仪式，拉玛十世王及王后一行乘坐御船巡游，受到两岸百姓欢迎。本次巡游标志着皇家加冕大典的正式结束，这也是从古代宫廷便沿袭的传统王室文化。在巡游前日，十世王携王后赴唐人街，体现了对于泰国华人的重视。在大力推崇十世王的同时，泰国政府也继续贯彻赞颂拉玛九世王的文化方针与思路，举行九世王在位时期的图片展和纪念活动。2019年12月18日，泰国文化部评选出拉玛九世王在位时期的350部内容积极向上、彰显时代特色的优秀文学作品，以表彰九世王在位时期的优秀文学家。①

总体而言，拉玛十世王及王室成员都在积极树立正面形象，以提高影响力和号召力，且努力传承传统皇家宫廷文化，并在2019年出席各类重要文化展览，促进国际文化交流活动。长期以来，泰国王室在文化方面的影响也渗透方方面面。维护和尊重君主制，弘扬传统王室及宫廷文化仍然是泰国政府及文化部门需要做的重要工作。

（二）努力发展本国优秀文化，将高科技作用于文化发展

"提倡文化育人，营造良好的社会道德氛围和网络环境。"2019年，泰国的各大媒体和电视、电台广告中都会播出"让好人有立身之地"的公益广告，构建一个诚实守信的社会。同时，在各大媒体平台加强宣传，打击网络谣言等不良网络传播行为，努力营造一个干净、文明的网络环境。2019年，泰国文化促进厅、国家文化促进基金会、华侨崇圣大学联合举办的"讲文明、知礼仪"大型社会宣传活动在全国范围内开展。② 6月21日，泰国各界邀请知名人士共同进行针对泰国社会风气和文化氛围的主题对话，旨在营造和谐、干净、健康的社会环境。

同时，泰国文化部的重要工作之一是建立数字化的文化资源分享平台。

---

① 《350部九世王在位时期的文学作品获评优秀文学》，〔泰〕《暹罗日报》（*Siamrath*）2019年12月18日，https：//siamrath. co. th/n/121957。

② 《泰国文化促进厅推动"讲文明、知礼仪"大型公益项目》，泰国文化促进厅官网，2019年3月20日，http：//www. culture. go. th/culture_ th/ewt_ news. php？ nid = 4327&filename = index。

9月底，泰国文化部极力打造数字化文化信息平台（Digital culture 或 m-culture），开发"Culture 4U"手机软件，这款应用软件包含了30万种文化信息和资源，可以轻松连接九个相关部门网站。[①] 这个被称为"泰国文化智库"的软件是泰国政府对接"泰国工业4.0"政策的主要体现，让民众真正享受科技给文化传播带来的便利。建立泰国电子图书馆，方便民众进行网上电子书阅读和资料下载，倡导建立一个全民阅读的社会。2019年，泰国国家文化遗产电子数据库的点击率突破1500万次，2019年泰国11个区域电子图书馆累计点击率突破1300万次。全国41个仿真移动电子博物馆的使用人数达146457人次。[②] 泰国文化部部长易提蓬强调重视青年群体，他们是民族的希望和未来，要加强青年对于自身民族文化的了解与认同，加强网络和信息化的文化平台建设，增强泰国青年的民族文化自豪感，培养爱国意识，建构民族性。

（三）泰国文化遗产和自然遗产申请与保护工作成绩斐然

2019年，泰国政府在文化遗产保护传承及向联合国教科文组织申遗方面成绩突出。11月27日，在第22届联合国教科文组织《保护世界文化和自然遗产公约》缔约方大会上，泰国以最高票当选为世界遗产委员会委员之一，任期为2019~2023年，这是国际权威组织对于泰国文化遗产保护工作的肯定，也代表了泰国在世界遗产的申请和保护等方面有一定的话语权和国际地位。

6月30日至7月10日，第43届联合国教科文组织世界遗产大会举行。经过长时间的讨论和论证，11月26日，泰国总理府副发言人表示泰国政府收到第43届世界遗产大会会议成果，会议上初步通过把泰国帕侬蓝历史公园和席帖历史遗迹公园作为世界文化遗产提名的决议。后期泰国政府需要提

---

① 《建立 Culture 4U 软件提供30万种文化信息资源》，〔泰〕《暹罗日报》（Siamrath）2019年10月4日，https：//siamrath. co. th/n/106932。

② 《泰国国家文化遗产电子数据库的点击率突破1500万次》，〔泰〕《暹罗日报》（Siamrath）2019年10月17日，https：//siamrath. co. th/n/109407。

供详细的相关佐证材料进行论证。① 2019 年有 18 项泰国地方文化遗产入选为国家级文化遗产，并且加大对于泰国优秀文化遗产的保护和监测力度，利用高科技对主要世界级和国家级文化遗产进行修复，特别是阿瑜陀耶历史古城的保护和修复工作得到了联合国教科文组织世界文化遗产保护委员会的赞扬，并希望进一步扩大阿瑜陀耶古城的范围。②

泰国的经典《三印法章》《蓝康恒碑文》同年入选联合国教科文组织《世界记忆名录》。11 月 25 日，联合国教科文组织在第 40 次普通会议上宣布，泰国尊者阿迦曼·普利塔多逝世 150 周年纪念日（2020 年 1 月 20 日）及拉玛一世王与崔氏之子帕拉玛哈萨玛亚昭殿下逝世 100 周年纪念日（2021 年 8 月 2 日）被选为 2020~2021 年历史重大事件纪念日，并将二人列为世界重要人物。阿迦曼尊者是 20 世纪泰国最伟大的森林禅师，曾是泰国第十任最高宗主教，一生致力于泰国佛教制度化，是泰国历史上的重要人物之一。③ 泰国政府也将举行相关庆祝活动。

泰国文化部在召回流失海外的泰国文物方面做了大量工作。2019 年 1 月，美国归还 46 件泰国班清时期的文物，文物历史在公元前 2500~前 1500 年，这是泰国文化部多次跟进协商之后时隔两年美方归还泰国历史文物。2014 年以来，在泰方政府的努力下，美国共归还泰国文物达 700 件。12 月 27 日，泰国文化部部长易提蓬提出加速召回海外文物，并将与美方进一步交涉，希望美方在 2020 年归还泰国流失在美国的另外 124 件珍贵文物。④

在非物质文化遗产方面，泰国政府的工作同样可圈可点。自 2018 年泰国"孔剧"申请人类非物质文化遗产成功之后，2019 年 12 月，传统"泰式

---

① 《帕侬蓝和席帖历史遗迹公园有望申遗成功》，〔泰〕《民情报》（*Matichon*）2019 年 7 月 14 日，https：//www. matichon. co. th/news - monitor/news_ 1580677。

② 《世界文化遗产保护委员会对于阿瑜陀耶古城计划表示满意》，〔泰〕《民情报》（*Matichon*）2019 年 7 月 9 日，https：//www. matichon. co. th/education/religious - cultural/news_ 1573849。

③ 《教科文组织宣布两位入选世界重要人物名录》，〔泰〕《民情报》（*Matichon*）2019 年 11 月 26 日，https：//www. matichon. co. th/news - monitor/news_ 1768798。

④ 《文化部再次敦促美方 2020 年归还 124 件流失在海外的文物》，〔泰〕《暹罗日报》（*Siamrath*）2019 年 12 月 28 日，https：//siamrath. co. th/n/123694。

按摩"被联合国教科文组织非物质文化遗产委员会列入《人类非物质文化遗产名录》。泰国总理巴育在申遗成功之后，强调加强泰式按摩行业规范化管理，严控按摩行业的专业水平。同时，进一步提高泰国本土相关草药种植者的收入。泰国文化部部长易提蓬在 2019 年 12 月 13 日的讲话中提到目前全国有 25205 位登记在案的泰式按摩师，要进一步提升泰式按摩的品质和层次，打造精品泰式按摩项目。据不完全统计，全球有来自 145 个国家的 200 多万人体验过泰式按摩。同时，他提到将与中国政府合作，将泰国"宋干节"与云南西双版纳"泼水节"联名申请 2020 年人类非物质文化遗产。而泰国特色美食"冬阴功"将申请 2021 年人类非物质文化遗产。①

泰国对于民族服饰和本土工艺非常重视，尤其是泰丝及泰装等。政府进一步加大泰丝和泰装的宣传力度，提升泰装的国际影响力。2019 年，泰国政府及民间层面多次举办国家级及府一级的泰丝、泰装展览等活动，并赴日本三个城市进行泰丝服装秀展出，旨在弘扬泰国服饰文化，展现泰丝之美。泰装是独具特色、优美精致的泰国特色民族服装。泰国曼谷松德皇家师范大学班颂德昭帕亚发展研究中心于 11 月 28 日至 12 月 1 日开展的问卷调查显示，有 61.9% 的人会在日常生活中穿上泰装，有 63.9% 的人认为穿着传统泰装是保护和传承泰国优良传统文化的一种较好方式，有 68% 的人认为穿着泰装可以促进泰国旅游业发展，有 65.8% 的人认为穿着泰装可以促进当地经济发展，有 54.6% 的人希望政府在日常生活中加强泰装宣传。② 11 月 14 日，泰国副总理威萨努将举办第九届泰国丝绸展，旨在传承泰丝传统服饰文化，在国际文化中展现泰丝之美及其实用性。这也有利于通过外交的方式推广泰丝。泰装主要产区集中在北部和东北部地区，泰国政府加强泰装的国内外宣传既促进了泰装工艺的发展，弘扬了泰国传统服饰文化，也拓展

① 《文化部部长祝贺"泰式按摩"申遗成功，宋干节与冬阴功分别列入 2020～2021 年申遗名单》，〔泰〕《民情报》（Matichon）2019 年 12 月 13 日，https：//www.matichon.co.th/education/religious - cultural/news_ 1810906。
② 《泰国 54.6% 的民众希望相关部门加强泰装宣传，促经济发展》，〔泰〕《前沿报》（Naewna）2019 年 12 月 15 日，https：//www.naewna.com/local/460305。

了北部及东北部地区的就业渠道，缩小了同泰国中部地区的经济差距，促进了当地经济发展。

（四）营造以佛教文化为核心、兼收并蓄的泰国宗教文化氛围

泰国是一个全民信教的国家，有94.6%的民众信仰佛教，有4.6%的民众信奉伊斯兰教，基督教信徒近1%。目前，泰国并没有把佛教列为国教，在维护以佛教为核心宗教的同时，泰国的宗教政策也呈现更为包容和多元化的特点。泰国政府和民众大多数仍然信奉佛教。2019年，泰国政府继续弘扬佛教文化，举办各种佛教节日的庆祝活动，拉玛十世王签发了新一届宗教管理委员会的任命名单。2019年在宗教方面最重要的事件，就是天主教教皇方济各于11月20~23日到访泰国，这是方济各35年来首次到访教徒不足1%的泰国，并受到隆重的礼遇。访泰全程受到了教徒的热烈欢迎，得到了拉玛十世王及王后、巴育总理及泰国僧王的接见。特别是与泰国僧王的会面意义重大，泰国各大主流媒体争相报道。泰国佛教僧王与天主教教皇的会晤，是两种宗教信仰的最高人物的首次交流，充分显示泰国的宗教呈现兼收并蓄、圆融通达的特点。方济各表示，泰国在多样化宗教与民族传统文化相融合方面付出了很大的努力，为国家的团结与和平稳定做出了重大贡献，而这样的努力并非仅限于泰国本土，还辐射到东南亚的其他国家和地区。当今世界存在众多分歧与对抗，泰国对和平的尊重与平等承诺的遵守，也将促成世界走向团结和谐。①

（五）大力发展泰国特色旅游业，促进文化交流

7月8日，泰国国家旅游局在召开2020年旅游市场促进计划发布会时重申旅游业是泰国最有经济前景和文化活力的可持续发展产业。泰国国家旅游局的工作将基于"5个go"展开，包括"go local"（继续推动各府特色旅

---

① 《泰国僧王与教皇会晤，彰显宗教之美》，〔泰〕《民情报》（*Matichon*）2019年11月21日，https://www.matichon.co.th/education/religious-cultural/news_1762503。

游），"go high"（重视优质旅游商品市场的发掘），"go new"（拓展全球旅游，寻找新的旅游客户），"go low"（缩小旅游淡旺季的游客数量差距和收入差距），"go digital"（实现旅游数字产业化发展）。① 该工作旨在提升旅游的特色化，促进经济发展。

2019 年，除举办一系列常规的文化庆祝活动外，发展特色旅游产业推动文化复兴也是泰国旅游局的重要举措。如 2019 年泰国政府开展曼谷步行街活动，步行街包括是隆路、唐人街和考讪路。考讪路步行街活动从 12 月 16 日开始举行，在每个星期一举办，进行泰国艺术文化表演及孔剧和泰拳等表演，现场有泰式料理烹饪展示。卡迪金—空汕一带计划每三个月举办一次大型艺术活动，让文化与经济进行充分融合。12 月 15 日，泰国总理巴育出席是隆路步行街试点仪式开幕活动，现场分为多个区域，包括手工艺产品区、美食区、全国特色商品区等，现场反响较好。②

泰国政府进一步推动北部、东北部文化节庆特色旅游业的发展。泰国政府在着力吸引国外游客的同时，也把目光放在本国消费者身上，鼓励国内消费者进行各府的特色文化旅游，带动内需。除著名的泰国南部海滩旅游以外，泰国政府制定了一系列北部及东北部特色旅游路线，包括"2019 年清迈国际文化天灯节""2019 年孔敬府国际文化旅游节""2019 年兰纳文化艺术节"等。政府鼓励泰国人民前往外府进行特色旅游，并制定了一系列优惠政策。

三 2019年泰国对外文化交流情况

（一）加强国际文化交流，中国成为泰国重点文化交流国

2019 年泰国在对外文化交流方面侧重于与亚洲国家的交流，特别是与

---

① 《泰国国家旅游局公布 2020 年旅游发展战略，提高品质，促进稳定发展》，〔泰〕《国家商业报》（*Prachachat*）2019 年 7 月 7 日，https：//www. prachachat. net/tourism/news – 347053。
② 《巴育总理参加是隆路步行街试点项目开幕仪式》，〔泰〕《曼谷商业报》（*Bangkokbiznews*）2019 年 12 月 15 日，https：//www. bangkokbiznews. com/news/detail/858360。

中国和韩国的交流。2019 年正值中华人民共和国成立 70 周年，借此机会中方前往泰国举行一系列文化交流活动，推动了泰国人民更加深入地了解中国文化，促进民间交流。泰国王室重要成员公主诗琳通荣获中华人民共和国"友谊勋章"，成为增进中泰友谊的使者。

9 月 30 日，在中华人民共和国成立 70 周年之际，诗琳通公主被授予中华人民共和国"友谊勋章"，这也是中国给予为两国友谊做出杰出贡献的外国人的最高荣誉。诗琳通公主前往北京参加颁奖仪式，并用中文发表致辞。诗琳通公主对中国有着深厚的情谊，足迹遍布大江南北，对中国的语言和艺术颇为热爱，翻译了数篇中国优秀作家的文学作品。如巴金的《爱尔克的灯光》、王蒙的《蝴蝶》、池莉的《她的城》以及 200 余首唐宋诗歌，是中国文化的传播使者。2000 年中国教育部为诗琳通公主颁发"中国语言文化友谊奖"，2009 年诗琳通公主获得由 6000 万网民参与投票的、由中国民间评选出的"中国缘·十大国际友人"荣誉称号。[①] 12 月下旬，中国驻泰国大使馆及泰国政府分别为诗琳通公主荣获"友谊勋章"举行两场庆祝活动，诗琳通公主出席，中国驻泰国大使吕健及泰国总理巴育分别发表讲话，高度赞扬诗琳通公主为中泰在文化、教育等方面做出的卓越贡献。

11 月 5 日，李克强总理访泰，与泰国总理巴育进行友好会晤，并发表《中华人民共和国政府与泰王国政府联合新闻声明》，其中涉及教育和人文的内容提及：

"双方对当前教育合作谅解备忘录框架下的合作表示满意，同意通过联合办学、专项交流、学术交流、远程授课等方式，加强各层次、各领域教育合作，为两国发展建设提供人才和智力支撑。

"双方同意推动落实《中华人民共和国文化和旅游部与泰王国文化部 2019 年至 2021 年文化交流执行计划》中所取得具体成果，并探讨 2020 年共同举办文化活动，庆祝两国建交 45 周年。

---

① 《诗琳通公主在华荣誉和感人事迹大盘点》，搜狐网，2019 年 10 月 6 日，https://www.sohu.com/a/345177348_795961。

"双方同意加强媒体和信息领域合作，通过媒体交流互访、新闻及纪录片交流、举办论坛和节庆活动等方式，推动人文交流和媒体行业发展。"①

此外，在泰国文化部部长易提蓬上任之后，8月30号，中国驻泰国大使吕健拜会泰国文化部部长易提蓬，双方就2019年中泰重要文化合作项目以及未来积极推动中泰文化合作发展等方面深入交换了意见。

中国方面，2019年中国政府鼓励国内相关机构进行文化"走出去"活动。中国各地文化代表团多次赴泰开展文化展览和交流。其中最大型的展出就是由泰国文化部艺术厅和陕西省文物局共同主办的《秦始皇——中国第一个皇帝与兵马俑》特展，这是中泰共同举办的庆祝中华人民共和国成立70周年系列活动之一。展览于2019年9月15日至12月15日在曼谷国家博物馆隆重举办，共展出陕西14家文博机构共133件文物珍品，其中包括一级文物每组17件。这是首次在泰国举办的中国文物展，也是继新加坡之后再次在东南亚国家举办的秦兵马俑展。② 12月14日，泰国诗琳通公主观看兵马俑展览。据泰国国家博物馆不完全统计，该展览有累计超过20万人前来观看，创造了曼谷国家博物馆的纪录。这一项目是落实中泰政府间文化合作协定和"一带一路"国际合作背景下让文化"走出去"的重要项目，具有重要意义。此外，还陆续在泰国举办了"京剧文化周""汕头文化周""中国日""'一带一路'中泰文化艺术博览会"等文化交流活动。

6月29日至7月1日，2019年"'一带一路'中泰文化艺术博览会"在泰国曼谷成功举办。该活动以庆祝中华人民共和国成立70周年和中泰建交44周年为契机，是做好中国文化"走出去"的实质举措。该次博览会共吸引了120余位中泰知名文化艺术家参加，展品涵盖了陶瓷、书画、玉雕、玻璃、铜雕、木雕、刺绣、漆器、玉器、赏石等300余幅作品，充分展现了

---

① 《中华人民共和国政府和泰王国政府联合新闻声明》，新华网，2019年11月5日，http：//www.xinhuanet.com/world/2019-11/05/c_1125194826.htm。

② 《庆祝中华人民共和国成立70周年秦始皇兵马俑文物展在泰国曼谷隆重开幕》，中华人民共和国驻泰国大使馆官网，2019年9月17日，https：//www.fmprc.gov.cn/ce/ceth/chn/sgxw/t1698314.htm。

中华文化的博大精深。①

10月5日，应第21届曼谷国际舞蹈音乐节邀请，由中国歌舞剧院出品、李玉刚主演的《昭君出塞》在曼谷进行世界巡演海外首场，刚被颁授中国"友谊勋章"的泰国公主诗琳通也现身观看了演出，对《昭君出塞》的精彩演出给予赞赏。中国驻泰国大使吕健、泰国文化部部长易提蓬等观看演出。

泰国潮汕籍的华人众多，是泰国文化发展的重要力量之一。中国政府也努力提升泰国华人对中国及故乡的民族文化认同感，12月13~16日，"汕头文化周"在曼谷开展，此次代表团派出了潮剧界的最强阵容，其间演出主题为"震世潮剧"的大型潮剧受到好评，在华人圈产生较大影响。这是中国潮剧在泰国的首次演出，促进了泰粤两地的文化交流。此次潮剧的全部收入所得将捐给泰国朱拉隆功医院和中国潮剧委员协会。②

11月26日，泰国亚洲大众集团旗下的泰国头条新闻举办每年一度的泰国头条新闻风云人物典礼，该活动被誉为"泰国奥斯卡"。泰国副总理兼商务部部长朱林出席并致辞，泰国文化部部长易提蓬等社会各界重要人物出席颁奖典礼，获奖者都是在中泰较为有名的人士，旨在奖励在中泰两国经济、文化、教育、娱乐等不同领域做出较大贡献的人士。

（二）中泰联合以影视界合作促文化交流

2019年中泰影视界和娱乐界互动频繁，主要表现在双方明星层面的互动互访及相互合作方面。2018年泰国电视剧《天生一对》在中国大陆热播以后，2019年国产电视剧《陈情令》在泰国获得追捧，主演王一博在泰国受到欢迎。中泰明星合作增多，彼此在对象国的人气不断上涨，未来双方明星互访互动活动会进一步增多，中泰双方影视业的合作前景光明。

---

① 《"2019一带一路中泰文化艺术博览会"在泰国曼谷成功举办》，凤凰网，2019年7月2日，http://hn.ifeng.com/a/20190702/7508271_0.shtml。

② 《"震世潮剧"首次登陆泰国，反响强烈》，〔泰〕《考宋报》（Khaosod）2019年11月27日，https://www.khaosod.co.th/pr-news/news_3094140。

8月24日，"第14届中国电影节暨2019中泰影视交流周"在曼谷开幕。中国驻泰大使吕健、泰国文化部部长易提蓬出席开幕式并致辞，活动期间展映4部中国影片、4部中国电视剧及4部泰国影片。[①] 访泰的中国影视代表团以及来自泰国各界的300余名嘉宾共同出席开幕活动。此次活动是通过中泰影视交流与合作促进两国文化的深层次沟通，也是中国驻泰大使馆庆祝中华人民共和国成立70周年的重要文化活动之一。

8月29日，首届亚洲电影节启动仪式在泰国文化部举行，中泰双方筹委会成员及泰国本地电影行业专家30余人参加。中国是全球电影制造与消费大国，并在世界电影行业中扮演着日渐重要的角色。泰国近年来的电影和广告在亚洲乃至世界都受到关注。中泰两国在影视业的合作会进一步促进亚洲地区的影视业发展。泰国文化部常务秘书长集萨亚鹏先生介绍，举办亚洲电影节旨在为全世界搭建一个交流开放的艺术平台，提高亚洲影视核心竞争力和亚洲国家文化软实力。知名导演、制片人、演员徐峥出席启动仪式，并被授予"中泰电影推广大使"。2020年恰逢中泰建交45周年，计划首届亚洲电影节将重点打造中国篇，用电影节作为载体展现中泰友好情谊。[②]

（三）2019年泰韩两国政府层面合作促文化发展

9月2日，韩国总理文在寅访泰。韩国总理与泰国总理会晤，并签署六份谅解备忘录，这也是韩国"新南方政策"与"泰国工业4.0战略"的良好对接。其中社会与文化方面的备忘录包括泰国—韩国教育部韩语合作谅解备忘录和泰国数字经济与社会部与韩国国土交通部门之间建立数字智能城市合作谅解备忘录。

9月6日，在泰国文化部副部长那育德萨亚蓬的见证下，泰国曼谷与韩国釜山代表签署"曼谷东盟文化中心和釜山东盟文化中心合作备忘录"，旨

---

① 《第14届中国电影节暨2019中泰影视交流周在曼谷开幕》，新华网，2019年8月24日，http：//www. xinhuanet. com/2019－08/24/c_ 1124916919. htm。

② 《首届亚洲电影节启动仪式在泰国文化部举行》，搜狐网，2019年9月2日，https：//m. sohu. com/a/338139273_ 157635。

在促进两个东盟文化中心在艺术、文化、文学等方面的双边合作和交流，保护东盟国家的文化遗产，进一步促进两国影视文化交流，让东盟经典文化走向世界舞台。①

四 对于目前泰国文化发展的思考

2019年，佛教与王室文化仍然是泰国民族文化的精神核心和文化主流，文化与经济深度融合。文化软实力进一步提升，特别是在影视业、数字化文化资源平台建设以及文化遗产的保护及申遗工作方面的进步尤为显著。文化政策包容性强且多元发展。同时，将文化发展和旅游业进行融合，用特色文化建设推动经济发展。2019年，中泰两国文化交流与合作取得新的进步。在取得成绩的同时，泰国的文化发展也有一些值得思考的地方。

泰国传统文化在发展过程中出现与西方自由文化影响之间的摩擦。②2019年9月初，泰国呵叻皇家师范大学艺术专业的学生所画的一幅佛像，引起大众哗然。画作上显示的佛像是"佛祖＋奥特曼"的组合体，且该作品在9月3~11日于呵叻府一座著名商场内被展出。该事件不仅在网上发酵，导致大量泰国民众的不满，也引起了政府方面的重视。文化部部长易提蓬表示，希望大家在创作作品时考虑民众的感受和对于宗教信仰的尊重，加强文化精神的塑造。③ 这在一定程度上说明佛教在部分泰国人的心中崇高神圣的地位有所下降。此外，泰国部分住持及僧人的不良行为举止也频频被曝光，严重影响了泰国佛教的神圣地位。

2019年泰国政府在教育方面的预算经费拨款有所减少，引起了泰国教育界和师生的担忧和不满。泰国教师负债严重现象也被社会关注。据官方统

---

① 《泰国—韩国共同促进东盟文化遗产发展》，〔泰〕《暹罗日报》（*Siamrath*）2019年9月7日，https://siamrath.co.th/n/101592。

② 刘志强：《2018年越南文化发展报告》，载刘志强、胡乾文主编《东盟文化发展报告（2019）》，社会科学文献出版社，2019，第25页。

③ 《易提蓬称奥特曼作品让民众产生不良情绪，加强文化监控管理》，〔泰〕《民情报》（*Matichon*）2019年9月8日，https://www.matichon.co.th/region/news_ 1661926。

计，泰国教师的总负债超 1.1 万亿泰铢，超过 40 万名、约占总教师人数 80%的泰国教师负债，占全国负债人数的 16%，人均负债不少于 300 万泰铢。① 主要是由于泰国教师，特别是中小学和外府的教师待遇偏低，生活压力较大、生活成本较高，金融行业贷款政策不公。教育是一个国家的重中之重，如何提升泰国教育水平和师资待遇也是泰国政府面临的挑战之一。

此外，由于泰国人口出生率不断下降，老年人群体越来越庞大，泰国将在 2022 年全面进入人口老龄化社会。老龄化社会将给泰国带来种种考验，改善老年人文化层面的生活，给予他们丰富的精神食粮，让老年人"老有所为、老有所乐"也是泰国政府亟须解决的问题之一。

但综观 2019 年的泰国文化发展活动和文化政策，可以看出泰国政府在努力寻求文化发展的科学化，能够在适合本国国情的情况下营造可持续发展的良好的文化生态环境。

---

① 《泰国教师负债严重，人均负债 300 万泰铢，建议相关 4 部门出台相应政策》，〔泰〕财经网（*Money*），2020 年 1 月 16 日，https://money.kapook.com/view219535.html。

B.8
2019年老挝文化发展报告[*]

刘颖君^{**}

摘　要： 2019年老挝文化继续朝着既定目标稳步发展。在国内，"中国——老挝旅游年"成为推动老挝传统文化传承与推广的新动力；川圹石缸平原最终申遗成功，成为世界了解老挝的又一张名片；青少年培养、网络安全监管等工作取得新成效。在对外交流方面，与周边国家尤其是中国和越南的文化交流与合作迈上新台阶，与日韩、欧美国家的文化交流也有不同程度的发展。

关键词： 传统文化　文化交流　老挝

　　2019年，老挝文化发展工作继续围绕老挝政府2016年出台的《国家社会经济发展"八五"规划（2016～2020年）》，在新闻文化旅游部的具体部署下有条不紊地展开。

　　2018年12月，老挝人民革命党第十届七中全会顺利召开，会上通过了促进社会经济发展的一系列决议，在文化层面特别强调重视自然、文化、历史旅游景观的保护与发展，打造特色旅游文化产品。^① 2019年1月15～16日，老挝社会文化领域相关部委，即教育与体育部、卫生部、劳动与社会福

---

　　* 本文系广东外语外贸大学国别与区域研究外语语种专项项目"新形势下的中老关系研究"研究成果（项目编号：299 - GK19G233）。

　　** 刘颖君，讲师，广东外语外贸大学东方语言文化学院老挝语系系主任，主要研究方向为老挝语言文化。

　　① ຈັດຕັ້ງປີທ່ອງທ່ຽວລາວ-ຈີນ 2019 ໃຫ້ດີ, ມີບັນຍາກາດ ແລະມີຜົນສຳເລັດ，〔老〕《人民报》2019年1月22日。

利部、新闻文化旅游部，对会议决议展开深入学习。其间，与会人员认真听取研读了老挝《关于着力解除财政经济困难 加强宏观调控的决议》及《关于夯实人民民主制度政治根基的决议》，会议要求与会各中央部委工作人员认真学习全会会议精神，把握要义，理论联系实际，将会议精神贯彻落实到2019 年及之后的具体工作部署中。①

2019 年 1 月 24 ~ 25 日，老挝政府工作会议在总理府召开。会上，国家总理通伦·西苏里指出 2019 年政府工作重点，他表示，遵照第 560 号总理令《关于 2019 年社会经济发展规划的贯彻落实》，将聚焦经济、社会文化、绿色与可持续发展、国防与国家安全、外事外交与国际合作、政策规划法律法令建设等领域的发展。具体内容涵盖推动旅游业发展，办好"2019 中国—老挝旅游年"；发展教育事业，重质保量，尤其是发展偏远地区教育事业；等等。②

同年 4 月 10 日，新闻文化旅游部召开老挝人民革命党中央委员会关于加强党对文化工作的领导相关决议修订会议，部长波显坎·冯达拉指出："该项决议的出台是党对国家监管全面性和包容性的体现，目的是引导文化社会朝着良性方向发展，保障并推动国家的文化事业沿着党的路线方针不断向前迈进，保障文化的民族性、先进性，推动民族文化更广泛地与世界文化融合。"③

通过对宏观国家政策与阶段性会议的梳理，不难把握 2019 年老挝文化事业发展的主脉络——坚持旅游、文化、经济发展"三位一体"，推广文化产业，重视文化教育，保护和弘扬传统文化，促进与世界各国文化融合。

---

① ສຳເລັດການເຊື່ອມຊ້ອມມະຕິ 7 ສະໄໝທີ X ຂອງພັກໃຫ້ 4 ກະຊວງ ອົງເຂດວັດທະນະທຳ-ສັງຄົມ，〔老〕《人民报》2019 年 1 月 16 日。

② ຜົນກອງປະຊຸມລັດຖະບານ ສະໄໝສາມັນປະຈຳເດືອນມັງກອນ 2019，〔老〕《人民报》2019 年 1 月 28 日。

③ ຄົ້ນຄວ້າຮ່າງມະຕິຄະນະບໍລິຫານງານສູນກາງພັກຕໍ່ວຽກງານວັດທະນະທຳ，老挝新闻文化旅游部网站，http：//www.micat.gov.la/index.php/news/1204 - 2019 - 04 - 11 - 03 - 29 - 28，最后访问时间：2020 年 3 月 13 日。

一 国内文化发展

（一）旅游年

以"2019中国—老挝旅游年"为依托，以老挝传统文化及丰富的旅游资源为载体，坚持旅游、文化、经济发展"三位一体"。

作为一个新兴产业，老挝旅游业发展迅速，是继水电、矿产之后的第三大支柱产业。[①] 其发展对老挝经济增长、增加劳动就业及消除贫困都有极大的促进作用，是实现2016～2025年老挝国家经济社会十年发展战略及2030年发展愿景两大目标中不可或缺的战略引擎。2017年10月28日，老挝政府正式宣布启动"2018老挝旅游年"，倡导发展旅游与推广文化相结合，以文化带动旅游发展，以旅游促进文化传播。[②] 因此，2018年老挝的许多文化活动与"老挝旅游年"密切相关，也创下了前所未有的佳绩。

2019年，老挝的文化发展仍然离不开"旅游"这一关键词，而"中国—老挝旅游年"可谓老挝文化旅游的重中之重。2018年5月，中国国家主席习近平在北京与来访的老挝国家主席本扬·沃拉吉达成2019年共同举办"中国—老挝旅游年"的重要共识，希望"双方以旅游年为契机，促进人员往来，加强文化交流，为构建中老命运共同体培育更加深厚的民意和社会基础"[③]。为落实中老最高领导人达成的此项重要共识，老挝新闻文化旅游部积极与中国文化和旅游部、中国驻老挝大使馆协作，商讨修订活动方案。在2018年12月召开的老挝政府工作会议上特别强调，新闻文化旅游部务必协调好各方力量，加大宣传力度，力争将"2019中国—老挝旅游年"办出水

---

① 郝勇、黄勇、覃海伦：《老挝概论》，中国出版集团、世界图书出版公司，2014，第251页。
② 刘颖君：《2018年老挝文化发展报告》，载刘志强主编《东盟文化发展报告（2019）》，社会科学文献出版社，2019，第96页。
③ 《习近平向2019年"中国－老挝旅游年"致贺词》，新华网，2019年1月25日，http：//www.xinhuanet.com/politics/leaders/2019－01/25/c_1124044388.htm。

平。会议指出，要保护民族文化特色，保护优良文化传统，保护国家重点文化遗产项目，呼吁各级各单位积极参与"2019 中国—老挝旅游年"的庆祝活动。① 2019 年 1 月 25 日，由老挝新闻文化旅游部、中国文化和旅游部共同举办的"2019 中国—老挝旅游年"开幕式在老挝国家文化宫隆重举行，② 自此拉开了 2019 年中老两国文化互通互鉴的序幕，这也是继"中国—东盟旅游合作年"之后中国与东盟国家共同举办的首个旅游年。

2019 年 1 月 26～27 日，中国驻老挝文化中心在老挝国家文化宫举办迎春晚会，系"2019 中国—老挝旅游年"开幕后的首场相关文化活动。晚会上，来自中国河北艺术团的艺术家们带来了精彩的杂技表演，此外，还有舞狮、扇子舞、变脸、中国功夫等极具中国特色的文化表演。③ 4 月 6 日，1000 名中国游客旅游团到访老挝开展友好交流，领略独特的老挝文化；8 日，在老挝国家博物馆举办"国风 2019——中国当代艺术家书画特别展"，向老挝民众展示中国传统文化。④ 5 月 29 日至 6 月 3 日，在万象相继举办了"中国文化周"、图片展、文艺演出等活动。9 月 23～28 日，中国驻老挝文化中心联合四川省旅游文化厅在万象举办"天涯共此时"2019 年中秋节晚会暨庆祝中华人民共和国成立 70 周年文艺晚会，来自四川曲艺研究院的艺术家们为老、中观众表演了歌舞、民乐、曲艺、皮影、川剧变脸等地方特色鲜明的文艺节目。⑤ 中国方面，2019 年 3 月 8 日，"中国—老挝旅游年"系列活动之锦绣丝路文化艺术节在云南昆明拉开序幕；⑥ 4 月，老挝国家主席

---

① ຈັດຕັ້ງປະຕ່ວຍທ່າງຮັ່ງວລາວ-ຈິນ 2019 ໃຫ້ດີ, ມີບັນຍາກາດ ແລະ ມີຜົນສຳເລັດ，《人民报》2019 年 1 月 22 日。

② 刘颖君：《2018 年老挝文化发展报告》，载刘志强主编《东盟文化发展报告（2019）》，社会科学文献出版社，2019，第 106 页。

③ ໃນງານມະໂຫລານ ເຫດສະການກຸດຈິນ，〔老〕巴特寮新闻网，2019 年 1 月 31 日，http：// kpl. gov. la/detail. aspx？id＝43191。

④ ຕ້ອນຮັບນັກທ່ອງທ່ຽວຈາກ ສປ ຈິນ 1.000 ຄົນ，〔老〕《人民报》2019 年 4 月 8 日。

⑤ ຊິມການສະແດງສິລະປະຈິນ ສະເຫລິມສະຫລອງບຸນໄຫວ້ພະຈັນ ແລະ ວັນຊາດຈິນ，〔老〕巴特寮新闻网，2019 年 9 月 29 日，http：//kpl. gov. la/detail. aspx？id＝48473。

⑥ ກິງສູນລາວອະເຫລີມສະຫລອງວັນແມ່ຍິງສາກົນ ເພື່ອສົ່ງເສີມວັດທະນະທຳລາວ-ຈິນ，〔老〕巴特寮新闻网，2019 年 3 月 11 日，http：//kpl. gov. la/detail. aspx？id＝44953。

本扬·沃拉吉对中国进行国事访问期间，福建省举办老挝旅游博览会并进行精彩纷呈的老挝文化艺术表演。① 此外，还举办了"中国旅游文化周""中国文化旅游之夜""2019 四川国际文化旅游节暨自贡文旅老挝推介会"等相关活动，两国文化和旅游领域的交流与合作掀起一波又一波高潮。

2019 年 12 月 17 日，"2019 中国—老挝旅游年"闭幕式在中国北京举行。老挝国会主席巴妮·雅陶都、中国全国人大常委会副委员长白玛赤林、老挝新闻文化旅游部新一任部长吉乔·凯坎皮吞（ທ່ານກິແກ້ວ ໄຂຄໍາພິທູນ）、中国文化和旅游部副部长张旭等出席此次活动。② 双方均对"中国—老挝旅游年"框架下各项活动的举办与落实及所取得的成果表示高度肯定和赞赏。老挝新闻文化旅游部宣传司发布数据显示，2019 年老挝共计接待国内外游客达 458 万人次，超出预期所设定的 450 万人次。其中，全年赴老挝旅游的中国游客共计 102 万余人次，顺利突破预期所设定的 100 万人次大关。③ 2019 年时值中老全面战略伙伴关系建立 10 周年，"中国—老挝旅游年"为中老两国文化交流与合作、旅游业的发展乃至中老命运共同体的建设做出了巨大的贡献。

---

① ປີທ່ອງທ່ຽວລາວ-ຈີນ ແລະຈີນ-ລາວ 2019 ໄດ້ປິດລົງຢ່າງຢິ່ງໃหຍ່，〔老〕Vientiane Times 官网，2019 年 12 月 17 日，https: //www. vientianetimeslao. la/%e0%ba%9b%e0%ba%b5%e0%ba%97% e0%bb%88 %e0%ba% ad%e0%ba%87%e0%ba%97%e0%bb%88 %e0%ba%bd% e0%ba%a7 - %e0%ba%a5%e0%ba%b2%e0%ba%a7 - %e0%ba%88 %e0%ba% b5%e0%ba%99 - %e0%bb%81%e0%ba%a5%e0%ba%b0 - %e0%ba%88 %e0% ba%b5/。

② ປີທ່ອງທ່ຽວ ລາວ-ຈີນ ປະຊາຊົນສອງປະເທດ ໄປມາหາสู่ກັນ ຫ່ານบ້านใหເอือนຄຽງກັ່ຕິ，〔老〕巴特寮新闻网，2019 年 12 月 18 日，http: //kpl. gov. la/detail. aspx？id =49850。

③ ນັກທ່ອງທ່ຽວเຂົ້ามา สปป ลาว ເກີນคาดຫມາຍປີ 2019，〔老〕Vientiane Times 官网，2020 年 1 月 6 日，https: //www. vientianetimeslao. la/%e0%ba%99%e0%ba%b1%e0%ba%81%e0%ba% 97%e0%bb%88 %e0%ba% ad%e0%ba%87%e0%ba%97%e0%bb%88 %e0%ba% bd%e0%ba%a7%e0%bb%80%e0%ba%82%e0%ba%bb%e0%bb%89%e0%ba% b2%e0%ba%a1%e0%ba%b2 - %e0%ba% aa%e0%ba%9b%e0%ba%9b - %e0% ba%a5/。

（二）节日庆典与文化竞赛

乘着"中国—老挝旅游年"之东风，老挝政府继续加大对传统民族文化的传承与对外推广力度，常规节日庆典、文化竞赛、文化活动如火如荼地展开。

1. 节日庆典

一方面，庆典活动展现出举国上下对民族传统节日的推崇、对传统风俗文化的尊重与热爱。2019 年 4 月 14~16 日，老挝全国各地举办佛历新年庆祝活动。4 月 13 日，乌多姆赛省举办宋干节开幕式暨高升节庆祝活动，老挝国家总理通伦·西苏里代表出席。开幕式上乌多姆赛省副省长表示，举办此次活动的目的是将各民族传统文化、风俗与发展旅游业相结合，与国家对外交流与合作、互联互通政策相结合，增进国内各民族乃至与世界各国尤其是友好邻邦间的文化交流，同时为庆祝"2019 中国—老挝旅游年"。[①] 10 月 26 日，在首都万象举行了大规模的布施仪式，来自全国各地的近 5000 名佛教徒聚集于塔銮，迎接来自柬埔寨、越南、缅甸、泰国及本国的 300 名僧侣。[②] 老、柬、越、泰、缅等湄公河流域五国均有信奉佛教的传统，这一传统始于 2000 多年前。如今，通过在五国轮流举办布施仪式及其他佛教相关文化活动以促进佛教文化的繁荣与发展，增进五国佛教文化融合。11 月 5~11 日，在塔銮广场举办盛大的塔銮节系列庆祝活动，"保护和发扬优良传统文化的同时带动旅游业及贸易的发展"。[③] 另一方面，地方特色文化节日庆祝活动层出不穷。4 月 27 日，琅南塔省举办传统高升节以迎接"中国—老

---

① ປວງຊົນລາວທັງຊາດ ພ້ອມກັນສະເຫຼີມສະຫຼອງປີໃໝ່ຢ່າງຄຶກຄື້ນ，〔老〕《人民报》2019 年 4 月 18 日。

② ປະຊາຊົນຫຼາຍພັນຄົນຮ່ວມໃສ່ບາດພະສົງ 5 ແຜ່ນດິນ，〔老〕Vientiane Times 官网，2019 年 10 月 26 日，https: //www. vientianetimeslao. la/% e0% ba% 9b% e0% ba% b0% e0% ba% 8a% e0% ba% b2% e0% ba% 8a% e0% ba% bb% e0% ba% 99% e0% ba% ab% e0% ba% bc% e0% ba% b2% e0% ba% 8d% e0% ba% 9e% e0% ba% b1% e0% ba% 99% e0% ba% 84% e0% ba% bb% e0% ba% 99% e0% ba% ae% e0% bb% 88% e0% ba% a7% e0% ba% a1% e0% bb% 83/。

③ ກົມຈັດການບຸນນະມັດສະການພະທາດຫຼວງ ປະຈຳປີ 2019，〔老〕巴特寮新闻网，2019 年 11 月 13 日，http: //kpl. gov. la/ detail. aspx? id = 49082。

挝旅游年"的到来。8 月 29 日,古都琅勃拉邦迎来传统龙舟节,举行盛大的龙舟赛庆祝"2019 中国—老挝旅游年",吸引了大批国内外游客。[①] 此外,一年一度的沙耶武里省大象节、占巴塞省瓦普庙节等也如期举办。

2. 文化竞赛

2019 年老挝文化类竞赛最大的看点依然是选美。举办选美比赛,不仅可以帮助女性收获自信,突出女性对社会的贡献,为广大女性树立优秀的典范,更是增进与各国文化交流、向世界传播本民族优良文化传统的重要途径。2019 年老挝举办或参与的主要选美赛事包括"老挝世界小姐"(Miss World Laos)、"国际友谊小姐"(Miss Friendship International)、"全球小姐"(Miss Global)、"老挝环球小姐"(Miss Universe Laos)、"老挝小姐"(Miss Laos)、"宋干小姐"、"蜜思婷小姐"、"苗族小姐"等。除了针对女性所举办的各类选美大赛之外,6 月 8 日,老挝启动首届"国际先生"(Mister International)大赛,比赛宗旨是选拔形象好、气质佳、身体健康、德才兼备的杰出男性代表,通过其向世界展示老挝所特有的文化传统与旅游资源。[②]

2019 年初,老挝国家美术学院联合老挝美术协会举办了首届艺术作品大赛,同时举办以"历史、自然与文化艺术旅游"为主题的艺术展。[③] 此次大赛涵盖木雕、陶艺、金属工艺、绘画、民间工艺等 8 个类别,旨在鼓励更多艺术家设计出更多更好的工艺品,推动老挝旅游文化产业的发展。9 月 2 ~ 6 日,"老挝时尚周"在首都万象拉开序幕,来自国内外的 50 余位著名设计师携作品参加此次盛会。[④] 其间举办了老挝青年设计师设计大赛、时

---

① ມະຄອມທລອງພະບາງ ຈັດບຸນຊ່ວງເຮືອ ປະເພນີຊູກຍູ້ປີທ່ອງທ່ຽວ ລາວ-ຈິນ,〔老〕巴特寮新闻网,2019 年 8 月 29 日,http://kpl. gov. la/detail. aspx? id = 47820。

② ຈະປະກວດຊາຍງາມ ແລະ ສຸຂະພາບດີ ຄັ້ງທໍາອິດໃນລາວ,〔老〕巴特寮新闻网,2019 年 6 月 8 日,http://kpl. gov. la/ detail. aspx? id = 46341。

③ ມອບ-ຮັບ ລາງວັນການແຕ່ງຮັ້ນສິລະປະກໍາຮ່ວມສະໄໝຄັ້ງທີ,〔老〕巴特寮新闻网,2019 年 2 月 6 日,http://kpl. gov. la/ detail. aspx? id = 43289。

④ ລາວແຟຊັ້ນວິກ ຈະຈັດຂຶ້ນໃນຕົ້ນເດືອນກັນຍາ ທີ່ນະຄອນຫລວງງຈັນ,〔老〕巴特寮新闻网,2019 年 9 月 10 日,http://kpl. gov. la/detail. aspx? id = 46458。

尚主题讲座，并设置专门展厅供大众欣赏、购买主题产品。"老挝时尚周"已走过第 6 个年头，是老挝向世界展示本国服饰文化与设计理念的顶尖级国际平台，让出自老挝本土设计师之手的作品有机会登上世界潮流与时尚的舞台。此外，针对青年一代主要推出了微电影制作大赛、K-Pop 大赛等。培养各族人民尤其是青少年对国家优秀文化传统、文化艺术的热情。

（三）申遗

2019 年老挝的文化遗产保护相关工作取得了新的实质性进展，申遗工作取得新突破，不失为本年度文化发展事业的一大亮点。

2019 年 6 月 30 日至 7 月 10 日，第 43 届联合国教科文组织世界遗产委员会会议在阿塞拜疆首都巴库举行。在 7 月 6 日的会议上，老挝川圹省石缸平原（Megalithic Jar Sites in Xiengkhuang – Plain of Jars）被列入《世界遗产名录》，[①] 这是老挝继古城琅勃拉邦（Town of Luang Prabang，1995）、占巴塞瓦普庙（Vat Phou and Associated Ancient Settlements within the Champasak Cultural Landscape，2001）后第三个入选世界遗产的项目。此外，老挝还有世界级人类非物质文化遗产 1 项，即 2017 年底入选的老挝笙乐（Khaen music of the Lao people）。事实上老挝政府对川圹石缸平原的申遗工作始于 1998 年，此后的 20 余年间一直致力于对遗址的勘察、数据信息采集、保护与管理、申请材料撰写等工作，直至 2019 年正式获准。石缸平原坐落于老挝北部川圹省的高原地区，据载建于公元前 500 年至 500 年间，因分布有数百处数量大小不一的石缸而得名，这些神秘的石缸由砂岩和花岗岩打磨雕刻而成，造型各异的石缸或站或卧，重者可达 6 吨，相传最早是铁器时代用于盛装尸体的墓穴，[②] 因此是能够充分展现老挝古代丧葬文化和习俗的重要依

---

① ກິ່ງໄທທິມ ແຂວງຊຽງຂວາງ ຖືກຮັບຮອງເຂົ້າເປັນມໍລະດົກໂລກຢ່າງເປັນທາງການແລ້ວ，〔老〕巴特寮新闻网，2019 年 7 月 9 日，http：//kpl.gov.la/detail.aspx？id＝46953。

② ກະຊວງຖະແຫຼງຂ່າວ ແລະວັດທະນະທຳ: ປະຫວັດສາດລາວ (ຕົກດຳບັນ-ປະຊຸບັນ)，ໂຮງພິມແຫ່ງລັດ，2000，ໜ້າທີ 13-14.

据，同时能充分反映出该时期璀璨的文明，尤其是先进的技术和生产生活方式，是研究老挝古代传统和文化起源以及东南亚文明的重要线索。此次申遗选取了众多分散遗址中的 11 处，共计 1325 口石缸，215 个密封盖及其他399 块石料，范围涉及 4 个县。① 7 月 25 日，老挝新闻文化旅游部召开新闻发布会正式宣布川圹石缸平原被列入《世界遗产名录》，并宣布将于 2020年 3 月在川圹全国运动会首日举办正式的庆祝活动。② 为了让全国乃至世界人民对川圹石缸平原的相关历史、文化及现状有更为详尽的了解，老挝《人民报》社会文化版块在 2020 年 1 月底至 2 月初进行了专门的连载，主题为"'老挝的遗产 世界的遗产'：川圹省石缸遗址——石缸平原"。

2019 年，老挝对其他项目的申遗工作也在紧锣密鼓地展开，其中最突出的就是甘蒙省南莫石林国家自然保护区。8 月 29 日，第八届老挝世界遗产委员会会议召开，部署下一步申请国家钟乳石森林公园——南莫石林国家自然保护区为世界自然遗产相关工作。该森林公园位于甘蒙省老挝与越南边境区域，与越南广平省风芽—格邦国家公园连成一体。老挝新闻文化旅游部部长兼老挝世界遗产委员会主席波显坎·冯达拉在会上表示，新闻文化旅游部正积极与越南相关部门沟通，一同准备申遗材料，两国政府协同合作，努力争取申请甘蒙省南莫石林国家自然保护区与越南广平省风芽—格邦国家公园为两国所共有的世界遗产项目。③ 一旦申遗成功，这将成为老挝首个世界自然遗产项目，同时是东南亚地区第一个跨境世界自然遗产项目。

（四）青少年培养

青少年是祖国的未来。自 1991 年 5 月 8 日加入联合国《儿童权利公

---

① ຄວາມສຳຄັນຂອງແຫລ່ງມໍລະດົກໂລກໄຫທົ່ງແຂວງຊຽງຂວາງ，〔老〕巴特寮新闻网，2019 年 8 月 5日，http：//kpl. gov. la/ detail. aspx? id = 47393。

② ສປປ ລາວ ປະກາດການຮັບຮອງເອົາແຫລ່ງໄຫຫີນ ແຂວງ ຊຽງຂວາງ ຂຶ້ນເປັນມໍລະດົກໂລກ ຢ່າງເປັນທາງການ，〔老〕巴特寮新闻网，2019 年 7 月 26 日，http：//kpl. gov. la/detail. aspx? id = 47235。

③ ລາວ ກຽມພ້ອມສະເໜີ ປ່າສະຫງວນ ທົນຫນາມນ້ຳ ເປັນມໍລະດົກໂລກ，〔老〕巴特寮新闻网，2019 年 8 月 29日，http：//kpl. gov. la/detail. aspx? id = 47235。

约》以来，老挝政府一直重视对未成年人的关爱和培养，坚持以人为本促发展的方略，加大政策宣传力度，鼓励广大青少年一代积极投身国家的建设和发展事业，注重培养青少年为实现国家的可持续发展目标而努力奋斗的主人翁意识。2019 年 11 月 11 日，在出席纪念联合国《儿童权利公约》颁布施行 30 周年而召开的未成年人权益保护高端会议上，老挝国家总理通伦·西苏里表示："从最基本的未成年人健康生活保障、义务教育权利保障，上升到现阶段国家建设与发展工作的重点——打造'工业 4.0'，建立智能化时代、智慧创新型社会，都要求我们为保障未成年人的高质量发展创造良好的社会环境和条件，使之成为社会的栋梁之材，成为保卫、建设和发展国家的中坚力量，这也是 2030 年老挝少年儿童发展愿景中的主要内容和目标。"①

为此，老挝政府及相关部门组织或举办了多项活动，帮助青少年树立正确的人生观、价值观，引导青少年健康发展。2019 年 5 月 29 ~ 31 日，老挝国家妇女与儿童发展委员会联合联合国儿童基金会召开第三届青少年意见征集会议。② 来自全国多个省市的 50 名青少年代表与老挝国家副总理宋赛·西潘敦面对面，共同探讨老挝青少年发展问题。会议围绕"《儿童权利公约》与可持续发展目标"这一主题，总结了数年来政府关于青少年培养相关工作所取得的成绩，指出当下所面临的主要问题，并就当代青少年所面临的挑战与解决方案及如何更好地推动青少年发展广泛征求了代表们的意见，倾听他们的心声，同时通过此活动培养青少年主动关注和思考社会热点问题并努力寻求解决方案的综合能力。9 月 16 日，老挝卫生部与联合国人口基金联合举办"我，我的身体，我的世界，我的未来"主题活动，提高广大

---

① ສປປ ລາວ ຍ້ຳມີຫລາຍບັນຫາ ທີ່ພົວພັນກັບສິດທິເດັກ ທີ່ຈະຕ້ອງປັບປຸງແກ້ໄຂ，〔老〕巴特寮新闻网，2019 年 11 月 18 日，http：//kpl. gov. la/detail. aspx？id =49307。

② ປົກສາຫາລື ເພື່ອເປີດໂອກາດໃຫ້ເດັກ -ໄວໜຸ່ມ ສະເໜີປະສົບການ ແລະ ສິ່ງທ້າຍ，〔老〕巴特寮新闻网，2019 年 5 月 30 日，http：//kpl. gov. la/detail. aspx？id =46298。

青少年当家做主的意识，实现 2030 年国家可持续发展目标。① 12 月 18 日，老挝国家妇女与儿童发展委员会携手联合国人口基金驻老挝分会举办"第二届反家庭暴力工作方案修订研讨会"，探讨 2021～2025 年如何更好地将《反家庭暴力法》落实到实际工作中，切实保障妇女儿童的合法权益。②

（五）新闻媒体

近年来，老挝新闻媒体行业的发展从质与量上都取得了长足发展。根据官方统计，截至 2019 年，老挝共有报纸 33 种，杂志 113 种，电视频道 46 个，广播频道 76 个。新闻媒体事业与时俱进，新媒体行业蓬勃发展，公众可以通过网络使用电脑、手机等设备迅速获取信息。据统计，目前老挝互联网用户达 240 万人，其中男性用户占 60%。③ 2019 年 8 月 13 日，老挝新闻文化旅游部在国家文化宫举办活动庆祝第 69 个国家媒体出版日。④ 波显坎·冯达拉强调了近期工作重点，包括党的"十一大"筹备工作、"2019 中国—老挝旅游年"、全国运动会筹备工作、庆祝川圹石缸平原申遗成功相关活动及其他党和国家要务乃至国际大事件的宣传报道等。2 月 14 日，老挝国家广播电台宣布 FM94.3 兆赫兹正式开播，这是老挝国家广播电台与 TK 娱乐公司共同创办的一档广播节目，目前频率覆盖首都万象及周边 9 个省市。⑤

而随着新媒体行业的迅速兴起，近年来，继续加强对网络媒体的有效监

---

① ເນຍແແ່ຂະຂອມການປຸກລະດົມໄວໜຸ່ມ ເປັນເຈົ້າການ ເພື່ອບັນລຸເປົ້າໝາຍແບບຍືນຍົງ，〔老〕巴特寮新闻网，2019 年 9 月 17 日，http：//kpl. gov. la/detail. aspx? id = 48206。

② ລາວ ເອົາໃຈໃສ່ ຕ້ານ ແລະ ສະກັດກັ້ນ ການໃຊ້ຄວາມຮຸນແຮງຕໍ່ແມ່ຍິງ-ເດັກ，〔老〕巴特寮新闻网，2019 年 12 月 18 日，http：//kpl. gov. la/detail. aspx? id = 49852。

③ ທ້ອງປະເທດມີຜູ້ໃຊ້ສິ່ງຄົມອອນລາຍ 2,4 ລ້ານຄົນ，老挝新闻文化旅游部网站，http：//www. micat. gov. la/index. php/ news/1249－2－4，最后访问时间：2020 年 3 月 14 日。

④ ສະເຫລີມສະຫລອງວັນສື່ມວນຊົນແຫ່ງຊາດ ແລະ ການພິມຈຳໜ່າຍ ຄົບຮອບ 69 ປີ，〔老〕巴特寮新闻网，2019 年 8 月 13 日，http：//kpl. gov. la/detail. aspx? id = 47533。

⑤ ນຳສະເໜີລາຍການວິທະຍຸຄົມຂອງ Fm94.3Mhz，〔老〕巴特寮新闻网，2019 年 2 月 14 日，http：//kpl. gov. la/detail. aspx? id = 43501。

管也是政府相关部门的一项重要工作。对此，老挝颁布了《反网络犯罪法》，做到网络监管有法可依。在 2018 年 10 月召开的政府工作会议上，有关部门提出，当下通过互联网来获取信息数据的群体日益扩大，相应的网络犯罪率也显著提升。针对上述问题，老挝国家总理通伦·西苏里强调，有关部门须加强协作，加大对互联网及其他网络媒介使用情况监管力度，确保国家社会经济健康发展，同时要依法加大对网络犯罪人员的惩治力度。2019年 4 月 29 ~ 30 日，总理府办公厅主持召开第二届"老挝语言使用，网络媒介的使用与监管"主题研讨会。① 当下，不在少数的老挝民众在日常工作和生活中、在互联网上，甚至在公文、广告牌中屡次出现老挝语滥用、拼写错误、外来词泛滥等现象。此次研讨会主要结合老挝语言的使用与互联网的使用和监管问题，旨在规范网络老挝语的正确使用，使互联网在坚持党的领导和政府治国理政方面发挥更加积极的作用。7 月 12 日，新闻文化旅游部办公厅发布第 256 号文件，规定凡个人、法人代表或组织机构创建个人网站发布信息，须先向该部媒体司或省一级新闻文化旅游厅提交申请，依法获得许可后方可创建，任何未经许可私自创建个人网站的行为皆以违法论处。②

（六）文学创作

老挝政府鼓励富有民族性、群众性、进步性的文学文化创作。2019 年，老挝文学创作事业稳步推进。9 月 13 日，老挝作家协会宣布 2019 年度"湄公河文学奖"获奖情况。此次老挝送评作品共计 18 部，其中小说 4 部、诗歌 6 篇、散文 7 篇、纪实文学 1 部。小说《帕提末日》、诗歌《湄公河斗士》荣获此项殊荣。③ 2018 年适逢老挝革命根据地——万赛县建立 50 周年，

---

① ລັດ ສ້າງຄວາມເຂົ້າໃຈການນໍໃຊ້ພາສາລາວ ແລະ ຄຸ້ມຄອງສື່ອອນລາຍ，〔老〕巴特寮新闻网，2019 年 4 月 29 日，http：//kpl. gov. la/detail. aspx？id = 45677。

② ການສ້າງຕັ້ງໜ້າຕ່າອອນລາຍຕ້ອງຂໍອະນຸຍາດໃຫ້ຖືກຕ້ອງ，〔老〕巴特寮新闻网，2019 年 7 月 13 日，http：//kpl. gov. la/ detail. aspx？id = 47043。

③ ນະວະນິຍາຍ ຈຸດຈົບຢູ່ຜາຕັ້ ແລະ ກະວີ ນັກສູ້ແຫ່ງລຸ່ມແມ່ນ້ຳຂອງ ໄດ້ຮັບລາງວັນ ວັນນະກຳແມ່ນ້ຳຂອງ 2019，〔老〕巴特寮新闻网，2019 年 9 月 16 日，http：//kpl. gov. la/detail. aspx？id = 48179。

老挝新闻文化旅游部举办了以此为主题的文学创作大赛，纪念革命先烈，弘扬革命文化与党的历史传统，歌颂英勇抗战、不惧牺牲的爱国主义精神。① 2019 年 1 月在首都万象国家图书馆举办了颁奖典礼。9 月初，新闻文化旅游部出版司组织举办了 2019 年度文学创作技能培训会。② 此次培训针对广大学生及其他各行各业爱好文学创作的青年，通过开展散文、小说、诗歌等文学体裁的基础知识和写作技巧培训，挖掘其创作潜能，提升青年一代文学创作水平。

二 2019年老挝对外文化交流

老挝《国家社会经济发展"八五"规划（2016～2020 年）》中指明了文化事业发展的总方针，要"积极对外宣传老挝民族传统文化"，"有甄别地汲取人类进步文化，以契合时代发展"。③ 2019 年 1 月召开的政府工作会议上，部署了未来一年老挝国际交流与合作工作的三个重点，其中明确指出继续加强与各友好国家及国际组织的交流与合作，切实推进各项目的落实，尤其是注重贯彻老—越、老—中双方国家领导人达成的各项共识。④ 基于此，2019 年老挝对外文化交流的突出特点是继续重视加强与周边国家，尤其是中国和越南的文化交流，同时与日本、韩国及欧洲国家的交流与合作也不断推进。

2019 年是中老建立全面战略合作伙伴关系 10 周年。应中共中央总书记、国家主席习近平邀请，4 月 25 日至 5 月 1 日，老挝人民革命党中央总书

---

① ນັກປະພັນລາວ ໄດ້ຮັບລາງວັນຮູບບົດດີເດັ່ນວຽງໄຊ-ຕາມຫົນທັນຂອງການປະຕິວັດລາວ，〔老〕巴特寮新闻网，2019 年 1 月 31 日，http：//kpl. gov. la/detail. aspx？id = 43212。

② ເຜີ່ມຫັກສະ ການປະດິດແຕ່ງບົດປະພັນບະຕະລຶກໃຫ້ໄວໜຸ່ມ，〔老〕巴特寮新闻网，2019 年 9 月 3 日，http：//kpl. gov. la/detail. aspx？id = 47903。

③ 武智：《2017 年老挝文化发展报告》，载刘志强、胡乾文主编《东盟文化发展报告（2018）》，社会科学文献出版社，2018，第 149 页。

④ ຜົນກອງປະຊຸມລັດຖະບານ ສະໄໝສາມັນປະຈຳເດືອນມັງກອນ 2019，〔老〕《人民报》2019 年 1 月 28 日。

127

记、国家主席本扬·沃拉吉对中国进行国事访问并出席第二届"一带一路"
国际合作高峰论坛。① 4 月 30 日，两国领导人共同签署《中国共产党和老挝
人民革命党关于构建中老命运共同体行动计划》。该行动计划第 4 条明确指
出了未来几年中老两国在文化领域的合作发展规划，为接下来两国文化交流
与合作指明了方向。如前文所述，2019 年中老两国文化交流的大部分活动
是在"中国—老挝旅游年"的框架下展开的，此外，还举办了其他多层次
多主题的文化活动，进一步丰富了两国文化往来的内涵。7 月 14 日，老挝
国家电视台与广西广播电视台联合举办"电视剧《红楼梦》老挝语译制研
讨会"，深入探讨台词翻译、配音等问题，确保译制质量。该剧于同年 9 月
启动配音工作，11 月在老挝国家电视台播出。② 此前，双方已合作译制了十
余部中国经典电视剧，如《三国演义》《琅琊榜》《卫子夫》等，弘扬中国
传统文化。中国驻老挝大使馆联合各方举行了"中华文化进校园""露天电
影院——中老优秀电影巡映"等系列活动。

2019 年 2 月 24 日，越共中央总书记、国家主席阮富仲对老挝进行正
式友好访问，③ 这是其上任以来首次出访国外，充分体现了老越两党、两
国间深厚的传统友好、特殊团结和全面合作关系。因此，进一步增进与
越南的文化交流与合作成为老挝对外文化交流中不可或缺的重要内容。5
月 17~19 日，由越南文化体育和旅游部牵头，组织老越两国边境 9 省
（老挝中部 4 省，越南中部 5 省）在越南顺化省举办了"2019 年度老
挝—越南边境各省少数民族文化体育旅游节"，弘扬边境各民族独特的文
化风俗，促进各民族间的文化认同，增进两国边境省份间的友好往来。④

---

① ພະນະທ່ານ ບຸນຍັງ ວໍລະຈິດ ຢ້ຽມຍາມຄືກຖະກິດ ແລະເຂົ້າຮ່ວມກອງປະຊຸມເວທີປາກສາຫາລືການຮ່ວມມືສາກົນ "ໜຶ່ງແລວໜຶ່ງເສັ້ນທາງ"
ຄັ້ງທີ2，〔老〕《人民报》2019 年 4 月 29 日。

② ຫາລືພາກສ່ວງພາສາລາວ ຮູບເງົາຈີນ ເລື່ອງຄວາມຝັນໃນຫໍຄາດແດງ，〔老〕巴特寮新闻网，2019 年 7 月 16 日，
http：//kpl. gov. la/detail. aspx？id =47076。

③ ສະຫາຍ ຫງວນ ຟູ ຈ້ອງ ສຳເລັດການຢ້ຽມຍາມ ສປປ ລາວ，〔老〕《人民报》2019 年 2 月 26 日。

④ ພິບປະແລກໄປ່ງມວັດທະນະທຳ ບັນດາເຜົ່າ ເຂດຊາຍແດນ ລາວ-ຫວຽດນາມ 2019，〔老〕巴特寮新闻网，2019
年 5 月 22 日，http：//kpl. gov. la/detail. aspx？id =46158。

12月5日，"2019越南文化周"在老挝首都万象开幕。越南文化体育和旅游部部长阮玉善在致开幕词时强调，此次活动的举办旨在有效落实双方在文化领域的相关合作计划，促进老越两国民心相通。[①] 2020年1月7日，越南"5.19"艺术团到访老挝并在越南驻老挝文化中心献上精彩的文艺演出，增进老越文化交流，同时为迎接2020年元旦及越南新年的到来。老挝新闻文化旅游部副部长博银·沙普翁（ທ່ານ ບົວ ເງິນ ຊາພຸວົງ）等出席了此次活动。[②]

与日本、韩国的文化交流稳步发展。日本方面，侧重于举办文化交流活动，促进老日两国民众间的友好往来，建立坚实的群众基础，传播传统特色文化。5月25日，老挝新闻文化旅游部部长波显坎·冯达拉一行赴日本东京出席2019年度老挝文化节。[③] 活动开幕式上他表示，2007年至今，老挝文化节已在日本举办了十余年，已然成为日本人民所广泛熟知的年度文化盛会，成为联系日老两国文化的纽带。9月底，日本驻老挝大使馆联合日本亚洲基金会共同举办日本文化节，活动主办方精心设计了现场教学环节，穿和服、日式折纸、日语书法……开启了一场精彩非常的"日本之旅"，让老挝民众有机会切身体验日本文化。[④] 韩国方面，9月5日，总统文在寅抵达万象，对老挝进行国事访问。在与老挝国家主席的会谈中，双方表示未来将加强两国在政治、经贸、科技、文化、基础设施建设等领域的合作。[⑤] 5月4日，由韩国驻老挝大使馆主办的"Taste of Korea 2019"韩国美食烹饪大赛

① ສສ ທວງຄມມານ ສະແດງສິລະປະວັດທະນະທຳຢູ່ ນອ,〔老〕新万象新闻网，2019年12月9日，https：//v1. vientianemai. net/khao/23066. html。

② ສະແດງສິລະປະຣັດແໜ່ນ ການພົວພັນຮ່ວມມໍ ລາວ-ທວງຄມມານ，〔老〕巴特寮新闻网，2020年1月8日，http：//kpl. gov. la/detail. aspx? id =46158。

③ ເປີດບຸນລາວປະຈຳປີ 2019 ຢູ່ປະເທດຍີ່ປຸ່ນ，老挝新闻文化旅游部网站，2019年5月28日，http：//www. micat. gov. la/index. php/news/1326 - 2019。

④ ງານແລກປ່ຽນວັດທະນະທຳຍີ່ປຸ່ນ ຜ່ານກິດຈະກຳ ແລະ ການສະແດງ ທິ່ຫລາກຫລາຍ，〔老〕巴特寮新闻网，2019年9月25日，http：//kpl. gov. la/detail. aspx? id =48397。

⑤ ລາວ-ສ ເກົາຫຼີ ລິງນາມການຮ່ວມມໍເອກະສານ 4 ສະບັບ，〔老〕新万象新闻网，2019年9月6日，https：//v1. vientianemai. net/khao/22272. html。

决赛在万象中心举行，作为韩国文化节的活动内容之一，该比赛旨在让老挝人民感受韩国风味，了解韩国文化。①

此外，老挝与俄罗斯、法国、德国、瑞典等欧洲国家的文化交流也有不同程度的发展，合作或交流的形式主要包括举办文化节、音乐节、电影节，为老挝学生提供留学名额和奖学金，举办文化遗产保护相关培训，等等。

三 总结与展望

在 2018 年文化事业蓬勃发展的基础上，2019 年老挝的文化事业继续朝着既定目标稳步迈进。"2019 中国—老挝旅游年"接续"2018 老挝旅游年"，"文化 + 旅游"模式继续成为老挝经济增长主动力的同时，也为推动老挝国内传统文化的传承、促进老挝特色文化"走出去"做出了巨大的贡献。经过 20 余年的不懈努力，川圹省石缸平原最终申遗成功，成为世界了解老挝的又一张名片。与周边国家、日韩、欧美国家的文化融合稳步推进，与中国的全面战略合作伙伴关系，与越南的传统友好、特殊团结和全面合作关系在文化交流与合作方面得到了充分的印证。

2020 年对于老挝而言是不平凡的一年，是老挝《国家社会经济发展"八五"规划（2016～2020 年）》的收官之年，适逢老挝人民民主共和国成立 45 周年、老挝人民革命党成立 65 周年及老挝人民的伟大领袖凯山·丰威汉 100 周年诞辰纪念。因此，弘扬历史文化、革命文化，培养广大人民群众，尤其是青少年一代的民族文化认同，增进其对民族文化的理解将是 2020 年老挝文化工作的重心之一。甘蒙省南莫石林与越南广平省风芽—格邦国家公园的申遗工作受到了老、越两国政府的高度重视，2019 年各项申遗材料也在积极准备中，东南亚地区首个跨境世界自然遗产项目值得关注

---

① ບາງ ພອນເພັດ ຂະບະບໃນການແຂ່ງຂັບບຸ້ງແຕ່ງອາຫານເກົາຫລີ，〔老〕巴特寮新闻网，2019 年 5 月 6 日，http：//kpl. gov. la/ detail. aspx？ id =48397。

和期待。"2019 中国—老挝旅游年"虽已落下帷幕，但中老两国文化交流与合作不会停滞。在出席"中国—老挝旅游年"闭幕式期间，老挝新闻文化旅游部部长吉乔·凯坎皮吞在与中国文化和旅游部部长雒树刚座谈时表示，老挝将继续加强与中国在文化领域的交流合作，希望中方能继续支持老挝文化事业的发展，包括培养艺术、文化遗产保护与修复、考古、文化产品设计等相关专业人才，加强旅游文化基础设施建设，加强两国在文化相关地区事务中的相互支持与合作，等等。① 随着中老铁路项目的顺利推进，两国文化交流与人员往来将更加便捷，中老文化交流与合作也是未来老挝文化事业发展中的重点。

参考文献

刘志强主编《东盟文化发展报告（2019）》，社会科学文献出版社，2019。

卫彦雄：《老挝：2018 年回顾与 2019 年展望》，《东南亚纵横》2019 年第 2 期。

格兰特·埃文斯：《老挝简史》，曼谷：Silkworm Books，2006（ການທາທີ ເອແວນສ໌: ປະຫວັດສາດໂດຍຫຍ້ຂອງປະເທດລາວ，Silkworm Books，2006）。

老挝新闻文化部：《老挝史》，万象：国家出版社，2000（ກະຊວງຖະແຫຼງຂ່າວ ແລະວັດທະນະທຳ: ປະຫວັດສາດລາວ (ถึกำคำบับ-ปะจุบับ), ໂຮງพิมแຫ່ງລັດ，2000）。

---

① ລາວ-ຈีນສืบต่อมมือງการบอัดทะมะทำ ແລະท่อງท่ງว，〔老〕新万象新闻网，2019 年 12 月 20 日，https://v1. vientianemai. net/khao/22272. html。

B.9
2019年缅甸文化发展报告

吴　迪*

摘　要：　2019年缅甸文化在缅甸文化中央委员会和宗教事务和文化部的指导下发展，展现出显著的民族性、延续性和多元共存性。政府对内关注文化遗产的发掘与保护，增强历史文化传承意识，推动当代多元文化发展；对外重视发展与周边国家的文化交流，积极参与东盟社会文化共同体建设，加强与东盟各国联系，促进与其他发达国家的文化交流。

关键词：　传统文化　文化交流　文化遗产　缅甸文化

2019年，缅甸民盟政府依然将改善民生工作放在首位，政治上继续完善法律体系建设，努力实现国内外和平；经济上采取渐进式措施来提振经济，推动各经济领域自由化，出台新的减免税措施，提升经济活力，促进经济发展；外交上积极发展与周边国家的关系，重视与东盟成员国的交往。此外，缅甸民盟政府也在积极为2020年大选做准备。

2019年3月举办的缅甸文化中央委员会第三届工作协商会明确提出了2019年缅甸文化发展工作计划。一是继续完成妙乌文化遗产保护区加入世界文化遗产的申请材料筹备。二是在保护现有国家文化遗产的同时，继续寻找、保护尚未被发现的文化遗产。三是健全文化遗产保护法律体系，起草关于国家非物质文化遗产保护的法律法规。四是积极推动缅甸博物馆法出台。

---

* 吴迪，讲师，广东外语外贸大学缅甸语系主任，主要研究方向为缅甸语言文化。

五是为《文化遗产保护法》建立档案。六是组建国家非物质文化遗产审查小组。七是为2017年12月至2019年2月收集的文物建立档案。八是国家博物馆（内比都、仰光）接收捐赠文物，为博物馆馆藏建立档案。九是为2017～2018年上报的少数民族非物质文化遗产建立档案。[①] 2019年缅甸文化在国家文化中央委员会与宗教事务和文化部的指导基础上推进、扩展。

一 2019年缅甸国内文化发展表征

2019年，缅甸的政治经济发展为国内文化发展提供了政策支持和物质基础。在这一年中，缅甸国内文化发展具有三个显著特点。一是强调文化遗产的保护，加大申遗工作力度，关注非物质文化遗产的发掘与传承。二是在弘扬民族历史文化传统的同时增强文化传承意识。三是推进当代多元文化发展，注重培养儿童、青少年的文化素质。主要表现在以下几个方面。

（一）全国助力蒲甘古城申遗成功

1997年蒲甘古城第一次申遗失败后，于2014年启动第二次申遗工作。2018年1月25日，缅甸向国际古迹遗址理事会提交蒲甘古城文化遗产项目完整提名档案。国际古迹遗址理事会于2018年9月14～25日至蒲甘进行考察评估。2019年2月20日，蒲甘国家协调委员会举办第三次会议，结合国际古迹遗址理事会的评估建议，部署了补充提交蒲甘古城申遗提名档案及与当地居民开展合作的相关工作。2019年2月28日，缅甸总统吴温敏签署颁布了新的《文化遗产区域保护法》，进一步完善了缅甸文化遗产保护法律体系。2019年4月12日，缅甸宗教事务与文化部在国家博物馆（仰光）召开蒲甘古城申遗工作说明会，向世界遗产委员会委员国的驻缅使节、捐赠国（向

---

① 吴迪：《2018年缅甸文化发展报告》，载刘志强主编《东盟文化发展报告（2019）》，社会科学文献出版社，2019，第128～129页。

蒲甘地区提供过捐赠及帮助的国家）驻缅使节及联合国教科文组织等国际机构代表介绍了蒲甘古城的申遗情况，为蒲甘古城成功申遗争取更多支持。①

2019 年 7 月 6 日，在阿塞拜疆举行的第 43 届世界遗产委员会会议上，蒲甘古城正式入选《世界遗产名录》。2019 年 7 月 23 日，缅甸政府在内比都举行庆功会，为参与蒲甘古城申遗的工作人员颁奖。缅甸总统吴温敏、国务资政昂山素季及其他国家政要出席了此次庆功会。吴温敏发表致辞："蒲甘古城是缅甸全国人民心目中最重要的文化遗产，也是缅甸最著名的文化风景名胜，全国人民都为蒲甘古城成功列入《世界遗产名录》而感到激动、骄傲与自豪。"昂山素季在致辞中对所有参与、支持、帮助蒲甘古城申遗的人员、团体表达了感谢，并高度评价包括中国在内的多国政府、国际组织在蒲甘古城申遗问题上向缅甸提供帮助。两位领导人都在致辞中强调继续做好蒲甘古城文化遗产区的保护工作，继续推进其他申遗项目。②

2019 年 9 月 2 日，蒲甘国家协调委员会举办第四次会议，对世界遗产委员会和国际古迹遗址理事会针对蒲甘文化遗产区提出的建议进行了讨论，对蒲甘申遗成功后的相关科研、保护及宣传工作制定了方案。此外，宗教事务与文化部官员还在会上对妙乌文化遗产区提名档案（草案）的完善情况及仰光大金塔的申遗准备情况进行了说明。③

（二）加快震后受损佛塔修复进程

自 2016 年蒲甘地区发生地震以来，缅甸政府一直高度重视受损佛塔的修复工作。蒲甘古城申遗成功后，缅甸政府再次强调早日完成受损佛塔的修

---

① 《蒲甘申遗工作说明会》，〔缅〕宗教事务与文化部 Facebook 官方公共主页，2019 年 4 月 12 日，https：//www. facebook. com/Officialmorac/posts/1169745543187326。

② 《总统吴温敏与国务资政昂山素季出席蒲甘申遗庆功会并致辞》，〔缅〕宗教事务与文化部 Facebook 官方公共主页，2019 年 7 月 24 日，https：//www. facebook. com/Officialmorac/posts/1244418785720001。

③ 《蒲甘国家协调委员会举办第四次会议》，〔缅〕宗教事务与文化部 Facebook 官方公共主页，2019 年 9 月 3 日，https：//www. facebook. com/Officialmorac/posts/1275283615966851。

复工作。国务资政昂山素季曾表示："蒲甘地震受损佛塔的修复不宜急于求成，要借助联合国教科文组织的技术，制订周密计划，科学有序地推进。"[①]在国内外专家学者的支持与帮助下，截至2019年12月16日，在389座受损佛塔中，已完成362座佛塔的修复工作（见表1）。其余受损佛塔预计将在2020年内完成修复。

表1　2016年缅甸地震受损佛塔修复情况

序号	类型（按照优先级别）	损坏数量	修复完成		修复中	待修复	备注
			完善	保护			
1	一级	36座	—	27座	6座	3座	国内外联合修复
2	二级	53座	—	44座	6座	3座	国内外联合修复
3	三级（总300座中）	76座	—	67座	4座	5座	国内外联合修复
4	三级（总300座中）	224座	224座	—	—	—	单独募捐修复
	共计	389座	224座	138座	16座	11座	

资料来源：缅甸宗教事务与文化部Facebook官方主页，https://www.facebook.com/notes/moraculturenews/%E1%80%95%E1%80%AF%E1%80%82%E1%80%B6%E1%80%92%E1%80%B1%E1%80%9E%E1%80%9B%E1%80%BE%E1%80%AD-%E1%80%84%E1%80%9C%E1%80%BB%E1%80%84%E1%80%BA%E。

缅甸副总统吴敏瑞在佛教建筑修复领导委员会第四次会议上表示，据缅甸酒店与旅游部统计，2017～2018财政年度中，赴蒲甘旅游的外国游客数量有30万左右，这个数字在2018～2019财政年度中增长至40万。蒲甘古城入选《世界遗产名录》后，这个数字还在继续增加，所以蒲甘地区佛塔的后续修复与保护非常重要。为预防自然灾害对蒲甘文化遗产区造成伤害，政府制订了为期四年的防护计划。国内外各界人士积极支持修复与保护工作，截至2019年10月31日，缅甸政府共收到各类捐款包括65.7240亿缅

[①]　转引自张卫国《缅甸文化遗产保护研究报告——蒲甘的事业遗产之路》，载刘志强主编《东盟文化发展报告（2019）》，社会科学文献出版社，2019，第264页。

币、110 万美元、10820 泰铢、7250 新加坡元、3 万日元，以及部分人民币、马来西亚令吉、韩元、欧元等。①

（三）鼓励将更多国家级文化遗产推向世界

除助力蒲甘古城申遗外，妙乌申遗工作也是缅甸宗教事务与文化部的工作重点。2019 年 8 月 16 日，妙乌国家协调委员会第一次会议在仰光召开，该会议对妙乌申遗工作进行了总结。8 月 30 日，考古与国家博物馆司召开会议，对妙乌文化遗产区提名档案（草案）进行审查补充。在国内外专家、团队的共同努力下，缅甸政府于 2019 年 9 月 25 日向联合国教科文组织世界遗产中心提交妙乌文化遗产区提名档案（草案）。② 待提交完整提名档案后，国际古迹遗址理事会将到妙乌地区进行实地考察评估。虽然部分妙乌古建筑出现坍塌的迹象，若开地区冲突等问题也给申遗工作带来挑战，但宗教事务与文化部和地方政府都表示将团结一致为申遗做好准备。各国学者也表示非常期待妙乌文化遗产区入选《世界遗产名录》，同时会继续协助缅甸政府直到申遗成功。③

蒲甘古城申遗成功后，缅甸政府加强了将本国文化遗产推向世界的信心，准备将深受缅甸人民喜爱的"黄香楝（又音译作'特纳卡'或'德纳卡'）文化习俗"推选入《人类非物质文化遗产代表作名录》。缅甸人有沐浴后把黄香楝粉调成水，涂抹在脸上、身上的习惯。黄香楝粉由黄香楝树干研磨而成，有清凉、化瘀、消炎、止疼、止痒、医治疗疮、防止蚊虫叮咬等作用，被认为是天然的防晒霜。为了保护"黄香楝文化习俗"，缅甸许多地区都曾举办过"黄香楝选美大赛"。

---

① 《国家副总统吴敏瑞参加佛教建筑修复领导委员会第四次会议并发表讲话》，〔缅〕宗教事务与文化部 Facebook 官方公共主页，2019 年 11 月 29 日，https：//www.facebook.com/Officialmorac/posts/1355694841259061。
② 《从沉寂之土到世界文化遗产》，〔缅〕宗教事务与文化部 Facebook 官方公共主页，2019 年 10 月 10 日，https：//www.facebook.com/Officialmorac/posts/1306471292848083。
③ 《部分妙乌古建筑出现坍塌迹象》，〔缅〕《缅甸时报》官网，2019 年 12 月 29 日，https：//myanmar.mmtimes.com/news/133031.html。

（四）重视历史研究，定期举办历史研讨会

缅甸宗教事务与文化部部长杜拉吴昂哥曾说："只有掌握丰富的社会科学知识，才能做好传统文化保护工作，也才能丰富精神文化世界。举办研讨会有助于为历史研究注入活力，也有利于吸引更多的年轻人关注历史，学习历史。"[①] 为促进国内历史研究发展，历史研究与国家图书馆司每个月都会与缅甸历史协会联合举办研讨会与读书分享会。此外，缅甸文化部门每年还会举办圆桌论坛和国际研讨会，邀请国内外专家学者参加。

2019 年 9 月 16～17 日，历史研究与国家图书馆司在国家图书馆（内比都）举办了主题为"来自中心、外围和边界的缅甸研究"［Myanmar Studies from Center，Periphery and Boundary（Old View，New Version）］的跨学科国际研讨会。杜拉吴昂哥在研讨会上表示，随着历史进程的不断推进，国家的政治、经济、社会、文化也在改变，与此同时，针对历史的研究方法、途径甚至观点也需要随着时代更新。"我们希望通过国际研讨会推进缅甸历史研究的发展。"此次研讨会共收到来自缅甸、法国、加拿大、日本、印度、爱尔兰、泰国、马来西亚、新加坡等国专家学者的论文共计 55 篇（国外 29 篇、缅甸国内 26 篇），会务组选择了其中 21 篇在研讨会上宣读。[②]

2019 年 10 月 10 日，历史研究与国家图书馆司在国家博物馆（仰光）举办了第二届历史领域圆桌论坛，论坛主题为"缅甸古代史的新观点"。除缅甸文化部门相关官员及历史协会会员外，缅甸知名历史学家、各大高校的历史专业师生及对历史感兴趣的相关人士也参与了论坛。

此外，为弥补缅甸史前时期的历史空白，促进国内历史考古研究的发

---

① 《宗教事务与文化部部长杜拉吴昂哥参加缅甸历史协会月度例会并发表讲话》，〔缅〕宗教事务与文化部 Facebook 官方公共主页，2019 年 12 月 13 日，https：//www.facebook.com/Officialmorac/posts/1369915453170333。

② 《缅甸宗教事务与文化部部长杜拉吴昂哥参加"来自中心、外围和边界的缅甸研究"国际研讨会并致辞》，〔缅〕宗教事务与文化部 Facebook 官方公共主页，2019 年 9 月 17 日，https：//www.facebook.com/Officialmorac/posts/1286285521533327。

展，历史研究与国家图书馆司计划编纂从史前时期至今的缅甸历史。2019年3月1～10日，缅甸历史协会的研究员吴山温带领团队赴孟邦和克耶邦进行实地调研。2019年12月19日，缅甸宗教事务与文化部副部长吴基敏率领考古团队赴掸邦依瓦岸镇区的比亚达林洞进行考察，希望能用新的视角与考古成果解读缅甸石器时代的历史。[①]

2019年12月13日，杜拉吴昂哥在缅甸历史协会月度例会上说："看到历史协会举办研讨会、出版相关专著、撰写发表论文、进行田野调查的势头越来越盛，我感到很欣慰，历史研究的价值是巨大的，这项工作也是光荣的。"他表示，宗教事务与文化部计划支持青年历史研究员每年进行两次以上访学、调研。新的国家图书馆计划在2020年4月开馆，在此之前，还将举行多场研讨会以让更多人了解如何使用图书馆资源。[②] 历史研究与国家图书馆司司长也曾表示，以后除定期举办月度研讨会之外，还计划每年举行两次国内大型研讨会和一次国际研讨会，新的国家图书馆启用后，还将每两个月做一次文史方面的访谈节目。[③]

（五）弘扬传统文化，凸显民族文化特色

2019年4月11日，国务资政昂山素季与缅甸历法顾问协会、国家戏剧协会总会和国家绘画雕刻协会总会的会长、秘书长及会员进行了会餐，宗教事务与文化部部长杜拉吴昂哥在会上重申了各协会的历史由来，创立宗旨，昂山素季鼓励各协会继续保护传承好国家的传统文化艺术，肯定了各协会对

---

① 《宗教事务与文化部副部长吴基敏率考古团队赴掸邦考察》，〔缅〕宗教事务与文化部Facebook官方公共主页，2019年12月23日，https：//www.facebook.com/Officialmorac/posts/1380400992121779。

② 《宗教事务与文化部部长杜拉吴昂哥参加缅甸历史协会月度例会并发表讲话》，〔缅〕宗教事务与文化部Facebook官方公共主页，2019年12月13日，https：//www.facebook.com/Officialmorac/posts/1369915453170333。

③ 《宗教事务与文化部副部长吴基敏参加缅甸历史协会月度例会并发表讲话》，〔缅〕宗教事务与文化部Facebook官方公共主页，2019年10月10日，https：//www.facebook.com/Officialmorac/posts/1306553406173205。

于国家文化发展的重要性。①

缅甸政府十分重视传统文化艺术启蒙，特别鼓励中小学生学习传统乐器、舞蹈，因此，传统文艺启蒙教育工作者的素质显得尤为重要。2014年起，宗教事务与文化部艺术司就与教育部基础教育司联合举办缅甸传统舞蹈培训班，内容为缅甸传统舞蹈基础——格比亚陆舞蹈培训，培训对象为全国各地基础教育系统的老师，分别在2019年5月和12月各举办了一期格比亚陆舞蹈培训班（初级）。②

2019年12月16日，国家文化与艺术大学（仰光）举办了盛大的传统阿迎舞比赛。阿迎舞是缅甸一种独特的民间说唱舞蹈，最早见于阿瓦王朝。一般是一个女主角表演，另有两个或四五个男丑角插科打诨。③此次比赛共有11组参赛选手，评委为国家文化与艺术大学资深教授。国家文化与艺术大学希望通过这种方式鼓励更多青年加入古典文化艺术的传承。④

2019年12月14日，电影《昂山将军》制作委员会举行工作会议，主要讨论电影已完成部分的优缺点。导演宣布电影拍摄工作已完成一半，共计划拍摄117个场景，目前已经完成53个场景。⑤杜拉吴昂哥11月3日到仰光大学体育馆视察《昂山将军》拍摄情况时表示，这部电影展示和记录了缅甸的历史，相关部门会全力支持《昂山将军》的拍摄。

为弘扬传统历史文化，宣传缅甸民族特色，缅甸国家博物馆经常免费开放各类展览。例如，2019年5月，缅甸国家博物馆（内比都）举办了古代

---

① 《国务资政昂山素季与缅甸历法顾问协会、国家戏剧协会总会和国家绘画雕刻协会总会会长、秘书长及会员会餐》，〔缅〕宗教事务与文化部Facebook官方公共主页，2019年4月11日，https：//www.facebook.com/Officialmorac/videos/2321788901429880/。

② 《缅甸基础格比亚陆舞蹈培训班举办结业典礼》，〔缅〕宗教事务与文化部Facebook官方公共主页，2019年12月11日，https：//www.facebook.com/Officialmorac/posts/1367811830047362。

③ 钟智翔、尹湘玲、扈琼瑶、孔鹏编著《缅甸概论》，世界图书出版公司，2012，第147～148页。

④ 《国家文化与艺术大学举办传统阿迎舞比赛》，〔缅〕宗教事务与文化部Facebook官方公共主页，2019年12月17日，https：//www.facebook.com/Officialmorac/posts/1374077492754129。

⑤ 《电影〈昂山将军〉拍摄过半》，〔缅〕《缅甸时报》官网，2019年12月16日，https：//myanmar.mmtimes.com/news/132487.html。

珠宝首饰展。展品年代从公元前 2 世纪至 20 世纪，时间跨度 2000 多年，其中不乏骠国时期和蒲甘王朝时期的稀有藏品。这次展览受到民众的热烈欢迎，也吸引了不少外国游客。① 2019 年 6 月 9～18 日，国家博物馆免费向公众展出"罕见掸邦土司传统服饰"。2017 年，掸邦政府委托宗教事务与文化部对这批服饰进行修复，修复工作于 2018 年开始，历时 1 年 3 个月。这次展览也是这批服饰的首展。这批服饰对缅甸历史研究有重要的价值，展出后将被送至掸邦良瑞文化博物馆珍藏。②

（六）关注儿童、青少年及青年群体的文化素质培养

自 2018 年起，缅甸政府每年选择一所大学举办"青年全能发展节"活动，第一届活动由仰光大学承办。缅甸政府希望通过这类活动促进青年学生德智体美各方面素质的发展，使其具备更优秀的社会服务能力，适应社会发展的需求。2019 年 12 月 14～16 日，马圭大学举办第二届"青年全能发展节"活动。活动中共有 36 个展位来自缅甸中部地区多所大学、学院，70 个展位来自政府相关部门及非政府组织，其中也包括宗教事务与文化部下属的历史研究与国家图书馆司与艺术司展位。在国家图书馆的展位里展出了许多参考书、东盟相关书籍、儿童文学作品、介绍缅甸的外语类图书以及历史、文学类书籍，甚至有贝叶文集。③

为了提高少年儿童的阅读能力和熟练使用图书馆各项功能的能力，2019 年 8 月 16 日，宗教事务与文化部在国家图书馆（内比都）举办儿童图书馆活动。该活动由历史研究与国家图书馆司与缅甸妇女儿童保护协会联合负

---

① 《古代珠宝首饰展开展》，〔缅〕宗教事务与文化部 Facebook 官方公共主页，2019 年 5 月 5 日，https：//www. facebook. com/Officialmorac/posts/1185702258258321。
② 《国家博物馆免费向公众展出"罕见掸邦土司传统服饰"展览》，〔缅〕宗教事务与文化部 Facebook 官方公共主页，2019 年 6 月 13 日，https：//www. facebook. com/Officialmorac/videos/1565229070275144/。
③ 《国家图书馆在马圭大学"青年全能发展节"举行书展》，〔缅〕宗教事务与文化部 Facebook 官方公共主页，2019 年 12 月 24 日，https：//www. facebook. com/Officialmorac/posts/1381333832028495。

责，参与者主要为内比都各所小学的师生。活动内容包括讲故事、画故事人物、猜谜、诵诗、分享读书心得、参观图书馆等。在韩国儿童基金（Child Fund Korea）的支持下，此项活动计划每月举办。[①]

2019 年 12 月 20～22 日，国家图书馆（内比都）举办了"多姿多彩的文字花园"儿童图书馆活动。内比都地区的多所中小学校学生及当地居民参加了此次活动。活动中，国家图书馆的馆员们为孩子们进行阅读示范，一些漫画家给孩子们赠送了纪念画作。作为此次活动的特殊节目，来自艺术司的木偶戏艺术家还特别为孩子们表演了多场木偶戏。[②]

缅甸总统吴温敏在视察国家图书馆装修情况时表示，新的国家图书馆之所以把地址选择在交通便利的仰光市中心，是为了让更多人能够经常去借阅书籍。图书馆除了要建得便民，还要建得现代化。培养国民的阅读习惯、提高国民的素质对国家发展至关重要，国民素质提高了，就能一起用智慧为祖国谱写更好的明天。一个民族的文学发展了，整个民族才会进步。一个国家科研事业发展了，整个国家才能繁荣。此外，吴温敏总统也鼓励让更多年轻人参与科研，希望新的国家图书馆能为科研人员提供更强大的文献支撑。[③]

（七）推动当代多元文化艺术发展

缅甸是个多民族国家，共有 135 个民族，分属 8 个民族大系，缅族约占总人口的 65%。2019 年 1 月 29 日，首届民族文化节在仰光开幕。此次文化节活动旨在展示缅甸各民族独特的文化风俗、美丽风景和民族地区特产，推动缅甸旅游业发展，促进缅甸各民族和睦共处，助力缅甸和平进程推进。缅甸少数民族事务部部长吴乃德伦、各省邦政府官员、各民族首领出席了开幕

---

① 《国家图书馆（内比都）举办儿童图书馆活动》，〔缅〕宗教事务与文化部 Facebook 官方公共主页，2019 年 8 月 16 日，https：//www.facebook.com/Officialmorac/posts/1261612777333935。
② 《"多姿多彩的文字花园"儿童图书馆活动》，〔缅〕宗教事务与文化部 Facebook 官方公共主页，2019 年 12 月 23 日，https：//www.facebook.com/Officialmorac/posts/1380314972130381。
③ 《国家总统吴温敏视察国家图书馆（仰光）装修情况》，〔缅〕宗教事务与文化部 Facebook 官方公共主页，2019 年 11 月 28 日，https：//www.facebook.com/Officialmorac/posts/1354035911424954。

式。此次文化节历时 6 天，活动期间除了各民族文艺展示、民族美食品鉴等活动，还将举办缅甸民族联合发展论坛和缅甸民族小姐选美大赛等特色活动。吴乃德伦部长在开幕仪式中表示，缅甸是多民族国家，民族和平共处是国家发展的基础。举办此次活动能够让各民族共同参与，促进各民族间传统文化和习俗交流，增进相互了解与信任，推进缅甸和平与发展，共创和平美好的未来。①

缅甸少数民族事务中心（ENAC）2018 年 12 月发表研究报告，建议在当前的政治经济及教育条件下，政府在加强缅甸语官方语言教育的同时，也应在少数民族地区开展母语（少数民族语言）教育。孟邦议会副主席吴昂奈乌对此发表看法称，少数民族有这样的建议并不意味着反对缅甸语，而是想争取将少数民族语言合法纳入公立学校课程的权利。此项倡议也曾在登盛政府时期被提出，但具体落实的效果并不好。教育部少数民族文学与文化司司长吴温奈表示，缅甸教育部曾在 2015 年将少数民族语言教育纳入基础教学，但在实际落实过程中，聘请少数民族语言专业教师和课时安排都有困难。目前缅甸教育部已聘请少数民族语言教师 7200 余名，也为 64 种少数民族翻译了小学教育课程大纲。但缅甸的初高中教育及高等教育大部分为"缅甸语＋英语"模式。目前政府已出台法律保障少数民族文学及文化的发展，但落实起来还需依靠各级政府，落实速度较慢。缅甸教育改革网络委员会委员吴索吞说，这是促进民族和解必须走的一步，也是优先走的一步。②

一个国家的艺术文化发展水平在一程度上体现着这个国家的政治经济发展水平。总体看来，缅甸艺术行业的发展在 2015～2019 年有显著的提升。2019 年 1 月 29 日至 2 月 1 日，"缅甸 2019 国际水彩绘画节"在仰光举行，该活动展出了来自 38 个国家的 200 多位水彩绘画艺术家的作品。综观 2019 年，缅甸举办的画展与艺术展大多为之前的延续。但值得关注的是，在国外绘画作品的购买量下跌的同时，购买收藏国内画家作品的人越来越多。这表

---

① 《缅甸首届民族文化节开幕》，《光明日报》2019 年 1 月 29 日。
② 《期待（少数民族）母语教学》，〔缅〕《缅甸时报》2019 年 12 月 30 日。

示缅甸国内艺术家的艺术展现形式越来越丰富多彩，艺术欣赏者也越来越多。①

当今世界已然进入大数据时代，缅甸网络文化与文化资源数字化也随其网络技术、通信技术与移动设备技术的进步而蓬勃发展。缅甸宗教事务与文化部决定自 2020 年 1 月 1 日起对其官方网站（www. moculture. gov. mm）进行重组与改版，将部门的组织结构、各司的构成、相关法律及细则、相关新闻报道、公告等全部展示在官方网站。对此，宗教事务与文化部于 2019 年 2 月 4～8 日为部内相关人员举办了专门的网络技能培训班。另外，还对考古与国家博物馆司相关人员及部分博物馆管理人员进行了专门的电子博物馆课程培训及基础博物馆知识网站技术培训。②

二 2019年缅甸对外文化交流情况

在长达1000多年的时间里，缅甸文化一直遵循了这样一条规律：在保持自己文化独立性的前提下吸收他族文化之长，以使自己的文化得以继续传承和发展。③ 2019 年，缅甸对外文化交流主要有三个特点：一是仍然重视发展与周边国家（如中国、印度）的文化交流；二是积极参与东盟文化活动，加强与东盟各国联系，努力提升自身在东盟社会文化共同体建设中的影响力；三是促进与其他发达国家（如日本、韩国）的文化交流。主要体现在以下几个方面。

（一）继续推进中缅文化交流发展

2020 年 1 月 17～18 日，中国国家主席习近平对缅甸进行国事访问。这是时隔 19 年，中国最高领导人再次访问缅甸，也是 2020 年的首次出访。缅

---

① 《2019 年艺术领域的当代运动》，〔缅〕《缅甸时报》2019 年 12 月 25 日。
② 《宗教事务与文化部举办网络技能培训班》，〔缅〕宗教事务与文化部 Facebook 官方公共主页，2019 年 11 月 4 日，https：//www. facebook. com/Officialmorac/posts/1331079757053903。
③ 钟智翔、尹湘玲：《缅甸文化概论》，世界图书出版公司，2014，第 38 页。

甸政府以最高规格礼遇，各界盛情欢迎。习近平主席此次访问时间虽短，但日程紧凑，成果丰硕。习近平主席出席了12场活动，见证了29项各领域合作文件的签署，中缅双方还发表了联合申明。缅甸各界高度评习近平主席此访，是中缅关系史上的重要里程碑，必将产生深远历史影响。

中缅两国双边经贸合作不断深化，中国连续多年是缅甸第一大贸易伙伴和重要外资来源国。2019年1~9月，中缅贸易额为135.4亿美元，同比增长17.9%。此外，中国也是缅甸最大外国游客来源国，两国间每周有150多趟直飞航班。①

2019年，中缅两国在文化交流方面的事例不胜枚举，两国在文化遗产保护、影视媒体、图书出版、艺术展出、宗教事务、教育、旅游等领域合作不断深化。

2019年8月3日，缅甸总统吴温敏及夫人一行接见陕西他冰瑜佛塔保护工作组，并感谢中国政府对蒲甘他冰瑜佛塔保护修复的无私援助，高度赞誉蒲甘地震后几年来中国陕西文物保护专家及工作组为保护蒲甘佛塔所做的辛勤努力和富有成效的工作，并向陕西工作组赠送了慰问品。②

2019年8月12日，电视连续剧《红楼梦》（1987年版）开播仪式在内比都举行。中缅双方选择将电视连续剧《红楼梦》译制成缅文在缅甸播出，这既是对中缅文化关系的生动阐释，也是对两国文化合作成果的有力展示。中国驻缅大使陈海强调，中方愿同缅方加强文化交流互鉴，深化广播、电视、电影、出版等领域合作；中方愿为缅方妙乌申遗等文化遗产保护工作继续提供帮助，推动双方文化旅游及商业演出合作，促进缅甸旅游服业和民生发展；中方愿通过互派留学生、培训等方式，培养更多熟悉两国文化的专业人才。③

① 《专访：让中缅传统"胞波"情谊焕发新光彩——访中国驻缅甸大使陈海》，新华网，2020年1月13日，http：//www.xinhuanet.com/world/2020－01/13/c_1125456942.htm。
② 《无私援助缅甸佛塔修复 陕西文保组赢总统赞誉》，中国网，2019年8月5日，http：//travel.china.com.cn/txt/2019－08/05/content_75068018.html。
③ 《驻缅大使陈海出席连续剧〈红楼梦〉缅语版开播仪式》，中国外交部网站，2019年8月13日，https：//www.fmprc.gov.cn/web/zwbd_673032/gzhd_673042/t1688280.shtml。

2019 年 9 月 27 日，2019 年缅甸"中国电影节"开幕仪式在内比都举行。陈海大使发表致辞表示，我们希望能够通过影视作品全方位、多角度展示中国形象，与缅甸人民分享"中国故事"。缅甸有悠久的历史和灿烂的文化。我们希望看到更多的缅甸优秀影视作品进入中国市场，增进中国民众对缅甸的了解，深化"胞波"友谊，促进两国民心相通。缅甸宣传部副部长吴昂腊吞表示，两国需要增进对彼此的了解，知悉对方国家的国情、社情和风俗习惯。中国电影节是中缅文化交流的重要平台，相信通过此次电影节将进一步增进两国人民的了解和感情，深化"胞波"情谊，更好地助力两国关系发展。[①]

习近平在《续写千年胞波情谊的崭新篇章》署名文章中指出，双方要让命运共同体意识在两国人民心中落地生根。[②] 习主席在访问缅甸时表示，中缅全面战略合作伙伴关系已奠定深厚基础，共同致力于构建中缅命运共同体将为两国关系发展注入新的动力和活力。吴温敏总统说："缅中两国友好交往历史源远流长，两国民众亲如兄弟姐妹。缅方将继续致力于深化缅中各领域友好合作。"缅甸国务资政昂山素季表示，无论缅甸国内形势如何变化，缅甸历届政府均重视同中国发展友好关系，缅方积极支持和参与"一带一路"倡议，期待缅中经济走廊建设结出更多硕果。2020 年是中缅建交 70 周年，也是中缅文化旅游年。中缅两国将以此为契机，携手共建中缅命运共同体，开启中缅关系新时代，在人文交流方面迈出更大的步伐。

（二）加强与周边国家文化交流

澜湄合作机制于 2016 年正式启动，至 2019 年，澜湄合作成为东亚和东南亚地区最富有活力的合作机制之一。2019 年 1 月 28 日，由缅甸主办的澜沧江—湄公河地区青年艺术家见面会在缅甸国家文化与艺术大学（曼德勒）举办，来自中国、缅甸、柬埔寨、老挝、泰国和越南的青年艺术家及各国驻缅

---

① 《2019 年缅甸"中国电影节"开幕》，中国外交部网站，2019 年 9 月 27 日，https://www.fmprc.gov.cn/web/zwbd_ 673032/gzhd_ 673042/t1702980.shtml。

② 《续写千年胞波情谊的崭新篇章》，〔缅〕《镜报》2020 年 1 月 16 日。

使节参加了此次活动。通过这次活动，加强澜湄地区的当代文化艺术交流的同时，也让澜湄六国进一步相互了解，认识彼此的传统习俗，增进友谊，促进民心相通。

2019 年 2 月 20 日，澜湄六国文化和文物相关部门联合在缅甸蒲甘举行澜湄国家文化遗产管理研讨会，开启了澜湄合作在文化领域深入交流的新篇章。在本次研讨会上，来自六个国家近 30 名文化遗产管理领域、文物修复领域的专家学者进行了主题发言，分享本国在文化遗产保护、修复方面的心得经验。缅甸宗教事务和文化部部长杜拉吴昂哥表示，澜湄六国都拥有非常丰富的文化遗产，有很多共通之处。"分享文化遗产保护和管理方面的经验，对加强我们六国之间的文化交流大有裨益，这次研讨会将成为进一步加强澜沧江—湄公河国家文化交流的基础。"①

2019 年，缅甸与印度的文化交流也进一步发展。2019 年 4 月 8 日，印度驻曼德勒总领馆向缅甸文化与艺术大学（曼德勒）捐赠了 67 册印度文化、历史领域的书籍。2019 年 11 月 29 日，缅甸与印度就蒲甘地区的长期建设与保护事业签署合作谅解备忘录，印度政府捐赠 700 万美元用于蒲甘地区的建设发展与佛塔修复，还认领了 92 座佛塔的修复工作。此前，印度已经帮助缅甸成功修复了阿南达佛塔，之后将继续开展其他佛塔的修复工作。②

2019 年 8 月 8 日，杜拉吴昂哥在内比都会见孟加拉国大使南迪米特拉·埃卡纳亚克（H. E. Mr. Nandimithra Ekanayake）率领的代表团。双方就缅甸向孟加拉国捐赠大理石佛塔、互派文化访问团、在缅甸建造孟加拉寺庙等事宜进行了交流与讨论，并对加深两国文化交流合作达成意愿。③

---

① 《澜湄六国举行文化遗产管理研讨会　有效推动各国文化交流》，中央广电总台国际在线官网，2019 年 2 月 21 日，http：//news. cri. cn/20190221/2a79f5a2 - 3597 - 283b - 4b0a - 311dd054c7c8. html。

② 《缅甸与印度就蒲甘地区的长期建设与保护事业签订 MOU》，〔缅〕宗教事务与文化部 Facebook 官方公共主页，2019 年 11 月 29 日，https：//www. facebook. com/Officialmorac/posts/1355619371266608。

③ 《杜拉吴昂哥部长会见孟加拉国大使南迪米特拉·埃卡纳亚克阁下率领的代表团》，〔缅〕宗教事务与文化部 Facebook 官方公共主页，2019 年 8 月 8 日，https：//www. facebook. com/Officialmorac/posts/1256169221211624。

（三）重视发展与东盟国家的文化交流

2019 年，缅甸政府重视参与东盟社会文化共同体建设，加强与东盟各国联系，积极承办、参加各类东盟文化活动，进一步提升在东盟的影响力。

为促进与东盟国家博物馆方面的文化交流，缅甸政府曾于 2017 年 11 月 23 日在马来西亚吉隆坡举办的东盟文化与宣传委员会第 52 次会议上提出，建议举办针对东盟国家博物馆专业人员绘画和织物制品的保护与收藏管理的研讨会（Seminar on Conservation and Storage Management for Paintings and Fabric Artefacts for Museum Professionals in the ASEAN Countries）。经过多次磋商，该研讨会于 2019 年 8 月被批准。2019 年 12 月 3～4 日，针对东盟国家博物馆专业人员的绘画和织物制品保护与收藏管理的研讨会在缅甸内比都召开。杜拉吴昂哥在会上表示，博物馆的藏品对于每个国家的文化都弥足珍贵，通过一个国家的博物馆可以了解这个国家的文化遗产资源。然而画作及布作艺术品属于较易损坏的类型，需要特别的保护措施。他对各东盟国家代表的到来表示热烈欢迎，并表示将努力创造更多共同探讨这类议题的机会。[①]

2019 年 10 月 31 日至 11 月 2 日，杜拉吴昂哥率团参加在泰国曼谷举办的第 22 届东盟社会文化共同体部长级会议及第 17 届东盟社会文化共同体高级官员会议。此次会议就"推进可持续发展伙伴关系、建设东盟社会文化中心、第 35 届东盟首脑会议上东盟领导人准备正式宣布的 6 项公告和 3 项备忘录、东帝汶申请加入东盟"等事宜进行了讨论。[②]

---

① 《针对东盟国家博物馆专业人员的绘画和织物制品保护与收藏管理的研讨会召开》，〔缅〕宗教事务与文化部 Facebook 官方公共主页，2019 年 12 月 4 日，https：//www. facebook. com/Officialmorac/posts/1360379904123888。

② 《杜拉吴昂哥部长赴泰国曼谷参加第 22 届东盟社会文化共同体部长级会议及第 17 届东盟社会文化共同体高级官员会议》，〔缅〕宗教事务与文化部 Facebook 官方公共主页，2019 年 11 月 2 日，https：//www. facebook. com/Officialmorac/posts/1331054023723143。

此外，缅甸也继续加强与东盟各成员国之间的文化交往。例如，2019年9月6日和11月29日，杜拉吴昂哥两次在内比都会见泰国驻缅甸大使馆大使梅碧珍（H. E Mrs. Suphatra Srimaitreephithank）率领的代表团。双方在会面期间就两国宗教、文化方面的交流进行了讨论，并对之后的文化交流合作达成了意愿。①

（四）积极发展与韩国、日本的文化交流

2019年，缅甸与韩国的文化交流较之前更频繁。2019年，缅甸宗教事务与文化部与韩国文化体育旅游部下属的亚洲文化中心合作实施《文化资源管理计划》，2月14日，两国学者在缅甸国家博物馆（内比都）举行研讨会，就文化遗产保护方面的研究进行了讨论。② 2019年6月4日，杜拉吴昂哥会见韩国驻缅大使李相华率领的代表团。杜拉吴昂哥肯定了韩国在修复蒲甘因地震而损坏的壁画方面所做的努力，双方就《文化资源管理计划》的开展、文化遗产数字化备案及宗教文化交流等方面的事宜进行了讨论。③ 2019年9月3~5日韩国总统文在寅携夫人金正淑访问缅甸，9月3日下午，金正淑参观了缅甸国家博物馆（内比都），缅甸总统夫人杜秋秋、宗教事务与文化部副部长吴基敏等人陪同，并为金正淑介绍了馆藏情况。9月4日，文在寅代表团在仰光参加缅韩经济工业区动土仪式后，还前往烈士陵园悼念缅甸民族英雄。④ 2019年10月23~24日，杜拉吴昂哥率团赴韩国光州参加2019年韩国—东盟特别文化部长会议。会上，韩国

---

① 《杜拉吴昂哥部长会见泰国驻缅大使率领的代表团》，〔缅〕宗教事务与文化部Facebook官方公共主页，2019年11月29日，https：//www. facebook. com/Officialmorac/posts/1355536734608205。
② 《〈文化资源管理计划〉（Master Plan）开始启动》，〔缅〕宗教事务与文化部Facebook官方公共主页，2019年2月14日，https：//www. facebook. com/Officialmorac/posts/1134173413411206。
③ 《杜拉吴昂哥部长会见韩国驻缅大使率领的代表团》，〔缅〕宗教事务与文化部Facebook官方公共主页，2019年6月4日，https：//www. facebook. com/Officialmorac/posts/1206425976185949。
④ 《韩国第一夫人访问缅甸国家博物馆（内比都）》，〔缅〕《缅甸新光报》官网，2019年9月4日，https：//www. globalnewlightofmyanmar. com/first－lady－of－rok－visits－national－museum－nay－pyi－taw/？ fbclid = IwAR1uCu20Wr2gyvDN0fBx4yBPQMtamjtZMu9wd9WgBYXcGohipPf4wulOyMw。

和东盟十国文化部门领导人商定加强区域内文化艺术、创意产业的合作，并就具体实践方案达成一致。①

2019年4月29日和8月20日，杜拉吴昂哥在内比都两次会见日本爱知县的名誉领事西村俊夫率领的代表团。4月29日，双方就共同举办投资论坛、研讨会及日本名古屋市与缅甸东枝市结为姐妹城市的相关事宜进行讨论。② 8月20日，双方对日本全球赠款计划（Global Grant），无人机拍摄蒲甘、勃固省等地的事宜进行了交流。③ 2019年11月，参加第46届东盟—日本青年邮轮活动的35名青年访问了仰光的9所大学，并于23日到访缅甸国家文化与艺术大学（仰光），与该校师生交流，品尝缅甸传统食物，感受了缅甸的传统文化与艺术的魅力。④

三 总结与展望

2019年，缅甸文化发展呈蓬勃之势，在文化遗产保护、历史文化传承、青年群体文化素质培养、推动多元文化发展及对外交流等各方面都取得了不错的成绩。

2020年2月21日，缅甸文化中央委员会第四届工作协商会在内比都召开。委员会主席、缅甸国家副总统亨利班提育在会上对近年来缅甸政府文化发展工作的重点——文化遗产保护事业做出总结。除2014年被正式列

---

① 《宗教事务与文化部部长杜拉吴昂哥率团赴韩国光州参加2019韩国—东盟特别文化部长会议》，〔缅〕宗教事务与文化部Facebook官方公共主页，2019年10月25日，https://www.facebook.com/Officialmorac/posts/1321512868010592。

② 《宗教事务与文化部部长杜拉吴昂哥在缅甸会见日本爱知县的名誉领事西村俊夫先生率领的代表团》，〔缅〕宗教事务与文化部Facebook官方公共主页，2019年4月29日，https://www.facebook.com/Officialmorac/posts/1180952325399981。

③ 《宗教事务与文化部部长杜拉吴昂哥在缅甸会见日本爱知县的名誉领事西村俊夫先生率领的代表团》，〔缅〕宗教事务与文化部Facebook官方公共主页，2019年8月20日，https://www.facebook.com/Officialmorac/posts/1264736207021592。

④ 《第46届东盟—日本青年邮轮活动的35名青年到访缅甸国家文化与艺术大学（仰光）》，〔缅〕宗教事务与文化部Facebook官方公共主页，2019年11月25日，https://www.facebook.com/Officialmorac/posts/1351387541689791。

入《世界遗产名录》的骠国古城之外，蒲甘古城在 2019 年 7 月也被正式列入《世界遗产名录》。摩诃洛格玛雅盛碑林、蒲甘妙齐提碑铭（又称亚扎古曼碑铭）、莽应龙大钟钟铭入选《世界记忆名录》。若开邦妙乌市喜当佛塔的阿南达姗德拉碑铭于 2018 年入选《世界记忆亚太地区名录》，缅甸政府将在 2020 年推选其加入《世界记忆名录》。在国内外专家学者的共同努力下，缅甸政府于 2019 年 9 月 25 日向联合国教科文组织递交提名档案（草案），申请将妙乌文化遗产区加入《世界遗产名录》。

缅甸副总统亨利班提育在会上强调了非物质文化遗产的重要性。根据缅甸非物质文化遗产保护委员会的统计，目前已经被认证的国家级非物质遗产共计 2217 项，今后，各省邦还要继续将剩下的非物质文化遗产进行收集统计记录，推动其入选《国家非物质文化遗产名录》。世界上有 127 个国家的 549 件非物质文化遗产入选《人类非物质文化遗产代表作名录》，缅甸一个也没有。下一步缅甸要努力将遍布全国的"黄香楝文化习俗"推选入《人类非物质文化遗产代表作名录》，这项工作是将缅甸的国家文化遗产推向世界的重要一步。

会议指明下一步缅甸政府在文化遗产保护方面的工作重点，如继续完善文化遗产保护的法律体系，依法对破坏古文化建筑区的违法行为追究责任；出台保护艺术作品及非物质文化遗产的相关法律法规及实施细则；制作蒲甘旅游电子地图；联合缅甸警察部门组织国际游客警队以保护文化遗产及游客安全；制作蒲甘旅游宣传手册；继续加强非物质文化遗产的科学研究等。①

新一轮缅甸大选将在 2020 年底拉开序幕，但无论政治格局如何变化，在未来一段时间内，缅甸政府在文化方面的工作重点依然围绕弘扬传统文化及保护文化遗产展开。

---

① 《国家副总统亨利班提育参加缅甸文化中央委员会第四届工作协商会并发表讲话》〔缅〕宗教事务与文化部官网，2020 年 2 月 21 日，http：//www. moculture. gov. mm/？ p = 5905。

B.10
2019年柬埔寨文化发展报告

黎国权*

摘　要： 2019年，柬埔寨文化发展稳定。文化活动、文艺赛事、节日庆典照常举办；文化遗产保护和修复取得新进展；与传统友邦近邻和欧美国家的文化交流合作不断扩大和深入，并努力拓展更大的空间。

关键词： 文艺活动　遗产修复　文化交流　柬埔寨

一　2019年柬埔寨文化发展综述

2019年，柬埔寨文化稳步向前发展。年度重大文化活动"三月三"国家文化节进行到了第21届，大学生文化知识竞赛和全国青年艺术节作为国家文化节配套活动，吸引了众多青年学生参加，该系列活动影响全国，深入基层。文学创作大赛、音乐节、电影节、艺术展、图书展，促进了文化的发展，充实了民众的精神生活。

在文化遗产保护和修复方面，柬埔寨也有了新进展。2019年，柬埔寨继续积极与国际力量合作，援助来源保持多样化，加之多个国家和国际组织予以协助，遗址修复工作稳定向前推进，取得了一些新成绩。除吴哥（Angkor）遗址修复工作开展时间较久之外，① 柏威夏（Preah Vihear）遗址

---

* 黎国权，广东外语外贸大学东方语言文化学院柬埔寨语专业讲师。

① 吴哥遗址保护和修复工作始于1993年国际保护行动开展之时。参见王毅、袁濛茜编著《吴哥古迹：联合国教科文组织国际保护行动研究》，浙江大学出版社，2018，第29页。

和高盖（Koh Kor）遗址在 2019 年有了新动向。柬埔寨在获得大量国际资金和技术援助的同时，也在加强文化人才培养。通过开办文化培训班、研讨会和交流会，培养专业人才，促进文化创新。通过开展遗产教育项目，激励遗址社区内的青少年热爱身边的文化遗产，培养后备人才，以期实现民族自立自强。

2019 年，柬埔寨对外文化交流亮点颇多。柬埔寨与中国的文化交流随着中柬政治、经济联系日益紧密而不断增多，"中国—柬埔寨文化旅游年"和亚洲文明对话大会等盛事，使两国高层往来频繁。两国地区文化职能部门在遗址保护和电影艺术等领域的合作日渐增多，文化影响到达民间基层。柬埔寨与传统友邦和邻国的文化合作更加密切，与欧美国家的文化交流内容丰富多样。在世界其他地方，柬埔寨也有新开拓，其文化触角延伸到了东欧地区。

二 2019年柬埔寨国内文化发展情况

（一）举办年度文化活动、文艺赛事、节日（纪念日）活动和文化展，保护和发展民族文化，保存历史记忆

1. 年度文化大事件——"三月三"国家文化节

每到三月，柬埔寨会举办"三月三"国家文化节。在此之前，文化艺术部还会举办同一主题"青年为国家文化"（Youth for National Culture）的配套活动，2019 年有大学生文化知识竞赛和第五届全国青年艺术节。

3 月 6 日，第 21 届"三月三"国家文化节庆祝仪式暨第五届全国青年艺术节闭幕式活动在金边钻石岛会展中心举行，柬埔寨首相洪森偕夫人文拉妮出席并发表了主旨演讲，他提出以下七点期望。

第一，每年举办国家文化节，以提高对民族文化的认同和热爱，培养文化输出和输入的意识和责任，促进民族文化资源的保护和发展。多元文化是柬埔寨民族社会和谐永续的基石。

第二，文化艺术部应在国家文化节期间组织并举办不同的活动，通过创造适于商业和旅游目的的文化服务和产品，来增进大众对民族文化价值的了解。

第三，文化艺术部应与教育、青年和体育部密切合作，汇编各类民族文化遗产资料，为青少年提供文化知识，以保护、发展和提升柬埔寨社会多元文化。同时，应与民间组织和艺术协会合作，组织艺术家和青少年参与多种文化活动，促进表演艺术可持续发展，达到"文化与教育相互促进"。

第四，文化艺术部应建立相关培养机制，通过学校和艺术组织或协会向青少年开展培训，使青年一代拥有创造新文化作品的能力。

第五，继续支持将"青年为国家文化"选作"三月三"国家文化节主题。柬埔寨作为"文化的王国"，建立在传统而非落后、现代而非外来的思想基础之上。

第六，遵照文化领域的国家战略——"国家是管理者和支持者，合作伙伴是实施者"，在保护和发展民族文化遗产方面齐心协力。号召相关行政部门、地方基层、国内外组织及个人齐参与，使文化节在国内外更具影响力。

第七，鉴于面临与外国电影的激烈竞争，促进和提升柬埔寨电影产业势在必行，政府之前给予柬埔寨电影公司三年税收减免（2018 年到期），该政策延长五年至 2023 年底。[1]

"三月三"国家文化节在首都金边启动之后，3 月 19 日茶胶省和白马市、3 月 20 日贡布省陆续举办相关活动。3 月 27 日，暹粒省举办了第 21 届"三月三"国家文化节庆典暨第二届大皮影戏艺术节开幕式。[2]

---

[1] 《洪森首相在 2019 年第 21 届"三月三"国家文化节庆典上的重要讲话》，柬埔寨内阁办公厅官网，2019 年 3 月 6 日，https：//pressocm. gov. kh/archives/49374。

[2] 《第 21 届国家文化节暨第二届大皮影戏艺术节开幕式》，柬埔寨暹粒省国家电视台官网，2019 年 3 月 28 日，https：//tvsiemreap. com/？ p = 3198。暹粒有柬埔寨最传统的大皮影戏团，参见 Kong Vireak & Preap Chanmara，*Sbek Thom*，UNESCO Office in Phnom Penh，2014。

2. 文艺赛事

（1）文学创作大赛

2019 年度"因陀罗黛维①杯"小说和叙事诗创作大赛于 1 月底启动，6 月 30 日结束。本次共有 91 部作品参赛，其中小说 68 部、叙事诗 23 首，参赛作品数量创新高，最终有 6 部作品获奖，并于 11 月 20 日举行了颁奖仪式。② 随后不久，柬埔寨文化艺术部官方脸书在 11 月 24 日公布了 2020 年度该项文学创作大赛征文启事。

（2）音乐节

2019 年第五届国际高棉音乐节于 10 月 16 日开幕。该活动旨在鼓励海内外的柬埔寨青年提升高棉文化价值和民族特性，提高国家声誉。本次活动吸引了柬埔寨国内 25 个省市 100 名选手，以及侨居美国、加拿大、澳大利亚、法国和日本等国的 27 位青年参加。10 月 17～24 日举行资格赛，分为现代音乐和古典音乐（含传统乐、马何里乐、伊给乐和巴萨乐）两组，③ 最终从每组音乐中评出一等奖两名、二等奖两名、三等奖三名。10 月 26 日活动结束，柬埔寨副首相梅森安（又译"棉森婉"）出席了闭幕式晚会。④

（3）电影节

9 月 5 日，2019 年第八届"四臂湾"短片电影节开幕，文化艺术大臣彭萨格娜出席开幕式并发表演讲。这次活动放映了 53 部作品，其中 12 部影片由柬埔寨青年制作人创作，另有多位外国电影制作人参加。⑤

---

① 因陀罗黛维（Indradevi）是吴哥时期的国王阇耶跋摩七世（1181～1218 年在位）的王妃，她有关于阇耶跋摩七世生平事迹和佛教信仰的碑铭文字留存至今。参见陈显泗《柬埔寨两千年史》，中州古籍出版社，1990，第 440～441 页。

② 柬埔寨文化艺术部官方脸书，2019 年 11 月 22 日，https：//www.facebook.com/KhmerCultureMinistry/posts/2564140907001708。

③ 柬埔寨文化艺术部官方脸书，2019 年 10 月 17 日，https：//www.facebook.com/KhmerCultureMinistry/posts/2488976404518159/。

④ 《副首相兼国会、参议院联络和监察部大臣梅森安主持第五届国际高棉音乐节》，柬埔寨国会、参议院联络和监察部（Ministry of National Assembly-Senate Relations and Inspection）官网，2019 年 10 月 27 日，http：//monasri.gov.kh/archives/3621。

⑤ 《文化艺术大臣彭萨格娜主持 2019 年第八届"四臂湾"短片电影节开幕式》，柬埔寨人民党官网，2019 年 9 月 6 日，https：//www.cpp.org.kh/details/153210。

11月25～29日，2019年柬埔寨第六届国家电影节在金边四臂湾会议厅举行，由9家单位选送了18部影片参赛，最终评选出最佳影片、最佳新人、评委会大奖、最佳男女演员、最佳导演、最佳编剧、最佳摄影等15个奖项。①

3. 节日和纪念日活动

（1）柬埔寨新年"暹粒宋干"活动

4月14日，由仙女国家机构（APSARA National Authority，又译"吴哥古迹保护与发展管理局"）、暹粒省青年联合会和暹粒省相关行政机构联合举办的第一届"暹粒宋干"庆祝新年活动在暹粒市举行，柬埔寨副首相兼国防大臣迪班出席开幕式。新年期间，专场活动有"暹粒宋干"展、柬埔寨商品展、"我的村庄"生活展、泼水、拔河、美食村等，并有宗教仪式、民间游戏和歌舞表演。②

（2）纪念日活动

2019年7月31日是堆尸陵种族屠杀博物馆档案（Tuol Sleng Genocide Museum Archives）被列为联合国教科文组织"世界记忆遗产"（Memory of the World）十周年纪念日。8月19日，"40年：S－21监狱受害者的记忆"展览在金边堆尸陵种族屠杀博物馆举行，文化艺术大臣彭萨格娜出席。③

8月28～30日，"种族屠杀、记忆与和平"系列国际会议在金边举行。该会议由柬埔寨文化艺术部和堆尸陵种族屠杀博物馆联合组织，在韩国国际合作机构（Korea International Cooperation Agency，KOICA）和联合国教科文组织的支持下举行。在此期间，召开了"堆尸陵种族屠杀博物馆档案电子化项目"主题会议，意在宣传该博物馆的档案保存项目，并与其他国家分

---

① 《第六届国家电影节促进柬埔寨电影业发展》，〔柬〕酸角树新闻网，2019年11月30日，https：//dap－news.com/national/2019/11/30/12691。

② 《第一届"暹粒宋干"活动于4月14日正式开幕》，柬埔寨信息部官网，2019年4月14日，https：//www.information.gov.kh/detail/289497。

③ 《文化艺术大臣彭萨格娜主持临展开幕式》，柬埔寨人民党官网，2019年8月20日，https：//www.cpp.org.kh/details/149169。

享与种族灭绝有关的档案管理经验。① 此外，该博物馆也举行了"40 年：在柬埔寨寻求和平、正义与和解"会议，正式纪念博物馆档案"入遗"10 周年和博物馆筹办 40 周年。②

7 月 7 日，柏威夏国家机构（The National Authority for Preah Vihear）举办活动庆祝柏威夏寺"入遗"11 周年。11 月 28 日，为庆祝考尔剧"入遗"1 周年，"记忆之夜"文艺晚会在吴哥遗址区内的战象台举行，文化艺术大臣彭萨格娜出席并发表讲话，她号召民众重视先辈留下来的文化遗产，呼吁年轻人将民族文化发扬光大。当晚，皇家舞蹈、大皮影戏、长臂琴等"非遗"节目悉数上演。③

4. 文化展览

（1）艺术展

10 月 12 日，印度驻柬埔寨大使馆联合仙女国家机构和印度艺术公司，举办"甘地—印度布艺"展（Khadi-Fabric of India），纪念甘地（1869 ~ 1948 年）150 周年诞辰。④ 10 月 17 ~ 31 日，捷克与柬埔寨"时间的朋友"摄影展在国家博物馆举行，展出了捷克大使馆收集的 36 幅自 20 世纪 80 年代初以降的柬埔寨照片。10 月 18 日，"贡布省"展在金边瑰丽酒店开幕，文化艺术大臣彭萨格娜出席，她表示此次展览不仅反映了柬埔寨皇家艺术大学与巴黎—贝勒维尔（Paris-Belleville）国立高等建筑学院的成功合作，而

---

① 《韩国国际合作机构代表团参加"40 年：在柬埔寨寻求和平、正义与和解"国家会议》，柬埔寨信息部官网，2019 年 8 月 30 日，https：//www. information. gov. kh/detail/333114。值得说明的是，"堆尸陵种族屠杀博物馆档案电子化项目"由韩国国际合作机构向联合国教科文组织援助 115 万美元于 2014 ~ 2019 年实施。

② 柬埔寨文化艺术部官方脸书，2019 年 8 月 30 日，https：//www. facebook. com/KhmerCultureMinistry/posts/2400464970035970。

③ 《"记忆之夜"文艺晚会在文化艺术大臣彭萨格娜主持下隆重举行》，柬埔寨仙女国家机构官网，2019 年 11 月 29 日，http：//apsaraauthority. gov. kh/? page = detail&ctype = article&id = 2968&lg = en。

④ 《印度大使馆举办"甘地—印度布艺"展》，柬埔寨仙女国家机构官网，2019 年 10 月 12 日，http：//apsaraauthority. gov. kh/? page = detail&ctype = article&id = 2888&lg = kh。

且有利于促进柬法两国关系和文化合作。① 12 月 13～31 日，柬埔寨艺术家当代艺术作品展在国家博物馆展厅举行，该展览由文化艺术部工艺美术司联合艺术家协会举办，得到了日本驻柬大使馆、柬日协会和日本 JSTC 公司的支持。②

（2）图书展

柬埔寨第八届国家图书展于 12 月 13～15 日举行，教育、青年和体育部大臣洪尊那隆和新闻大臣乔干那烈出席了开幕式并发表讲话。本次书展设有143 个展位，有 800 多家出版社参展，入场观众达 13 万人。③

（二）文化遗产的保护和修复

（1）柏威夏和高盖遗址区

3 月 22 日，柏威夏寺保护与提升国际协调委员会（ICC-PV 或 ICC-Preah Vihear）④ 第五次全体大会在暹粒省仙女国家机构召开。该会议主要关注柏威夏寺和高盖寺保护和修复工作。⑤ 9 月 19 日，柏威夏寺保护与提升国际协调委员会第五次技术会议在仙女国家机构会议厅举行，文化艺术大臣彭萨格娜主持会议，来自柬埔寨、法国、比利时、日本、泰国、美国等国遗产保护

---

① 柬埔寨文化艺术部官方脸书，2019 年 10 月 19 日，https：//www. facebook. com/KhmerCultureMinistry/posts/2493389117410221。

② 《柬埔寨艺术家当代艺术作品展设展 18 天欢迎参观》，〔柬〕柬埔寨头条网，2019 年 12 月14 日，http：//sharenews. tnaot. com/news_ share/article_ detail/8859681。

③ 《第八届国家图书展开幕　预计吸引逾十万人参加》，〔柬〕柬埔寨快讯网，2019 年 12 月13 日，https：//www. cen. com. kh/archives/175133. html/。

④ 柏威夏国家机构和柏威夏寺保护与提升国际协调委员会（International Coordination Committee for the Conservation and Enhancement of the Temple of Preah Vihear，ICC-PV 或 ICC-Preah Vihear）常务秘书处每年开会两次，即 3 月召开的全体大会和 9 月召开的技术会议。该委员会由中国和印度担任联合主席，由比利时、法国、日本、韩国、泰国和美国六个成员国以及柬埔寨国内外专家学者构成。参见联合国教科文组织官网，http：//www. unesco. org/new/en/phnompenh/about－this－office/single－view/news/international_ coordination_ committee_ for_ the_ conservation_ an/。

⑤ 《文化艺术大臣率团参加 ICC-Preah Vihear 第五次全体会议》，柬埔寨仙女国家机构官网，2019 年 3 月 22 日，http：//apsaraauthority. gov. kh/? page = detail&ctype = article&id = 2616&lg = kh。

与开发领域的 250 位专家与会。会上重点介绍了柏威夏和高盖遗址区保护工作已取得的成果，即在美国大使馆文化遗产保护基金 2018～2019 年的支持下，为保护柏威夏寺北面台阶所做的研究成果，以及为制定高盖寺旅游开发主规划的研究成果。① 会议期间，柏威夏国家机构与匈牙利南亚和东南亚研究院就高盖遗址研究项目签署了备忘录，双方将从 2020 年开始对遗址区内部分寺庙进行为期三年的联合研究，旨在了解寺庙的基础设施、建筑结构及其面临的风险。②

（2）吴哥遗址区

6 月 10 日，世界文化遗产基金会（World Monuments Fund）举办吴哥遗址区寺庙保护与修复工作 30 周年大会。柬埔寨文化艺术大臣兼仙女国家机构主席彭萨格娜在会上表示，感谢世界文化遗产基金会 1992 年以来致力于培养柬埔寨人力资源，保护和修复古寺，尤其是圣剑寺（Preah Khan）、塔逊寺（Ta Som）、吴哥寺（Angkor）和巴肯寺（Phnom Bakheng）。③ 2004 年以来，世界文化遗产基金会巴肯寺修复项目已获得美国提供的 322.5 万美元资金援助，并培训了文化遗产领域的专业人才 100 多名。2017 年至今，巴肯寺修复工程正处于第五阶段（配资 35 万美元），东面修复工作已步入尾声。④

6 月 11 日，吴哥历史遗址保护与开发国际协调委员会（ICC-Angkor）⑤

---

① 《ICC-Preah Vihear 暹粒会议聚焦柏威夏寺和高盖寺维修成果》，〔柬〕"新"新闻网，2019年 9 月 19 日，https：//thmeythmey. com/？page = detail&id =83038。

② 《柏威夏国家机构与匈牙利南亚和东南亚研究院签署高盖遗址研究项目备忘录》，柬埔寨仙女国家机构官网，2019 年 9 月 20 日，http：//apsaraauthority. gov. kh/？page = detail&ctype = article&id = 2850&lg = kh&paginate = 257。

③ 《寺庙保护与修复工作 30 年》，〔柬〕和平岛报网，2019 年 6 月 14 日，https：//kohsantepheapdaily. com. kh/article/864315. html。

④ 《美国和柬埔寨庆祝柬文化遗产保护援助 30 周年》，〔柬〕"新"新闻网，2019 年 6 月 12日，https：//thmeythmey. com/？page = detail&id = 79229。

⑤ 吴哥历史遗址保护与开发国际协调委员会（International Coordinating Committee for the Safeguarding and Development of the Historic Site of Angkor，ICC-Angkor）由法国、日本、柬埔寨和联合国教科文组织于 1993 年 12 月联合成立，现有成员来自五大洲 37 个国家和 13 个国际组织，其主要作用是协调各机构保护和开发吴哥地区。参见 "ICC-Angkor, Who are We?" 吴哥历史遗址保护与开发国际协调委员会（ICC-Angkor）官网，http：//icc - angkor. org/。

第32次技术会议在仙女国家机构召开。本次会议的主要内容是审查专家组先前所给建议的实施情况，听取关于吴哥遗址保护、研究与考古工作的新技术成果和可持续发展情况的报告。[①] 12月10~11日，吴哥历史遗址保护与开发国际协调委员会第33次技术大会和第26届全体大会在仙女国家机构召开，各成员国代表和柬埔寨行政机构相关人员与会。该会议照例主要跟进该委员会专家组先前所提建议的实施情况，以及听取新的技术报告。[②] 会议期间，仙女国家机构与法国签署"吴哥地区水资源管理自动化项目"（SDGERA），旨在配备自动化设备，以确保对吴哥地区自然资源的可持续管理。[③]

2018年，因资金短缺造成修复工程停滞的西梅奔寺，[④] 在法国驻柬大使馆向仙女国家机构提供了近10万美元的资助资金之后，于2019年1月2日重新开工。[⑤]

三 对外文化交流与合作

（一）柬埔寨与中国

1月30日，2019年"中国—柬埔寨文化旅游年"在金边开幕。柬埔寨副首相贺南洪、中国文化和旅游部部长雒树刚等人出席开幕式。开幕式上，

---

① 《ICC-Angkor 委员会第32次技术会议在仙女国家机构召开》，柬埔寨仙女国家机构官网，2019年6月11日，http：//apsaraauthority. gov. kh/？ page = detail&ctype = article&id = 2678&lg = kh。

② 《ICC-Angkor 委员会召开第33次技术大会和第26届全体大会》，柬埔寨仙女国家机构官网，2019年12月10日，http：//apsaraauthority. gov. kh/？ page = detail&ctype = article&id = 2986&lg = en。

③ 《仙女国家机构与法国方面合作实施暹粒吴哥水管理系统（SDGERA）》，〔柬〕《柬埔寨之光报》2019年12月12日。

④ 黎国权：《2018年柬埔寨文化发展报告》，载刘志强主编《东盟文化发展报告（2019）》，社会科学文献出版社，2019，第140页。

⑤ 《法国出资修复西梅奔古寺》，〔柬〕柬华日报网，2019年12月9日，http：//jianhuadaily.com/ 2019 1209/69208。

中柬艺术家们联袂献上精彩的文艺演出。中柬文化和旅游部门举办了贯穿全年的文化和旅游交流活动。① 6 月 5 日，中柬文化旅游友好交流大会在金边举办。该活动系 2019 年"中柬文化旅游年"的重要系列活动之一，是推动中国与周边国家加强文化旅游交流的切实举措，为中柬文化旅游交流合作不断升温的历史新局面增添了新的成果。②

2019 年 4 月 25 日，柬埔寨首相洪森携访华代表团访问北京大学，接受了北京大学授予的名誉教授称号，并发表演讲。随后，北京大学柬埔寨研究中心揭牌成立。③

5 月 10 日，甘肃敦煌研究院访问柬埔寨仙女国家机构。双方就文化遗产地保护、佛教艺术比较研究、互办展览、人才交流、研究资料共享等方面达成广泛共识，签署了合作交流协议，将开展深入交流合作。同时，双方就此前达成一致并已开始摄制的纪录片《莫高窟与吴哥窟的对话》相关内容及首发等事项进行了详细对接。④

5 月 15 日，首届"亚洲文明对话大会——亚洲文明交流互鉴与命运共同体"在北京开幕，柬埔寨诺罗敦·西哈莫尼国王在开幕式上致辞，并出席了当晚的亚洲文化嘉年华活动。⑤

10 月 15 ~ 21 日，第六届丝绸之路国际电影节在中国福建省福州市举行，柬埔寨文化艺术部选送了两部影片参加。其间（10 月 16 日），柬埔寨馆举办了中柬对话沙龙及丝绸之路国际电影节与柬埔寨亚洲电影节战略合作

---

① 《2019 "中柬文化旅游年"在金边开幕》，新华网，2019 年 1 月 31 日，http：//www.xinhuanet.com/2019 – 01/31/c_ 1210052012.htm。
② 《中柬文化旅游友好交流大会在金边举行》，中国新闻，2019 年 6 月 6 日，http：//www.chinanews.com/gn/2019/06 – 06/8858199.shtml。
③ 《柬埔寨王国首相洪森北京大学名誉教授授予仪式暨演讲会在北大举行》，北京大学新闻网，4 月 26 日，http：//pkunews.pku.edu.cn/xwzh/77f9976c7c0e41f79199c880b3bdbc1c.htm。
④ 《敦煌研究院与柬埔寨吴哥古迹保护与发展管理局签署合作交流协议》，国家文物局官网，2019 年 5 月 28 日，http：//www.sach.gov.cn/art/2019/5/28/art_ 723_ 155221.html。
⑤ 《柬埔寨国王西哈莫尼：加强亚洲及世界对人类命运的责任感》，新京报网，2019 年 5 月 15 日，http：//www.bjnews.com.cn/news/2019/05/15/579072.html。

备忘录签署仪式，两大电影节达成共创、共享的可持续合作伙伴关系。① 10月17日，柬埔寨借此时机举办了亚洲电影节推介会。②

11月4日，"露天电影院——第四届中柬优秀电影巡映"活动在金边四臂湾剧场启动。柬埔寨副首相梅森安、中国驻柬埔寨大使王文天等政要，以及在柬中资企业、华人华侨代表等800余人出席了开幕式。该活动深入拜林、贡布等省，以流动露天放映形式为观众带来中国的《最后一公里》《西虹市首富》和柬埔寨《酸果树》等电影。③

12月12~13日，柬埔寨文化艺术部代表团在中国香港参加第十一届"亚洲文化合作论坛"，柬埔寨文化艺术部国务秘书绍姆·索坤与中国香港特区政府民政事务局常任秘书长谢凌洁贞签署谅解备忘录，以继续加强和扩大双方在文化方面的合作。④

（二）柬埔寨与日本

2月17~23日，仙女国家机构代表团访问日本，柬日双方就吴哥寺栈桥修复项目的技术问题进行讨论。代表团还考察了吉野里历史公园，参加了吴哥寺栈桥保护和修复国际研讨会。⑤

7月5日，日本人高桑文子（Fumiko Takakuwa）向柬埔寨捐赠85件高棉文物，该仪式在柬埔寨国家博物馆举行。这批文物由日本一商业家族20多年前在日本购买收集而来，主要有印度教和佛教雕塑、饰品、铜质动物图

---

① 《第六届丝绸之路国际电影节电影市场项目签约额创新高》，新华网，2019年10月21日，http：//www. fj. xinhuanet. com/2019zt/2019gjdyj/2019 – 10/21/c_ 1125130906. htm。
② 柬埔寨文化艺术部电影艺术和文化宣传司官方脸书，2019年10月22日，https：//www. facebook. com/cambodiacinemadepartment/posts/2629377303840879。
③ 《第四届中柬优秀电影巡映在金边启动》，新华丝路网，2019年11月5日，https：//www. imsilkroad. com/news/p/389565. html。
④ 柬埔寨文化艺术部官方脸书，2019年12月16日，https：//www. facebook. com/KhmerCultureMinistry/posts/2618243981591400/。
⑤ 《仙女国家机构代表团赴日访问参观》，柬埔寨仙女国家机构官网，2019年2月26日，http：//apsara authority. gov. kh/？page = detail&ctype = article&id = 2590&paginate = 199&lg = kh。

饰印章、装饰物残片、金线、瓷器和小铜盒等，涉及的年代有史前时期、吴哥王朝及其前后时期。①

10月8日，日本驻柬埔寨新任大使三上正宏（Mikami Masahiro）拜会柬埔寨文化艺术大臣彭萨格娜并进行会谈，彭萨格娜希望日方能对柬埔寨2020年举办"东盟文化部长级会议""东盟—中日韩文化部长级会议"和"东盟+3文艺晚会"予以帮助。日本大使对此表示支持，并决心加强和扩大两国在文化方面的合作。②

11月29日，日本上智大学教授石泽良昭（Yoshiaki Ishizawa）带领"文化遗产和博物馆在东盟社区中新作用"研讨班东盟十国学员访问仙女国家机构，双方交流文化遗产保护和管理经验。③ 值得说明的是，日本上智大学在吴哥遗址保护、修复、培训人才等方面深耕多年、富有经验。④ 目前，该团队正在开展吴哥寺栈桥修复工程。

（三）柬埔寨与韩国

2月11日，柬埔寨文化艺术部国务秘书绍姆·索坤会见韩国海外开发咨询有限公司项目经理文裕晳（Moon Suk Hong）女士，商议双方合作的亚洲文化中心（Asian Cultural center）项目。⑤

3月14日，韩国电影振兴委员会（KOFIC）主席吴硕根（Oh Seok Geun）拜访柬埔寨文化艺术部，与国务秘书绍姆·索坤商谈建立亚洲电影

---

① 《柬埔寨获得日本人士捐赠的85件文物》，柬埔寨信息部官网，2019年7月5日，https：//www. informa tion. gov. kh/detail/316839。
② 《柬日决定加强两国文化合作》，〔柬〕柬埔寨头条，2019年10月9日，http：//sharenews. tnaot. com/news_ share/article_ detail/2271242。
③ 《仙女国家机构与东盟十国专家交流意见》，柬埔寨仙女国家机构官网，2019年11月29日，http：//apsaraauthority. gov. kh/index. php? page = detail&ctype = article&id = 2970&lg = kh。
④ 〔日〕石泽良昭：《东南亚：多文明世界的发现》，瞿亮译，吴呈苓校译，北京日报出版社，2019。
⑤ 柬埔寨文化艺术部官方脸书，2019年2月11日，https：//www. facebook. com/KhmerCultureMinistry/posts/2079172885498515。

中心（Asian Film Center）事宜。该中心旨在扶持电影技能培训、促进成员国电影合作成果和成立亚洲电影基金，以扩大和巩固东南亚国家与韩国和其他亚洲国家在电影方面的合作。①

10月11日，柬埔寨文化艺术大臣彭萨格娜率团参加"文化开启未来"2019年韩国庆州世界文化博览会（Gyeongju World Culture Expo）开幕式，柬埔寨演员进行了舞蹈表演。② 11月22～29日，洪森首相派代表率团参加2019年韩国庆州世界文化博览会闭幕式。其间，柬韩双方签署了文化合作谅解备忘录。③

10月22～25日，柬埔寨文化艺术大臣代表国务秘书苏姆·马布赴韩国光州参加2019年东盟—韩国文化艺术部长特别会议④（2019 Special AMCA Plus ROK Meeting）。该会议的举办是为了纪念韩国与东盟对话关系30周年，加强11个国家在文化和艺术方面的合作。会议聚焦韩国和东盟十国未来实施的各个项目，讨论通过了关于韩国与东盟十国文化艺术领域合作的联合声明⑤

12月6日，为庆祝韩国电影诞生100周年，由韩国驻柬埔寨大使馆与

① 《代理大臣绍姆·索坤接待韩国电影振兴委员会主席 Mr. OH SEOK GEUN》，柬埔寨人民党官网，2019年3月15日，https：//www.cpp.org.kh/details/121081。

② 《文化艺术大臣参加2019年韩国庆州世界文化博览会开幕式》，〔柬〕CNC新闻网，2019年10月12日，https：//www.cnc.com.kh/detail/news/5064。

③ 《柬埔寨参加2019年韩国庆州世界文化博览会闭幕式》，〔柬〕亚洲鲜闻网（Fresh News），2019年11月23日，http：//www.freshnewsasia.com/index.php/en/localnews/140512 - 2019 - 11 - 23 - 03 - 53 - 46. html。

④ 东盟—韩国文化艺术部长会议（The Meeting of the ASEAN-Republic of Korea Minister Responsible for Culture and Arts, AMCA Plus POK）于2014年设立，旨在促进文化和艺术领域的友好交往和共同繁荣，已通过并实施两项工作计划，即《2015～2018年东盟—韩国文化艺术合作工作计划》和《2019～2021年东盟—韩国文化艺术合作工作计划》。参见《2019年东盟—韩国文化艺术部长特别会议媒体联合声明》，联合国教科文组织官网，https：//en.unesco.org/creativity/sites/creativity/files/jms - special _ amcarok _ 24oct19 - final. pdf。

⑤ 《韩国和东盟各国文化部部长承诺加强文化合作》，韩国在线，2019年10月24日，http：//www.korea.net/Gov ernment/Current - Affairs/National - Affairs/view? affairId = 948&subId = 761&articleId = 178445&viewId = 51146。

柬埔寨文化艺术部合办的第 13 届韩国电影节在金边四臂湾会议厅举行，柬埔寨文化艺术大臣彭萨格娜出席开幕式并发表讲话。她鼓励两国电影人通过摄制或联合制作在柬埔寨投资电影业，以此加强柬韩之间的双边关系、文化合作和相互理解。①

（四）东南亚地区

1. 柬埔寨与泰国

2019 年 2 月 27 日，柬埔寨皇家艺术大学与泰国艺术发展学院（Bunditpatanasilpa Institute）签署谅解备忘录，两校意欲在文化、舞蹈、音乐和美术方面进行交流，联合举办展览和研讨会等，进行学生和教授互换，开展研究项目和图书馆经验交流。② 6 月 17 ~ 21 日，柬埔寨仙女国家机构吴哥遗址寺庙维护与考古防护局的三位专家赴泰国沙缴府参加"运用古法和古材料修缮吴哥地区的砖庙"研讨会，以向当地介绍砖庙修复工作，这也是柬埔寨专家第一次出国分享吴哥地区砖庙修缮经验。③ 7 月 24 ~ 28 日，柬埔寨第六届泰国电影节在金边森速区永旺商场和大都会商场（City Mall）电影院举行，柬埔寨文化艺术大臣彭萨格娜和泰国驻柬大使出席开幕式活动。④

2. 柬埔寨与越南

5 月 24 日至 6 月 1 日，越南海防市举办"东南亚音乐节"（ASEAN Music Festival），柬埔寨皇家艺术大学团队获得金牌一枚、银牌两枚。⑤ 11

---

① 《柬埔寨第 13 届韩国电影节　两国分享经验的好平台》，〔柬〕和平岛报网，2019 年 12 月 8 日，https：//kohsantepheapdaily. com. kh/article/969331. html。
② 《皇家艺术大学与泰国艺术发展学院签署谅解备忘录》，柬埔寨人民党官网，2019 年 2 月 28 日，https：//www. cpp. org. kh/details/117380。
③ 《柬埔寨古寺保护专家向泰国专家分享古砖寺修复和保护经验》，柬埔寨仙女国家机构官网，2019 年 6 月 25 日，http：//www. apsaraauthority. gov. kh/？ page = detail&ctype = article&id =2694&lg = kh。
④ 柬埔寨文化艺术部官方脸书，2019 年 7 月 25 日，https：//www. facebook. com/KhmerCultureMinistry/posts/2338416986240769/。
⑤ 柬埔寨文化艺术部官方脸书，2019 年 6 月 3 日，https：//www. facebook. com/KhmerCultureMinistry/posts/2248072018608600。

月11~17日，越南下龙市举办2019年世界杂技节（World Circus Festival 2019），柬埔寨艺术中学杂技团在开幕式上的表演荣获"优秀表演奖"。[①] 11月18~22日，越南芹苴市举办"柬埔寨文化周"活动，柬埔寨文化艺术部组织36人赴越，进行柬埔寨文艺表演，开设"柬埔寨：文化王国"主题照片展。[②]

3.柬埔寨与老挝

12月5日，柬埔寨文化艺术部官员赴老挝访问，先后考察了老挝凯山·丰威汉（Kaysone Phomvihane）博物馆和纪念馆，以及琅勃拉邦等地的名胜古迹，学习交流文化和博物馆方面的经验，并了解老挝的遗产资源潜力。12月9日，柬埔寨文化艺术部代表团与凯山·丰威汉博物馆管委会签署博物馆和文化领域的合作协议。[③] 12月17日，老挝万象市副市长西恒·西提勒赛（Sihoun Sitthileuxay）访问柬埔寨仙女国家机构，双方就吴哥地区的管理、保护和发展工作进行交流。[④]

4.区域内组织

6月24~28日，东盟文化小组委员会（ASEAN Sub-Committee on Culture）第20次会议暨"10+3"（东盟—中日韩）文化合作网（ASEAN Plus Three Cultural Cooperation Network）第八次会议在柬埔寨暹粒举行。[⑤] 10月2日，由柬埔寨文化艺术部国际文化合作与东盟事务司主办的"澜沧江—湄公河文化合作框架研讨会"（The Mekong-Lancang Workshop on

---

① 《柬埔寨杂技艺术获世界杂技节"优秀表演奖"》，〔柬〕风电台网（vayofm），2019年11月18日，https://vayofm.com/news/detail/98744 – 436952269.html? option = tem&textid = 49039。

② 《越南2019年柬埔寨文化周活动》，柬埔寨人民党官网，2019年11月25日，https://www.cpp.org.kh/details/167174。

③ 《柬埔寨文化艺术部与老挝凯山·丰威汉博物馆管委会签署合作协议》，柬埔寨人民党官网，2019年12月11日，https://www.cpp.org.kh/details/169737。

④ 《老挝万象市代表团来访并了解吴哥景区的管理、保护与发展》，柬埔寨仙女国家机构官网，2019年12月18日，http://apsaraauthority.gov.kh/? page = detail&ctype = article&id = 2999&lg = kh。

⑤ 柬埔寨皇家艺术大学官方脸书，2019年6月28日，https：//www.facebook.com/rufa.edu.kh/posts/12470450 65476334/。

Cultural Cooperation Framework）在金边举行，澜湄六国（中国、缅甸、老挝、泰国、柬埔寨和越南）文化官员商谈文化交流合作。①

（五）欧美地区

1. 柬埔寨与法国

4 月 9 日，法国"Canal +"电视台《传奇办公室》（*Le Bureau Les Legend*）节目制作人埃里克·罗坎特（Eric Rochant）一行拜访柬埔寨文化艺术大臣彭萨格娜，拟将柬埔寨选作节目拍摄地，彭萨格娜表示欢迎并承诺予以协助。② 8 月 6 日，在该电视台节目在柬的两周拍摄期间，彭萨格娜携文化艺术部官员前往现场视察，并对节目组来金边摄制表示感谢。③

5 月 8 日，国际高校法语联合会（Agence universitaire de la francophonie, AUF）会长让·保罗·德·高迪玛（Jean Paul De Gaudemar）拜访柬埔寨文化艺术大臣彭萨格娜，商谈在柬埔寨高校扩大法语使用范围事宜。④

在 5 月 14 ~ 25 日举办的第 72 届戛纳电影节上，柬埔寨著名的电影制作人芮提班（Rithy Panh）担任"金摄影机"奖评委会主席。⑤

5 月 23 日，柬埔寨国王诺罗敦·西哈莫尼赴法国参加在法兰西文学院（Académie des inscriptions et belles-lettres，又译"法兰西铭文与美文学术院"）举办的柬埔寨—法国与国际社会参与吴哥古迹保护和发展 25 周年庆

---

① 《文化大臣赞赏"澜湄"官员合作》，〔柬〕柬埔寨头条，2019 年 10 月 4 日，http：//sharenews. tnaot. com/news_ share/article_ detail/2242411。

② 柬埔寨文化艺术部电影艺术和文化宣传司官方脸书，2019 年 4 月 9 日，https：//www. facebook. com/cambodiacinemadepartment/posts/2269605263151420/。

③ 《彭萨格娜视察 Canal + 电视台在金边的拍摄活动》，柬埔寨人民党官网，2019 年 8 月 7 日，https：//www. cpp. org. kh/details/146304。

④ 柬埔寨文化艺术部官方脸书，2019 年 5 月 8 日，https：//www. facebook. com/KhmerCultureMinistry/posts/ 2205888199493649。

⑤ 《柬埔寨杰出的电影制作人芮提班被选为国际电影节评委会主席》，〔柬〕亚洲鲜闻网（Fresh News），2019 年 5 月 8 日，http：//www. freshnewsasia. com/index. php/en/entertainment/121401 - 2019 - 05 - 08 - 10 - 12 - 56. html。

祝活动。①

12月18日，柬埔寨皇家艺术大学校长亨·索帕迪在法国讨论并签署谅解备忘录，涉及柬埔寨金边皇家大学、国家教育学院、皇家艺术大学与法国国家东方语言文化学院（INALCO）、法国发展研究院（IRD）、语言结构和动力学研究中心（SeDyL）②及法国驻柬大使馆就人文社科领域人才培养和加强高校间研究中心合作等内容。③

2.柬埔寨与其他国家和地区

1月3~18日，美国康奈尔大学（Cornell University）艺术考古系九名学生赴暹粒和金边等地考察，了解柬埔寨的历史、文化、建筑和丝织业发展等情况。这是该校第五次组织学生在柬考察学习。④

1月11日至2月7日，加拿大多伦多大学与柬埔寨仙女国家机构合作开展"吴哥寺庙项目"（Angkor Vihara Project），意在对大吴哥王城里的八处小乘佛教遗址进行清理、挖掘和研究。⑤

5月30日，白俄罗斯"柬埔寨文化周"揭幕，柬埔寨文化艺术大臣彭萨格娜出席，该活动包括关于柬埔寨旅游、文化和传统习俗的图片展，以及柬埔寨文艺表演。⑥此前两天，彭萨格娜与白俄罗斯文化部长尤里·邦达（Yuri Bondar）会见，商议加强两国文化交往，并拟定日后在柬埔寨举办

---

① 《柬埔寨国王参加柬埔寨—法国与国际社会参与吴哥古迹保护和发展25周年庆祝活动》，柬埔寨仙女国家机构官网，2019年5月23日，http：//apsaraauthority. gov. kh/? page = detail&ctype = article&id =2651&lg = kh。

② 语言结构和动力学研究中心（SeDyL）是由法国国家科学研究中心（CNRS）、发展研究院（IRD）和国立东方语言与文明研究所（INALCO）支持的语言学研究中心。参考 https：// www. vjf. cnrs. fr/sedyl/presenta tion. php? langue = en。

③ 柬埔寨文化艺术部官方脸书，2019年12月19日，https：//www. latest. facebook. com/ KhmerCultureMinistry/posts/2623976017684863。

④ 《仙女国家机构与康奈尔大学在艺术、文化和考古方面继续加强联系，以便学生了解高棉文化》，柬埔寨仙女国家机构官网，2019年1月4日，http：//apsaraauthority. gov. kh/? page = detail&ctype = article&id = 2551 &lg = kh。

⑤ 柬埔寨文化艺术部官方脸书，2019年1月31日，https：//www. facebook. com/ KhmerCultureMinistry/posts/2062927200456417? _ _ tn_ _ = K – R。

⑥ 《柬埔寨在白俄罗斯展示了优美文化》，〔柬〕MYTV电视台官网，2019年5月30日，https：//mytv plus. com. kh/archives/24906。

"白俄罗斯文化周"活动。①

5月31日至6月5日，俄罗斯举办柬埔寨文化节，柬埔寨文化艺术大臣彭萨格娜率团参加，举办柬埔寨风情文化图片展，并在莫斯科小剧院进行艺术表演。在此期间，两国文化部官员举行会谈并签署了谅解备忘录。②

3. 国际组织

6月30日~7月10日，联合国教科文组织世界遗产委员会第43次会议在阿塞拜疆巴库市召开，柬埔寨文化艺术大臣彭萨格娜率代表团与会。会议期间，针对柬埔寨三波坡雷库寺自2017年7月8日"入遗"以来的保护与开发情况，大会成员听取了报告，并对此进行了评估。③ 11月19日，联合国教科文组织第40届大会在法国巴黎召开。柬埔寨文化艺术大臣彭萨格娜率团与会，并在文化部长论坛上分享关于文化领域人力资源开发与创新的想法。④ 其间，联合国教科文组织柬埔寨常驻代表团副主任大卫·金·凯特当选为文化部长论坛第四委员会（文化事务和遗产方向）报告人。⑤

四　总结与展望

总体而言，2019年柬埔寨文化发展稳步向前，常规文化活动、文艺赛事照常举办，民族文化得到弘扬和发展。从洪森首相在"三月三"国家文

---

① 柬埔寨文化艺术部官方脸书，2019年5月29日，https：//www.facebook.com/KhmerCultureMinistry/posts/2239962402752895。

② 《俄罗斯"柬埔寨文化节"办得圆满成功》，柬埔寨人民党官网，2019年6月5日，https：//www.cpp.org.kh/details/13234。

③ 《文化艺术大臣彭萨格娜率团参加联合国教科文组织世界遗产委员会第43次会议》，柬埔寨仙女国家机构官网，2019年7月2日，http：//www.apsaraauthority.gov.kh/? page = detail&ctype = article&id = 2703&lg = en。

④ 《柬埔寨文化艺术大臣兼仙女国家机构主席彭萨格娜分享关于文化领域人力资源开发与创新的想法》，柬埔寨仙女国家机构官网，2019年11月19日，http：//apsaraauthority.gov.kh/? page = detail&ctype = article&id = 2951&lg = en。

⑤ 《柬埔寨被选为联合国教科文组织文化部长论坛报告方》，柬埔寨仙女国家机构官网，2019年11月20日，http：//apsaraauthority.gov.kh/? page = detail&ctype = article&id = 2954&lg = kh。

化节讲话，可以看出柬埔寨文化发展的思路——既珍惜传统，也提倡先进；既要输入，也要输出；既强调高棉民族主体，也拥抱多元民族文化；既要大力宣传，也要创造价值。

2019年柬埔寨文化发展呈现了一种新趋势，常规赛事"三月三"国家文化节和文学创作大赛参与者比往年更多，音乐节和电影节国际化程度不断提高，在本地区或世界上的影响也渐渐增大。对外合作方面，柬埔寨稳定地获得了外国技术和资金的支持，一方面能协调各方关系为自己所用，另一方面不放弃决策权和主动权。文化艺术部和仙女国家机构作为柬埔寨两大文化行政管理部门，自身重视培养专业人才和后备力量，以期自立自强。

对于物质文化遗产的开发，柬埔寨政府坚持保护、修复和开发并重，重视利用遗产旅游促进经济发展。在这种思路之下，柏威夏遗址、高盖遗址、三波坡雷库寺遗址的修复与开发都已提上议事日程。对于非物质文化遗产，柬埔寨一直重视利用各种节庆和舞台进行表演。此外，柬埔寨对"申遗"的热情在一定程度也促成了非物质文化的发展，有利于塑造民族自信心和自豪感。

对外文化交流与合作一直是柬埔寨外交的发力点。2019年柬埔寨与中国、日本、韩国和近邻等传统友邦的文化合作走向深入，在东盟地区内影响力增强，与欧美国家的合作内容也丰富多样。在白俄罗斯和俄罗斯举办文化活动，说明柬埔寨文化交往的舞台在不断扩大。

参考文献

陈显泗：《柬埔寨两千年史》，中州古籍出版社，1990。

刘志强主编《东盟文化发展报告（2019）》，社会科学文献出版社，2019。

王毅、袁濛茜编著《吴哥古迹：联合国教科文组织国际保护行动研究》，浙江大学出版社，2018。

〔日〕石泽良昭：《东南亚：多文明世界的发现》，瞿亮译，吴呈苓校译，北京日报出版社，2019。

Kong Vireak & Preap Chanmara, *Sbek Thom*, UNESCO Office in Phnom Penh, 2014.

Michael D. Coe, *Angkor and the Khmer Civilization*, London: Thames & Hudson, 2003.

The Ministry of Culture and Fine Arts & UNESCO, *Inventory of Intangible Cultural Heritage of Cambodia*, JSRC Printing House, 2004.

文化遗产篇

Topics on Cultural Heritage

B.11
越南非物质文化遗产专题报告

蒙　霖*

摘　要： 2019 年，在越南文化遗产局的大力推动下，"岱依族、侬族、泰族天恩仪式"成功入选联合国教科文组织《人类非物质文化遗产代表作名录》，成为越南第 13 个世界级非物质文化遗产。另外，越南文化遗产局公布了新一批共 17 项国家级非物质文化遗产名单。越南非遗认定及保护工作进一步细化，稳步向纵深推进，取得了令人瞩目的成就。

关键词： 非物质文化遗产　非遗保护　越南

---

* 蒙霖，文学博士，讲师，广东外语外贸大学东方语言文化学院越南语系主任，主要研究方向为越南汉文学、越南语言文化等。

2019 年，在越南文化遗产局等职能部门的强力主导下，越南非物质文化遗产认定和保护工作得以有条不紊地继续进行。在政府层面，除了继续细致化推进非物质文化遗产的宣传保护工作，越南更通过多方渠道、群策群力，成功推动"岱依族、侬族、泰族天恩仪式"（Then Practice）入选联合国教科文组织《人类非物质文化遗产代表作名录》，成为越南第 13 个世界级的非物质文化遗产。此外，包括岱依族对唱民谣（Lượn Cọi của người Tày）、贡族鸡冠花节［Mền Loóng Phạt Ái（Tết Hoa mào gà）của người Cống］、赫耶族织锦手工艺（Nghề dệt thổ cẩm truyền thống của người Hrê）、朔庄渔民求鱼节（Lễ hội Nghinh Ông）等 17 个项目成功入选国家级非物质文化遗产名单。在民间层面，政府加大宣传力度，使各类非物质文化遗产真正从"小众"走向"大众"，从乏人问津的"冷门绝学"逐渐变成广受关注的民族文化精髓。

成立于 1959 年的文化遗产局隶属于越南文化体育旅游部，主要职责范围是依照越南党和国家制定的相关政策法规，切实有效地开展国家各类文化遗产的传承、保护及发扬工作。在成立至今的 60 年里，文化遗产局在越南民族文化遗产的传承发扬等方面，始终扮演着不可或缺的重要角色。越南文化体育旅游部副部长郑氏水在文化遗产局成立 60 周年纪念大会上指出："文化遗产局充分认识到文化遗产的重要地位和价值，始终坚持以党中央的正确领导为准则，推动文化遗产在国家经济社会发展中发挥其应有的重要作用。"①

在文化遗产局的正确引导和大力推动下，近几年越南文化遗产的传承、保护及发扬工作都取得了长足进步。具体就非物质文化遗产而言，除了对相关法律文本进行细致化解读之外，文化遗产局更组织了形式丰富多样的活动，从官方和民间层面大力促进非物质文化遗产的传承保护向纵深方向发展。

---

① 越南文化报网站，2019 年 11 月 22 日，http：//baovanhoa. vn/van – hoa/di – san/artmid/488/articleid/24139/60 – nam – thanh – lap – cuc – di – san – van – hoa。

一 非物质文化遗产的归属问题

2010 年 1 月 1 日，越南出台了最新版的《文化遗产法》，其中第一章第四条明确指出："非物质文化遗产是与群体、个人、物质及文化紧密相关的精神产物，具有宝贵的历史、文化及科学价值，充分体现了某一群体的文化本色，且常以口授、传艺、表演及其他形式代代传承。"① 简而言之，非物质文化遗产主要通过其创作主体——通常为民间艺人的表演活动来展现，它鲜活生动、极具表现力，更容易深入民心、植根民间，渗透民族文化的精髓。② 可以说，这一法律文本为越南非物质文化遗产的定义和保护工作提供了充分的法律依据。但随着越南非遗保护工作在全球化过程中向纵深推进，有关越南非物质文化遗产的定义及其归属问题再度引起了部分学者的关注和争论。

2019 年 12 月 18 日，联合国教科文组织驻河内办事处与越南文化体育旅游部、越南国家艺术文化研究院联合举办了主题为"保护与发扬非物质文化遗产工作中的传统维护"的研讨会。③ 在会上，联合国教科文组织非物质文化遗产名录规划实施部门前主管弗兰克·普洛山博士（Frank Proschan）详细介绍了联合国教科文组织于 2003 年颁布的《保护非物质文化遗产公约》相关内容。值得一提的是，普洛山认为，目前越南媒体普遍使用的"非物质文化遗产"这一概念存在诸多被"误解"之处，其中最常见的错误来自"人类非物质文化遗产"一说。他指出，《保护非物质文化遗产公约》明确了"非物质文化遗产"是公认属于某一群体或某一个人的行为习惯、表达方式、知识技能乃至其行为表达过程中所使用的相关工具、器物及文化

---

① 《文化遗产法》（2010 年版），〔越〕法律图书馆网站，https：//m. thuvienphapluat. vn/van － ban/van － hoa － xa － hoi/Van － ban － hop － nhat － 10 － VBHN － VPQH － 2013 － hop － nhat － Luat － di － san － van － hoa － 204826. aspx。

② 蒙霖：《越南非物质文化遗产报告》，载刘志强主编《东盟文化发展报告（2019）》，社会科学文献出版社，2019，第 181 页。

③ 〔越〕大团结网—越南祖国阵线中央机关官网，2019 年 12 月 19 日，http：//daidoanket. vn/van － hoa/truyen － thong － voi － di － san － van － hoa － phi － vat － the － tintuc455049。

空间。① 换言之，非物质文化遗产仅从属于具有行为实施过程的某一群体、某一个人，只能明确该项非物质遗产现存于哪个国家、哪个地方，而不能将其简单归为某个国家乃至全人类之所属。对这一概念的误读，也导致了一些难以避免的不良后果。普洛山补充道："概念术语的误用，导致对文化遗产的本质认识不清，从而对非遗保护工作产生诸多恶劣影响，如地方政府的过度干预、民众心理的过高预估等。"② 对此，越南文化遗产局官员阮氏秋庄表示："近年来，在具体实施过程中，文化遗产局已主动调整相关政策法规的有关条款细则，但要在更广大范围内推动这项工作，仍需要各方共同努力，尤其是报刊媒体等行业的大力协助。"③

普洛山的这一论断引起了越南社会的广泛关注，在一定范围内掀起了越南是否真正"拥有人类非物质文化遗产"的大讨论。同样来自越南文化遗产局的范高贵博士指出："人类非物质文化遗产"这一术语的谬用由来已久，且绝不仅仅局限于报刊媒体行业。造成这一现象的原因有二：一是普遍有观点认为，国家指派具体行政机关负责认定保护非物质文化遗产，是因为非遗属于国家、人民所有；二是报刊媒体在报道非遗认定保护工作时，往往会认为唯有将非遗提升至国家乃至全人类共有，才能显示出该项文化遗产的珍贵价值。这就使得原本只是某一村社的"小众行为"，却生生与全世界、全人类扯上了关系。④

越南外交部对外文化司司长梅潘勇则对这一观点持保留态度：越南非物质文化遗产得以列入联合国教科文组织《人类非物质文化遗产代表作名录》，是经过非常严谨的资料收集和论证的。相关认定工作层层有序推进，

---

① 〔越〕大团结网—越南祖国阵线中央机关官网，2019 年 12 月 19 日，http：//daidoanket. vn/van－hoa/truyen－thong－voi－di－san－van－hoa－phi－vat－the－tintuc455049。

② 〔越〕大团结网—越南祖国阵线中央机关官网，2019 年 12 月 19 日，http：//daidoanket. vn/van－hoa/truyen－thong－voi－di－san－van－hoa－phi－vat－the－tintuc455049。

③ 〔越〕大团结网—越南祖国阵线中央机关官网，2019 年 12 月 19 日，http：//daidoanket. vn/van－hoa/truyen－thong－voi－di－san－van－hoa－phi－vat－the－tintuc455049。

④ 越南文化报网站，2019 年 12 月 20 日，http：//baovanhoa. vn/van－hoa/di－san/artmid/488/articleid/24814/bao－chi－nham－lan－khi－truyen－thong－ve－di－san－van－hoa－phi－vat－the

从资料收集递交到组织认证，需要经过大量严谨精细的筛选论证工作，这是国际社会对越南非物质文化遗产价值的充分肯定，是越南人民乃至全人类的共同财富。①

对非物质文化遗产的正确理解固然重要，实际操作过程却困难重重。这与包括越南在内的世界各国对《保护非物质文化遗产公约》的理解不同有关。在当前的实际情况下，各国对非遗的认知和保护工作，很大程度上依赖非遗作为精神瑰宝所带给一个国家、一个民族的荣耀。可以说，非物质文化遗产与人民群众的精神生活密切相关，对整个经济社会的发展都有重要的促进作用。因此，应该在全社会形成一个共识，提高对非物质文化遗产重要性的认知；同时应在整个社会层面形成一个庞大的信息网络，将非遗保护和传承工作充分纳入这一信息网络，实现各级各类非物质文化遗产的信息互通、资源共享、正确认知、区别对待。这不仅需要国家层面的大力促进，更需要公共媒体、自媒体、社交网络等多平台多渠道的通力合作。唯其如此，才能从上至国家层面、下至民众意识形成对非物质文化遗产的正确认知，才能正确对待非遗所属问题。正如越南文化遗产局官员阮氏秋庄所言："对《保护非物质文化遗产公约》的理解出现偏差，很多时候是文本翻译、遣词表达等方面的原因。文化遗产局已就此问题向文化体育旅游部递交了表述修改方面的报告，希望能从法律文本层面提高相关表述的准确性，从而加深公众对非物质文化遗产概念的正确认知，避免因法律文本的误读而造成消极影响。"②

二　扩大非物质文化遗产的民间影响力，打响国际知名度

越南文化遗产局不仅在相关政策法规方面对非物质文化遗产的概念进行

---

① 越南文化报网站，2019 年 12 月 20 日，http：//baovanhoa. vn/van－hoa/di－san/artmid/488/articleid/24814/bao－chi－nham－lan－khi－truyen－thong－ve－di－san－van－hoa－phi－vat－the。

② 越南劳动报网站，2019 年 12 月 30 日，https：//laodong. vn/van－hoa－giai－tri/dinh－nghia－lai－di－san－van－hoa－phi－vat－the－cua－nhan－loai－774582. ldo。

了细致化解读，更通过形式丰富多样、异彩纷呈的精彩活动，大力促进物质文化遗产和非物质文化遗产在民间层面的广泛传播，在此基础上力求打响国际知名度，成就越南自然文化遗产的国际地位。

2019年9月12日晚，越南文化体育旅游部与宣光省人民委员会联合举办了2019年越南非物质文化遗产大联欢暨成宣庙会。此次盛会以"宣光——凝聚精华"为主题，吸引了来自越南各省市11个艺术团体的700多名文艺工作者，为观众呈现了形式丰富多样的精彩表演，内容涵盖瑶族成人礼、宣光省岱依族"天恩仪式"、富寿春曲、北宁官贺民歌、南部才子弹唱、西原锣钲文化空间等12个当今越南最具代表性的非物质文化遗产，为观众带来视觉与听觉的双重盛宴。① 在开幕仪式上，宣光省人民委员会主席范明训对非物质文化遗产的价值予以了充分肯定："非物质文化遗产是越南54个民族宝贵的共同财富，历经数千年历史而沉淀下来，是我国人民不可多得的智慧结晶。"②

越南拥有丰富的民间文化遗产，每一项文化遗产都凝聚着越南强烈的民族自尊心和自豪感。加大力度推动各级各类文化遗产在民间的传播，增强其在人民群众中的影响力，是保护、传承及发扬文化遗产的最佳途径。另外，在民间广泛推广文化遗产，不仅极大丰富了越南民间文化活动的形式和内容，更带动了文化旅游行业的飞速发展，对越南社会政治经济的全面发展起到了良好的促进作用，也为全面提高人民生活水平打下了坚实基础。

2019年11月21~26日，为纪念每年11月23日的越南文化遗产日，由越南文化体育旅游部主办，越南文化艺术展览中心与相关单位联合举办了主题为"融入国际、不断向前"的2019年越南文化遗产旅游节。这是越南文化旅游界的一大盛事，更为宣传、推广越南各级各类文化遗产，尤其是获批

---

① 越南旅游总局官网，2019年9月4日，http：//vietnamtourism. gov. vn/index. php/items/29970。

② 越南民运报网站，2019年9月13日，http：//danvan. vn/Home/Van – hoa – van – nghe/10711/Lien – hoan – trinh – dien – di – san – van – hoa – phi – vat – the – quoc – gia – va – Le – hoi – Thanh – Tuyen – 2019。

列入联合国教科文组织《人类非物质文化遗产代表作名录》的 13 项非物质文化遗产提供了绝佳契机。来自越南全国各地的文化旅游部门、行业、企业和个人参加了此次盛会，分享、推荐越南文化遗产旅游的资源，并就开展商业文旅合作进行了洽谈和交流。

此次旅游节形式丰富多样、动静结合，既有异彩纷呈的文艺表演，更有底蕴深厚的图片展览。展览分为"越南自然风光""从自然文化遗产中看越南""越南遗产2019"三大主题，涉及中部发牌唱曲艺术、母神祭祀信仰、北宁省民间东湖画、平顺省占族陶瓷工艺、顺化宫廷雅乐等越南首批 33 个国家级非物质文化遗产。此外，"越南茶文化展""越南美食文化展"等精彩的展览均吸引了大批观众到场欣赏，"走向世界的越南乡村美术手工艺2019"主题洽谈会、"少年儿童与文化遗产"主题讲座等系列活动也得到了来自越南各地文旅行业的广泛关注。① 越南文化体育旅游部希望借由此次盛会，为扩大越南各级各类自然文化遗产的知名度，增强越南自然文化遗产的国际影响力，推动"遗产经济"的进一步发展打下坚实基础。保护自然文化遗产，不仅是政府相关部门的工作，更是全社会共同的责任和义务，关乎青少年的成长，更关乎越南民族的历史与未来。

三 越南第13个世界级非物质文化遗产："天恩仪式"

2019 年，越南非物质文化遗产保护与发扬工作收获颇丰，其中最大亮点便是越南岱依族、侬族和泰族的"天恩仪式"成功入选联合国教科文组织《人类非物质文化遗产代表作名录》，成为越南第 13 个世界级非物质文化遗产，充分体现了联合国教科文组织及国际社会对越南民族文化多样性的肯定。

---

① 越南河南省旅游体育文化局官网，https：//hanam. gov. vn/svhttdl/Pages/thuong－thuc－cac－di－san－van－hoa－phi－vat－the－da－duoc－unesco－ton－vinh－tai－thu－do. aspx。

2019 年 12 月 12 日，联合国教科文组织保护非物质文化遗产政府间委员会第 14 届常会在哥伦比亚波哥大举行，正式通过决议，将越南岱依族、侬族和泰族的"天恩仪式"列入联合国教科文组织《人类非物质文化遗产代表作名录》。联合国教科文组织指出，越南所递交的"天恩仪式"申报人类非物质文化遗产代表作名录相关资料，完全符合代表作名录的五项要求。① 其中，"天恩仪式"演唱是"越南岱依族、侬族、泰族精神生活的重要组成部分，充分反映了人与人、人与自然界乃至人与宇宙的密切联系"。② "天恩仪式"也在一定程度上体现了越南各民族之间和平共处、互助互爱的优良传统，而这正符合联合国教科文组织崇尚种族平等、民族团结的宗旨，也为世界各国了解岱依族、侬族、泰族等越南少数民族的生活方式打开了一扇窗户。

越南学者普遍认为，有岱依族、侬族和泰族人的地方就有"天恩仪式"，这是当地少数民族赖以生存的生活方式。"天恩仪式"是一门综合性艺术，兼具鲜明的故事性和独特的艺术性。表演者通过弹唱形式，演绎各种古老动人的故事，风格各异，涵盖诗歌、音乐、绘画、舞蹈、戏剧等多种艺术表现形式。在不同的地域，"天恩仪式"在音乐表现方面又有所不同，主要表现在音乐风格、节奏等方面。"天恩仪式"表演者采用的乐器主要为天琴，这是岱依族、侬族、泰族等少数民族特有的传统乐器。天琴取自天然原材料：琴筒呈圆形，采用半个葫芦壳制成，琴弦则采用丝弦。因葫芦材质不同、丝弦粗细各异，不同地区的天琴乐声也各有不同：高平省天琴婉转低沉如深情低诉；谅山省天琴高亢激昂似快乐欢歌；宣光省天琴节奏明快鼓舞人心；河江省天琴乐声悠扬，绕梁不散。特色殊异，但同样精彩。天琴弹唱仪式表演形式丰富多样，可独奏独唱，即由单一表演者身穿岱依族、侬族、泰

---

① 越南《新河内报》电子版，2019 年 12 月 13 日，http：//www. hanoimoi. com. vn/tin－tuc/Van－hoa/952812/hat－then－duoc－cong－nhan－la－di－san－van－hoa－phi－vat－the－dai－dien－cua－nhan－loai。

② 越南《媒体人》杂志电子版，2019 年 12 月 13 日，http：//nguoilambao. vn/hat－then－duoc－unesco－cong－nhan－la－di－san－van－hoa－phi－vat－the－dai－dien－cua－nhan－loai－n16906. html。

族等传统民族服饰，手持天琴，自弹自唱，至一幕终了而止。也可为合奏，即由多人合唱，其中一人弹奏天琴，数人翩翩起舞，相得益彰。①

音乐是贯穿整个"天恩仪式"的灵魂元素，具有举足轻重的作用。"天恩仪式"主要采用少数民族丰富多彩的音乐形式，通常多为人们喜闻乐见的民歌民乐、著名唱调，将富有文学色彩的民族诗歌进行重新编曲，使"天恩仪式"更易被人接受，朗朗上口。熟悉的乐谱曲调、曼妙的诗歌语言、动人的传奇故事，使"天恩仪式"在岱依族、侬族、泰族等少数民族聚居区传唱度极高，广受欢迎，至今仍是当地少数民族最为喜爱的一种民间艺术表现形式。越南现代艺术家们在古代"天恩仪式"唱调基础上，大胆融入了现代元素，极大丰富了"天恩仪式"的题材形式，使"天恩仪式"从求神祈福、歌咏爱情转向歌颂民众的爱国热忱、游子远离故土的思乡之情。这令饱受战乱之苦的越南人民感受颇深，更为"天恩仪式"走出少数民族地区，融入越南民族大家庭打下了坚实基础。

在过去很长一段时间里，"天恩仪式"通常只在庙会祭典等宗教场合举行。扮演巫师的天翁或天婆既充当祭典司仪，也通过弹琴演奏吟唱诉说着一个个古老动人的故事。在人们无法解释春去秋来、风雨雷电、生老病死等自然现象的年代，"天恩仪式"之于人们就如浩瀚烟海中的一盏明灯，指引着人们前进的方向。这一时期的"天恩仪式"更像是一种艺术化的信仰仪式，在吸引人们观赏演出的同时，更影响人们对宇宙、自然界和社会现象的认知。在岱依人的观念中，"天"（越南语 Then 的音译）即天神。"天恩仪式"正是人们传递信仰，通过乐曲向天神祈福的过程。一首首乐曲、一声声吟唱，满载着人们对上天的敬畏和期盼，祈求上苍福泽庇佑、恩赐美好生活。因此，透过"天恩仪式"，人们在欣赏少数民族特色乐器、音乐和舞蹈的同时，更能感受到其中所传递的信仰，洞悉当地少数民族的世界观、人生观和价值观。这既是一种极具特色的民间艺术形式，更是古往今来岱依族、侬

---

① 联合国教科文组织官网，https：//ich. unesco. org/en/RL/practices – of – then – by – tay – nung – and – thai – ethnic – groups – in – viet – nam –01379，最后访问时间：2020 年 3 月 6 日。

族、泰族等少数民族的日常生活方式，承载着人们对美好生活的无限向往。

"天恩仪式"是古老而又神秘的，却又能在日新月异的现代生活中始终保持旺盛的生命力。正因如此，越南民间常将"天恩仪式"誉为"天界神曲""仙境之音"。一如越南文化遗产局局长黎氏秋贤所言："联合国教科文组织将岱依族、侬族、泰族'天恩仪式'列入《人类非物质文化遗产代表作名录》，充分肯定了越南民族文化的丰富多样性、各民族的融合团结及对各民族文化特色的尊重。'天恩仪式'不只是岱依族、侬族、泰族的民族文化精髓，更是越南共有的文化瑰宝。我们决心与世界各国人民一道，携手保护各民族特有的非物质文化遗产，在充分尊重民族独立、平等的基础上，将人类非物质文化遗产发扬光大。"[1]

四 2019年越南新增17项国家级非物质文化遗产

2019 年 1 月 29 日，根据越南文化体育旅游部第 446 号决定，越南文化遗产局公布了第 26 批共计 17 项国家级非物质文化遗产名单，一共分为五大类：民间表演艺术类、传统手工艺类、传统庙会类、风俗习惯与民间信仰类、民间智慧类等[2]。

岱依族对唱民谣（Lượn Cọi của người Tày）：主要盛行于北件省博南县，多取材于七言绝句诗，以描述自然、人类、岱依族村社、乡野生活、风俗习惯及民俗庙会为主要内容，充分体现了岱依族人民的世界观、人生观和三界宇宙观，即天界、人间、地府共存，与人的精神相通。

高平省侬安人打铁技术（Nghề rèn của người Nùng An）：主要存在于高平省广鸳县福仙乡。

芹苴长调（Hò Cần Thơ）：主要流行于芹苴市丐冷郡、乌门郡世来县。

---

① 越南首都劳动报，2019 年 12 月 19 日，http：//laodongthudo. vn/hat－then－xung－tam－di－san－101145. html。

② 越南新报网站，2019 年 2 月 14 日，https：//baomoi. com/them－17－di－san－van－hoa－phi－vat－the－quoc－gia/c/29667391. epi。

贡族鸡冠花节［Mền Loóng Phạt Ái（Tết Hoa mào gà）của người Cống］：主要流行于奠边省奠边县巴香乡、孟涅县南柯乡、南坡县巴秦乡等贡族聚居区。贡族民众通常于年末举办鸡冠花节，彼时正值农闲时节，秋收完毕、仓廪丰实，又即将迎来新年。鸡冠花节里，贡族人民载歌载舞、欢聚一堂。鸡冠花节寓意着来年丰收的希望，也被视为"开耕节"。

奠边省哈尼族昂玛突节［Lễ Gạ Ma Thú（Cúng bản）của người Hà Nhì］：主要流行于奠边省孟涅县梁树欣乡、仙上乡、钟寨乡、欣敖乡等哈尼族聚居区的传统祭祀仪式。

丁夫人庙会（Lễ hội Chùa Bà Đanh）：主要流行于河南省金榜县玉山乡。

卷山唱调（Hát Dậm Quyển Sơn）：主要流行于河南省金榜县诗山乡。

潮曲乡庙会（Lễ hội Làng Triều Khúc）：主要流行于河内市清池县新潮乡。

米池扁糯米生产业（Nghề cốm Mễ Trì）：主要集中于河内市南慈廉郡米池村。

老街省岱依族婚礼仪式（Nghi lễ Mo Tham Thát của người Tày）：主要流行于老街省文盘县郎江乡。

热依族天恩仪式（Nghi lễ Then của người Giáy）：主要流行于老街省巴刹县。

窄裤瑶成人礼（Lễ Cấp sắc của người Dao Quần Chẹt）：主要流行于富寿省立安县春水乡。

赫耶族织锦手工艺（Nghề dệt thổ cẩm truyền thống của người Hrê）：主要流行于广义省巴德县巴城乡。

朔庄省高棉族演唱艺术（Nghệ thuật Rô-băm của người Khmer）：主要流行于朔庄省陈题县才文乡。

朔庄渔民求鱼节（Lễ hội Nghinh Ông）：主要流行于朔庄省陈题县陈题镇。

宣光省红瑶传统服装装饰艺术（Nghệ thuật trang trí trên trang phục

181

truyền thống của người Dao Đỏ）：主要流行于宣光省林平县、纳杭县、沾
化县、涵安县、山杨县等红瑶聚居区。

清化省芒族男女对唱形式（Xường giao duyên của người Mường）：主
要流行于清化省玉乐县明山乡、石立乡、高玉乡等芒族聚居区。

越南在非物质文化遗产认定和保护方面，多采取深入老少边穷地区、向
少数民族倾斜的策略。2019 年所认定的 17 项非物质文化遗产中，就有多达 11
项属于少数民族聚居区。这也体现出越南的民族大团结。

五　2020 年越南非物质文化遗产保护工作展望

2019 年越南非物质文化遗产保护工作取得了令人瞩目的成绩，但同中
国一样，越南的非物质文化遗产也存在诸如非物质文化遗产商品化、非遗传
承者老龄化严重、技艺传承出现断层、传统手工艺被淡忘、年轻人忽视传统
文化等问题，非遗保护、传承和发扬工作不到位的问题并没有得到很好的解
决。

因此，越南文化遗产局在总结 2019 年非物质文化遗产保护工作的利弊
得失基础上，充分发挥自身优势，结合实际，对 2020 年越南非遗传承保护
工作进行了行之有效的规划。一方面，越南将继续推动顺化宫廷服饰申报联
合国教科文组织人类非物质文化遗产代表作；另一方面，加大力度收集国内
各种类型的非物质文化遗产，丰富越南文化遗产的宝库①，并在此基础上，
增强越南各民族的交流，从而促进社会、政治、经济、文化的全面协调发展。

越南目前已有 13 项文化遗产入选联合国教科文组织《人类非物质文化
遗产代表作名录》，越南文化遗产的国际影响力日益增大；另外，越南文化
体育旅游部每年均认定一批国家级非物质文化遗产，为平衡各地区、各民族
非遗保护工作，实现优势互补打下了坚实基础。但越南非遗保护工作仍需要

---

① 越南《青年报》网站，2020 年 1 月 5 日，https：//thanhnien. vn/van – hoa/se – lam – ho – so –
di – san – van – hoa – phi – vat – the – cho – ao – dai – 1168259. html。

注入大量人力、财力、物力，以解决经费短缺、人手不足、分工不明、保护不力等问题。在此基础上，越南应加大力度发展文化遗产旅游业，这将从根本上解决非遗保护不力的问题，实现人气旺、资金足、知名度广、关注度高、影响力大、保护到位、后继有人的良性循环。

参考文献

刘志强主编《东盟文化发展报告（2019）》，社会科学文献出版社，2019。

韦红萍：《越南保护物质与非物质文化遗产现状》，《中国浦东干部学院学报》2013年第 11 期。

〔越〕黎氏秋萱：《中越非物质文化遗产保护政策比较研究——以喃字的保护为中心》，硕士学位论文，云南大学，2016。

〔越〕黎氏明李：《非物质文化遗产保护——认识过程与越南的实践经验》，沈燕译，《民间文化论坛》2017 年第 4 期。

B.12
马来西亚非物质文化遗产专题报告

侯燕妮*

摘　要： 2019 年，马来西亚再添一项世界非物质文化遗产，传统武术希拉被列入《人类非物质文化遗产代表作名录》。在旅游、艺术和文化部的领导下，各部门积极开展保护、宣传活动，打造品牌、扩大影响，促进马来西亚非物质文化遗产的发展传承。28 年后，吉兰丹州政府正式解除玛雍表演禁令，为传统文化与伊斯兰教的共存开辟道路，对整个马来西亚的非物质文化遗产保护工作来说意义重大。

关键词： 非物质文化遗产　希拉　马来西亚

2019 年，马来西亚非物质文化遗产保护、宣传工作在旅游、艺术和文化部的主导下有序进行。一方面，马来西亚积极开展国际合作，联合申遗，申遗工作取得新进展。另一方面，由于马来西亚每两年公布一批国家级非物质文化遗产，上一批已于 2018 年公布。因此，2019 年马来西亚并未新增国家级非物质文化遗产项目，相关政府部门在组织国家级非物质文化遗产申报和认定的同时，积极开展本国非物质文化遗产宣传和保护工作，其中隶属于马来西亚旅游、艺术和文化部的国家文物遗产局、手工艺促进局、国家文化与艺术局为组织开展非遗保护工作的主力。

---

* 侯燕妮，广东外语外贸大学亚非语言文学专业 2020 级博士研究生，东方语言文化学院马来语系讲师，主要研究方向为马来西亚文学、历史。

一 积极申请世界非遗，传统武术希拉获认定

2008 年，马来传统武术"希拉"（Silat）被认定为国家非物质文化遗产，2009 年被正式列为马来西亚国家级非物质文化遗产。经过多年的筹备，2018 年 3 月 30 日，马来西亚文物遗产局正式向联合国教科文组织递交申请，以期将希拉列入《人类非物质文化遗产代表作名录》。①

2019 年 12 月 9 ~ 14 日，联合国教科文组织非物质文化遗产政府间委员会第 14 次会议在哥伦比亚首都波哥大举行，来自 134 个国家的 1400 多名代表出席会议。大会宣布五个项目被列入"急需保护的非物质文化遗产名录"，35 个项目被列入《人类非物质文化遗产代表作名录》。② 马来西亚传统武术希拉作为上述 35 个项目之一，被正式列入《人类非物质文化遗产代表作名录》，这是马来西亚第三个世界级非物质文化遗产项目。

希拉是一种源自马来群岛的自卫格斗术，最早可追溯至狼牙修王朝时期（约 2 世纪）。这种包含了马来传统服饰、音乐以及习俗的自卫格斗术现今已成为开展健身和精神训练（spiritual training）的方式之一。仅在马来西亚，就有超过 150 种不同风格的希拉。最初，希拉是一种被视为高尚的正义执法者的战士们所练习的自卫格斗术，但如今，练习者不仅仅局限于希拉大师，各级学校老师和学生也开展练习。随着练习人数的不断增加，越来越多的希拉培训中心在各地不断建立起来。希拉已并非仅作为一种传统武术出现在大众视野，而是作为一种表演艺术备受大众欢迎。③

希拉作为马来西亚社会传统自卫格斗术和表演艺术，是马来民族身份和

---

① 《希拉获联合国教科文组织认定》（"Silat Terima Pengiktirafan UNESCO"），〔马〕《每日新闻》，2019 年 12 月 13 日，https：//www. bharian. com. my/berita/nasional/2019/12/638217/silat‐terima‐pengiktirafan‐unesco。

② 参见联合国教科文组织非物质文化遗产官方网站，https：//ich. unesco. org/en/14com，最后访问时间：2020 年 2 月 26 日。

③ 参见联合国教科文组织非物质文化遗产官方网站，https：//ich. unesco. org/en/decisions/14. COM/10. B. 22，最后访问时间：2020 年 2 月 26 日。

特性的体现，也是各群体开展社交活动的媒介，通常在马来传统婚礼、正式活动开幕式以及政府正式活动如国王加冕礼时举行。希拉不仅体现了以互相尊重、了解自然、了解宇宙为基础的哲学理念，同时能提高表演者的敏捷性，培养爱思考、大胆、自信、礼貌、创新的品质。①

从狼牙修王朝至马六甲苏丹王朝，希拉一直是马来英雄的必备技能之一。自殖民时代起，希拉地位逐渐下降。② 马来西亚自 1957 年独立起便意识到保护希拉的迫切性。截至 2019 年，全国共有 548 个已注册武术团体，这些团体主要由两个非政府组织——马来西亚马来武术联合会和马来希拉艺术协会协调管理。其中，马来西亚马来武术联合会下辖 455 个团体，马来希拉艺术协会下辖 93 个团体。从地域分布来看，雪兰莪州武术团体数量最多，共 103 个；柔佛州紧随其后，共 77 个；霹雳州武术团体数量排名第三，共 69 个，剩余 206 个团体分布在马来西亚各地。③ 马来西亚马来武术联合会和马来希拉艺术协会是保护和发扬马来传统武术希拉的主力，希拉申请国家非物质文化遗产认定和人类非物质文化遗产认定均由上述两个组织发起，申遗资料最初的收集、整理也均由其完成。

此外，马来西亚政府部门、教育机构也积极响应，与马来西亚马来武术联合会和马来希拉艺术协会合作，通过各类项目促进该艺术的发扬传承。2019 年 11 月 30 日，马来西亚教育部长马智礼在出席"世界马来武术锦标赛"闭幕式时表示，教育部计划将马来武术纳入大学选修课，为此将在全国各学校建立至少 5000 个马来武术俱乐部，同时教育部计划将马来武术纳入职业技术教育与培训课程之列，并颁发相应证书。④ 除教育部外，马来西

---

① 参见联合国教科文组织非物质文化遗产官方网站，https：//ich. unesco. org/en/decisions/14. COM/10. B. 22，最后访问时间：2020 年 2 月 26 日。

② 参见联合国教科文组织非物质文化遗产官方网站，https：//ich. unesco. org/doc/src/41961. pdf，最后访问时间：2020 年 2 月 26 日。

③ 参见联合国教科文组织非物质文化遗产官方网站，《2019 年"人类非物质文化遗产代表作名录"第 01504 号提名表》，https：//ich. unesco. org/en/RL/silat－01504#identification，最后访问时间：2020 年 2 月 26 日。

④ 《将马来武术纳入学校、大学活动课》（"Silat jadi aktiviti kokurikulum di sekolah，universiti"），〔马〕《每日新闻》，2019 年 11 月 30 日，https：//www. bharian. com. my/berita/nasional/2019/11/633615/silat－jadi－aktiviti－kokurikulum－di－sekolah－universiti。

亚其他政府部门如旅游、艺术和文化部，青年体育部，以及首相署等部门也为马来武术的发展做出不懈努力，鼓励民众练习、表演希拉。此外，马来亚大学、苏丹依德理斯教育大学、马来西亚艺术文化遗产大学等也通过举办马来武术研讨会、成立俱乐部等方式开展希拉研究、推广活动。

希拉申遗成功，马来西亚举国欢腾，国内各大主流媒体竞相报道。马来西亚国家文物遗产局专门召开新闻发布会，向全国宣布马来武术申遗成功。① 马来西亚广播电视台早间直播节目《早安，马来西亚》对国家文物遗产局遗产认定处处长嘉里·赛义得·阿里，世界非物质文化遗产希拉研究者穆克里斯·马哈兹，马来希拉艺术协会主席罗斯林·阿布进行专访，三位就马来武术的申遗过程向观众进行详细介绍。② 此外，2019 年 12 月 18 日，马新社电台邀请马来西亚国家文物遗产局局长哈吉·莫斯兰·穆罕默德·尤索夫做客晚间电台直播节目，介绍马来武术，分享申遗经验。③

2019 年，马来西亚不仅再添一项世界非遗，同时积极加强国际合作，联合申遗。与中国联合申报的"王舡大游行"（Upacara WangKang/Ong Chun）以及与印度尼西亚联合申报的传统诗歌班顿（Pantun）已被联合国教科文组织列入"2020 年审核项目"，审核结果将于 2020 年 11 月或 12 月举行的联合国教科文组织非物质文化遗产政府间委员会第 15 次会议公布。④

---

① 马来西亚国家文物遗产局脸书官方主页，2019 年 12 月 18 日，https：//www. latest. facebook. com/Jabatanwarisannegara/videos/1442502019231547/，最后访问时间：2020 年 2 月 27 日。

② 马来西亚国家文物遗产局脸书官方主页，2019 年 12 月 21 日，https：//www. facebook. com/Jabatanwarisannegara/videos/573019333254457/? d = % 7B% 22u% 22% 3A100003680474296% 2C% 22f% 22% 3A207799259245384% 2C% 22t% 22% 3A1582441983% 2C% 22ed% 22% 3A [ ]% 7D&s = AWWy7Sr5PGc4wWMh，最后访问时间：2020 年 2 月 27 日。

③ 马新社电台脸书官方主页，2019 年 12 月 18 日，https：//www. facebook. com/bernamaradio/videos/453918918605801/UzpfSTI2NjQwMzczMDEwNzczNDoyNjIxMzk4MDcxMjcOOTQz/? _ _ tn _ _ = % 2Cd% 2CP - R&eid = ARCiluhQP3w6saxfWxASFuk996hsOuZz - BhqOqKw2LX8T - 4D3z4 _ LkfspHEzRKuT2fJlh1MvyPlOPQ3B，最后访问时间：2020 年 2 月 27 日。

④ 《2020 年审核项目列表》（Files 2020 under process），联合国教科文组织非物质文化遗产官方网站，https：//ich. unesco. org/en/files - 2020 - under - process - 01053，最后访问时间：2020 年 2 月 27 日。

马来西亚和中国为"王舡大游行"仪式联合申遗之路始于 2016 年。2016 年 1 月 31 日，马来西亚代表访问厦门，在出席与厦门副市长的交流会时，厦门副市长国桂荣和马六甲州政府对华商务特使拿督颜天禄共同商定推动中国与马来西亚"王舡大游行"联合申报世界非物质文化遗产。① 经过三年的准备，2019 年 3 月，中马双方正式向联合国教科文组织递交申请材料，申请将"王舡大游行"仪式列入《人类非物质文化遗产代表作名录》。

2017 年 3 月 30 日，马来西亚和印度尼西亚正式签署合作备忘录，两国达成一致，共同合作，收集整理班顿申遗资料。② 2019 年 3 月，两国正式向联合国教科文组织递交申请，将班顿列入"急需保护的非物质文化遗产"。

二 开展宣传活动，促进非遗传承

2019 年，在马来西亚旅游、艺术和文化部的带领下，马来西亚非物质文化遗产保护、宣传工作顺利开展。隶属于马来西亚旅游、艺术和文化部的国家文物遗产局、国家文化与艺术局、手工艺促进局等机构各司其职，开展保护宣传工作，确保马来西亚非物质文化遗产不断发扬传承。

（一）国家文物遗产局

长期以来，作为马来西亚非物质文化遗产认定、保护和推广的主要执行部门，国家文物遗产局不断探索、力求创新。2019 年，马来西亚国家文物遗产局在保护、推广非物质文化遗产工作中，既延续了部分以往的思路，同时也展现出系列新特点。

第一，注重方法策略的探索，是 2019 年马来西亚国家文物遗产局保护

---

① 侯燕妮：《2017 年马来西亚非物质文化遗产专题报告》，载刘志强、胡乾文主编《东盟文化蓝皮书：东盟文化发展报告（2017）》，社会科学文献出版社，2017，第 175 页。
② 侯燕妮：《2017 年马来西亚非物质文化遗产专题报告》，载刘志强、胡乾文主编《东盟文化蓝皮书：东盟文化发展报告（2017）》，社会科学文献出版社，2017，第 175 页。

国内非物质文化遗产的重点举措，也是不同于往年的新举措。2019年，国家文物遗产局多次举办国际、国内会议，探讨非遗保护方法，同时以会议为媒介，扩大非物质文化遗产在国际、国内的影响。2019年3月8~9日，由国家文物遗产局主办的"梅克·穆隆——联合国教科文组织急需保护的非物质文化遗产"研讨会在吉打州首府亚罗士打举行。来自吉打州政府、联邦政府相关部门、旺德布梅克·穆隆协会、非政府组织、历史协会以及各大高校的代表出席了上述会议，会议旨在推动吉打州独有的马来传统戏剧梅克·穆隆（Mek Mulung）走向国际舞台，争取获联合国教科文组织认定为人类非物质文化遗产。① 2019年5月2~4日，国家文物遗产局非物质文化遗产处举办"马来西亚美食遗产提名筹备会"，来自旅游、艺术和文化部，公立及私立高校，食品协会，美食遗产专家委员会，非政府组织以及餐饮行业企业家代表共20多人参加会议，为马来西亚美食遗产申请世界非遗共商对策。② 8月27~29日，为期三天的"非遗保护方法与指南研讨会：以国家级非遗之饮食为例"在雪兰莪大蓝波莎阿南酒店举行。此次研讨会由马来西亚国家文物遗产局非物质文化遗产处与玛拉工艺大学酒店及旅游管理学院联合举办，旨在制定全国饮食类非物质文化遗产保护方法及指南，促进饮食类非物质文化遗产保护工作的推进。③ 10月15~17日，同样于大蓝波莎阿南酒店，"马来传统服饰研讨会：非物质文化遗产保护方法及指南"成功举

---

① 马来西亚国家文物遗产局脸书官方主页，2019年3月11日，https：//www. facebook. com/Jabatanwarisannegara/？d = % 7B% 22u% 22% 3A100003680474296% 2C% 22f% 22% 3A207799 259245384% 2C% 22t% 22% 3A1582441983% 2C% 22ed% 22% 3A［% 7D&s = AWWy7Sr5PGc4wWMh，最后访问时间：2020年2月29日。

② 《马来西亚美食遗产提名筹备会》（"Bengkel bagi Penyediaan Dokumen Pencalonan Malaysian Heritage Food"），马来西亚国家文物遗产局官网，2020年1月29日，http：//www. heritage. gov. my/index. php/utama/berita - jwn/item/968。

③ 马来西亚国家文物遗产局脸书官方主页，2019年8月27日，（"Bengkel Garis Panduan dan Tatacara Perlindungan Warisan Kebudayaan Tidak Ketara ： Makanan Warisan Kebangsaan"），https：//www. facebook. com/Jabatanwarisannegara/？d = % 7B% 22u% 22% 3A100003680474296% 2C% 22f% 22% 3A207799259245384% 2C% 22t% 22% 3A1582441983% 2C% 22ed% 22% 3A［］% 7D&s = AWWy7Sr5PGc4wWMh。

行，旨在为国家非物质文化遗产——马来传统服饰制定保护办法。①

此外，国家文物遗产局还积极组织国际会议。2019 年 10 月 21~23 日，"2019 年东南亚非物质文化遗产影像制作项目专家研讨会"在马来西亚沙捞越州古晋大梅海滩度假村成功举办。此次会议由联合国教科文组织亚太地区非物质文化遗产国际信息和网络中心（ICHCAP）、马来西亚国家文物遗产局和马来西亚艺术和文化协会联合举办，共有越南、老挝、柬埔寨、泰国、缅甸、菲律宾、印度尼西亚及马来西亚八个国家参与。此外，来自新加坡国家遗产委员会（NHB）和韩国教育广播系统（EBS）的两名特别嘉宾也参加了此次研讨会，并分享了他们在非物质文化遗产视频制作领域的经验和专业知识。② 同时，在此次研讨会开幕式上，马来西亚旅游、艺术和文化部部长拿督哈吉·阿都卡林·拉赫曼·哈姆扎宣布，马来西亚非物质文化遗产中心近期将在沙捞越州首府古晋开张，以进一步加快马来西亚非物质文化遗产保护活动。③ 2019 年 11 月 5~6 日，"2019 克里斯国际研讨会"在丁加奴州立博物馆举行，来自马来西亚、印度尼西亚及新加坡三国的学者共同出席会议。此次研讨会由马来西亚旅游、艺术和文化部主办，国家文物遗产局承办，以《2005 年国家遗产法令》为基础，倡议各方共同为克里斯（Keris）制定保护机制和指南，希望通过论文、展览、制作过程展示等，让克里斯重

---

① 《马来传统服饰研讨会：非物质文化遗产保护方法及指南》（"Bengkel Busana Warisan Melayu：Garis Panduan dan Tatacara Perlidungan Warisan Kebudayaan Tidak Ketara"），马来西亚国家文物遗产局官网，2020 年 1 月 29 日，http：//www. heritage. gov. my/index. php/utama/berita－jwn/item/966。

② 《2019 年东南亚非物质文化遗产影像制作项目专家研讨会在马来西亚沙捞越成功举行》（"2019 Expert Workshop for ICH Video Production Project in Southeast Asia successfully held in Kuching，Malaysia"），联合国教科文组织亚太地区非物质文化遗产国际信息和网络中心官网，2019 年 10 月 25 日，https：//www. unesco－ichcap. org/2019－expert－workshop－for－ich－video－production－project－in－southeast－asia－successfully－held－in－kuching－malaysia/。

③ 《沙捞越建立非遗中心促进非遗保护活动》（"S'wak to Look at Centre to Preserve Intangible Cultural Heritage"），〔马〕《婆罗洲邮报》，2019 年 10 月 23 日，https：//www. theborneopost. com/2019/10/23/swak－to－look－at－centre－to－preserve－intangible－cultural－heritage/。

回巅峰时代。①

第二，加强媒体在非物质文化遗产宣传中的运用，扩大宣传范围，这是2019 年马来西亚国家文物遗产局非遗宣传保护工作展现的新特点。由于地域、时间等因素的限制，传统宣传活动受众有限，而各类媒体的运用则可以有效克服上述问题，如社交媒体脸书、推特、照片墙的运用，让民众即使足不出户也可了解相关动态。2019 年马来西亚国家文物遗产局官方网站改版，新闻栏所载新闻屈指可数，其脸书官方主页、推特官方账号充分发挥新闻报道作用，对国家文物遗产局 2019 年所举办的各项活动进行跟踪报道。从受众数量来看，是其官方网站新闻栏无法比拟的。此外，马来西亚国家文物遗产局还利用电视节目、广播节目开展宣传活动。例如，"2019 克里斯国家研讨会"正式举办前，国家文物遗产局不仅通过脸书官方账号多次发布宣传信息，还通过马来西亚广播电视台早间直播节目《早安，马来西亚》为会议进行宣传，② 10 月 24 日，半岛电视台专门就此次会议进行直播宣传，③ 10 月 30 日，又通过马新社电台进行推广。④

第三，继续保持同其他机构合作，共同举办推广活动，宣传马来西亚非物质文化遗产，这是国家文物遗产局每年的固定举措之一。2019 年 3 月13～31 日，为期 19 天的"森美兰州美食推介会"在布城万豪酒店举行，以推广森美兰州传统美食。活动期间，酒店专门设置"文化遗产角"，为合作方提供售卖及展示平台。国家文物遗产局受邀参与上述活动，展示马来西亚

---

① 马来西亚国家文物遗产局脸书官方主页，2019 年 11 月 5 日，https：//www. facebook. com/Jabatanwarisannegara/？d = % 7B% 22u% 22% 3A100003680474296% 2C% 22f% 22% 3A20779 9259245384% 2C% 22t% 22% 3A1582441983% 2C% 22ed% 22% 3A［ ］% 7D&s = AWWy 7Sr5PGc4wWMh。

② 《2019 克里斯国际研讨会》（SPM 2019 – PERSIDANGAN KERIS ANTARABANGSA 2019），2019 年 10 月 29 日，https：//www. youtube. com/watch？v = mp4cR6RqrX0。

③ 马来西亚国家文物遗产局脸书官方主页，2019 年 10 月 24 日，https：//www. facebook. com/Jabatanwarisannegara/posts/2499057530175665？_ _ tn_ _ = – R。

④ 马来西亚国家文物遗产局脸书官方主页，2019 年 10 月 30 日，https：//www. facebook. com/Jabatanwarisannegara/posts/slot – malamini – bernamaradio – bersama – encik – khalid – bin – syed – ali – pengarah – daftar – war/2512889718792446/。

传统游戏，马来播棋、藤球、七粒石游戏、马来西亚跳棋、陀螺以及马来土著游戏解连环均被展出。① 2019 年 8 月 2 ~ 4 日，"2019 爱上拿笃嘉年华"在沙巴州拿笃体育中心举行。由马来西亚国家文物遗产局、阿达比消费工业有限公司及社会发展局联合举办的"沙巴州美食遗产展示大赛"是此次嘉年华的重要环节，旨在向社会各界推广拿笃传统美食。② 2019 年 10 月 23 ~ 24 日，由国家文物遗产局与吉打州政府联合举办的"2019 古吉打嘉年华暨走近遗产"在吉打州玛莫镇双溪大年（狼牙修王国遗址）举行，其中走近遗产、美食遗产展、遗产研讨会、传统游戏展、文化表演以及手工艺品售卖等均为此次嘉年华的重要环节。③

（二）国家文化与艺术局

马来西亚国家文化与艺术局是隶属于马来西亚旅游、艺术和文化部的一个机构，其主要职责即负责在马来西亚推行文化和艺术活动。2019 年，国家文化与艺术局紧紧围绕这一目标，举办各类文化艺术活动，为马来西亚非物质文化遗产的保护宣传助力。其中，历时最长、影响最大、覆盖面最广的当属"2019 传统艺术大舞台"系列活动。

自 2013 年起，马来西亚国家文化与艺术局每年在吉隆坡举办"传统艺术大舞台"系列活动。该项目是保护传统艺术遗产、促进传统艺术不断传

---

① 《森美兰州美食推介会之传统游戏展》（"Pameran dan Demonstrasi Permainan Tradisional Sempena Program：Negeri Sembilan Food Promotion Bersama Dato Chef Ismail"），马来西亚国家文物遗产局官网，2019 年 4 月 2 日，http：//www. heritage. gov. my/index. php/warisan – tidak – ketara/warisan – tidak – ketara – senarai – aktiviti/item/958 – pameran – dan – demonstrasi – permainan – tradisional – sempena – program – negeri – sembilan – food – promotion – bersama – dato – chef – ismail。

② 马来西亚国家文物遗产局脸书官方主页，2019 年 8 月 2 日，https：//www. facebook. com/Jabatanwarisannegara/posts/slot – malamini – bernamaradio – bersama – encik – khalid – bin – syed – ali – pengarah – daftar – war/2512889718792446/。

③ 《2019 古吉打嘉年华暨走近遗产》（"Festival Kedah Tua 2019 & Jejak Warisan Merdeka 2019"），双溪大年市议会官方网站，http：//www. mpspk. gov. my/ms/mpspk/pusat – media/berita/festival – kedah – tua – 2019 – jejak – warisan – merdeka – 2019，最后访问时间：2020 年 3 月 2 日。

承发展的重要媒介。该活动举办六年来，共计与来自政府机构、高校以及非政府组织的 69 个艺术表演团体、1649 位参与者合作，以三种不同艺术形式——舞蹈、音乐及戏剧展示了 36 种传统表演艺术。①

"2019 传统艺术大舞台"项目由六个系列活动组成。② 系列一为 2019 年 3 月 15～17 日举行的沙巴传统民族舞蹈"舞点"（Titik Mengalai）③ 表演。作为"2019 传统艺术大舞台"开幕之作，该表演将沙巴州各民族舞蹈多样性展示无余。④ 系列二为 2019 年 4 月 26～27 日举行的印度传统舞蹈表演，表演者来自森美兰独特艺术、文化与遗传基金会。系列三为 2019 年 7 月 5～6 日举行的传统戏剧"兰台"（Randai）表演。兰台起源于 20 世纪初，是一个结合音乐艺术、舞蹈、戏剧、唱歌和武术的民族表演。兰台通常是为了仪式和节日而举办的，长篇故事可能需要几晚，其故事主要基于米南佳保传说和民间传说。系列四为 8 月 2～3 日举行的中国传统乐器合奏。系列五为 9 月 27～28 日举行的"马来经典舞蹈之夜"，表演者为马来西亚国家艺术文化遗产大学学生。该演出包含众多马来传统舞蹈，不仅是舞蹈的盛宴，同时是马来传统音乐、服饰、娱乐、生活方式的展示。最后一个系列即 10 月 25～26 日举办的马来传统戏剧《白蘑菇传说》（*Hikayat Cendawan Putih*），该剧由玻璃市梦想戏剧协会演出。演出时，观众可直观感受各类马来传统乐器、音乐的魅力。

此外，2019 年 11 月 15～17 日，由马来西亚国家文化与艺术局主办的"2019 生活艺术节"在马来西亚旅游中心成功举行。此次盛会以推广文化艺

---

① 《吉隆坡 2019 传统艺术大舞台》（"Malay Traditional Arts Showcase 2019 in Kuala Lumpur"），马来西亚国家文化与艺术局官方网站，2019 年 9 月 3 日，http：//www. jkkn. gov. my/en/malay – traditional – arts – showcase – 2019 – kuala – lumpur – 0。

② 《2019 马来传统艺术大舞台》（"Panggung Seni Tradisional 2019"），参见马来西亚国家文化与艺术局官网，http：//www. jkkn. gov. my/ms/panggung – seni – tradisional – 2019，最后访问时间：2020 年 3 月 3 日。

③ 沙巴传统民族舞蹈。

④ 马来西亚国家文化与艺术局脸书官方主页，2019 年 3 月 16 日，https：//www. facebook. com/mysenibudaya/posts/persembahan – memukau – titik – mengalai – yang – membuka – tirai – panggung – seni – tradisional – /2699607556717299/。

术遗产为主旨，共吸引来自泰国、菲律宾、澳大利亚、加拿大、斯里兰卡、土耳其、印度尼西亚以及马来西亚本国的135位表演者参与其中。各国积极展示本国特色舞蹈、音乐、戏剧等优秀文化遗产，其中包括马来西亚玛雍（Mak Yong）、东当沙央（Dondang Sayang）、泰国孔剧（Khon）等在内的五项世界非物质文化遗产。①

近年来，由于现代技术的应用，许多传统游戏被新型游戏替代。受此影响，马来西亚已有10种传统游戏走向消亡。为保护传统游戏，马来西亚国家文化与艺术局联合非政府组织举办"马来西亚传统游戏节"，以保护传统文化遗产，让传统游戏重新回归。2019年9月15日，"马来西亚传统游戏节"在吉隆坡独立广场举行，15种传统游戏轮番上演，其中包括几乎消失的鬼脚（kaki hantu）②、七罐（tujuh tin）、跳格子（ketinting）等。③

（三）马来西亚手工艺促进局

马来西亚手工艺促进局一如既往，以传统手工艺为宣传重点，通过举办全国性及州级手工艺术节推广本国非物质文化遗产。

"全国手艺日"作为马来西亚手工艺促进局的品牌活动，依然每年如期开展。"2019全国手艺日"于2月28日在吉隆坡手工艺品中心举行，由马来西亚最高元首后东姑·阿兹莎·阿米娜开幕，从2003年起已是第17次举行。此次艺术节项目众多，不仅包括各类手工艺术品展览、现场制作体验，还包括传统美食展销、文艺表演、传统游戏展等，可谓传统文化遗产的盛宴，对马来西亚非物质文化遗产的推广大有裨益。④

---

① 《来自八国的五项世界级非物质文化遗产在"2019马来西亚生活艺术节"上演》（"8 Negara 5 Seni Warisan Dunia Kongsi Pentas di Kuala Lumpur Festival Seni Hidup 2019"），马来西亚国家文化与艺术局官方网站，2019年11月11日，http：//www.jkkn.gov.my/en/8 - negara - 5 - seni - warisan - dunia - kongsi - pentas - di - kuala - lumpur - festival - seni - hidup - 2019。

② 踩高跷。

③ 《马来西亚游戏节》（"Festival Permainan Malaysia"），〔马〕《阳光日报》2019年9月15日，https：//www.sinarharian.com.my/article/47939/GALERI/Festival - Permainan - Malaysia。

④ 《2019全国手艺日》（"Hari Kraf Kebangsaan 2019"），马来西亚手工艺促进局官方网站，https：//www.kraftangan.gov.my/hkk2019，最后访问时间：2020年3月3日。

　　此外，马来西亚手工艺促进局以国际会议为契机，举办相关活动提升国民对马来西亚手工艺品的认可和热爱。"2020 亚太经合组织会议之马来西亚巴迪布设计大赛"于 2019 年 5～6 月举行，比赛共分为两轮，通过两轮筛选，最终挑选出优秀作品制成巴迪布供 2020 年亚太经合组织会议期间各国政府首脑、部长及高级官员佩戴。① 此次大赛吸引了马来西亚各界、各年龄层人士的参与，不仅有利于加强国民对马来西亚国家非物质文化遗产巴迪布的喜爱，同时可以提高巴迪布的国际知名度。

　　除举办全国性活动外，2019 年，马来西亚手工艺促进局还在各州举行州级手工艺术节，推广马来西亚手工艺品。各州手工艺术节如表 1 所示。

表 1　2019 年马来西亚州级手工艺术节

序号	活动名称	时间	地点
1	2019 马六甲手工艺术节	2019 年 3 月 27 日～31 日	马六甲市
2	2019 柔佛手工艺术节	2019 年 12 月 20～31 日	柔佛新山
3	2019 沙捞越手工艺术节	2019 年 10 月 25 日～11 月 3 日	沙捞越古晋
4	2019 沙巴工艺纺织品节	2019 年 4 月 12～21 日	沙巴哥打基纳巴鲁
5	2019 丁加奴州级手工艺术节	2019 年 2 月 4～6 日	瓜拉丁加奴
6	2019 东海岸工艺纺织品节	2019 年 1 月 31 日～2 月 9 日	吉兰丹哥打巴鲁
7	2019 瓜拉姆世居民众手工艺术节	2019 年 10 月 10 日	霹雳州瓜拉姆村大礼堂
8	2019 布城手工艺术节	2019 年 8 月 8 日	布城

资料来源：马来西亚手工艺促进局官网，https：//www. kraftangan. gov. my/profil/galeri - foto。

　　总体来说，2019 年马来西亚各部门在开展非遗保护宣传工作时，既有交叉，又有所侧重，共同推动本国非物质文化遗产的发展与传承。国家文物遗产局注重理论和方法的探讨，在开展各类宣传活动的同时，积极举办各类

---

① 《2020 亚太经合组织会议之马来西亚巴迪布设计大赛》（"Pertandingan Mereka Batik Malaysia Sempena APEC 2020"），马来西亚手工艺促进局官方网站，https：//www. kraftangan. gov. my/batikmalaysia，最后访问时间：2020 年 3 月 3 日。

型会议及研讨会，集思广益，寻求非遗保护理论和方法上的创新。国家文化和艺术局以推广马来传统表演艺术为主，同时辅以其他文化宣传活动，促进马来西亚传统文化与艺术的传承发展。马来西亚手工艺促进局则以促进马来西亚传统手工艺术的发展为使命，在全国各地举办手工艺术节，打造独具马来特色的手工艺术品牌。

三 吉兰丹州政府解禁玛雍，非遗保护迈上新台阶

"玛雍"是一种由马来人所创作的古老戏剧形式，其表演集舞蹈、声音、乐器、手势、精美服饰于一身。这种起源于马来西亚吉兰丹村庄的表演形式，主要用于娱乐及治疗仪式。[①] 2005 年，玛雍被联合国教科文组织正式认定为"人类口头非物质文化遗产代表作"，也是马来西亚第一个世界级非物质文化遗产。

1990 年，伊斯兰党（PAS）在州选举中获胜，成为吉兰丹执政党。该党以玛雍剧的服装和装扮不符合伊斯兰教义，并且源自泛神论和印度教、佛教根源为由，下令禁止玛雍在吉兰丹州演出。此后，各方不断呼吁吉兰丹州政府解禁玛雍剧表演。2017 年，联合国文化权利特别报告员卡里玛·贝农女士到访马来西亚，在记者会上表示，吉兰丹州政府对于传统文化表演的禁令将会对这些传统艺术形式的生存、发展带来负面影响，希望吉兰丹政府能解除禁令。[②] 此外，马来西亚旅游、艺术和文化部秘书长拿督依斯汉·依萨在"第八届文化艺术国际论坛"上表示，在禁止文化艺术表演前，必须仔细斟酌，玛雍的每个动作都具有特殊含义，都值得社会大众学习，不能以狭隘的观点去理解并禁止其表演。玛雍是马来西亚的文化遗产，必须好好保

---

① 联合国教科文组织非物质文化遗产官方网站，https：//ich. unesco. org/en/RL/mak - yong - theatre - 00167，最后访问时间：2020 年 3 月 3 日。

② 《联合国教科文组织希望吉兰丹解除玛雍表演禁令》（"Unesco wants Kelantan to Lift Ban on Mak Yong"），〔马〕《太阳日报》2017 年 9 月 21 日，http：//www. thesundaily. my/news/ 2017/09/21/unesco - wants - kelantan - lift - ban - mak - yong。

护。如被其他国家"买"走，则本国遗产将落入他国之手。① 出席上述会议的还包括联合国文化权利特别报告员卡里玛·贝农女士，贝农在会议上也再次呼吁吉兰丹州政府尽快解除对玛雍、吉兰丹皮影戏以及其他马来传统艺术的禁令。贝农表示，马来西亚有丰富且优秀的传统表演艺术，如果这些表演艺术在其发源地被禁止，那将是巨大的耻辱，这不仅是马来西亚的损失，更是其发源地吉兰丹的巨大损失。②

虽然吉兰丹副州务大臣拿督穆罕默德·阿玛尔曾表示，吉兰丹州政府有自己的执政原则，因此不允许玛雍在州内演出。③ 但在各方的呼吁下，玛雍表演禁令执行 28 年后，终于得到解除。2019 年 3 月 20 日，吉兰丹州文化、旅游及文物委员会主席拿督穆罕默德·阿尼占·阿卜杜勒·拉赫曼在州议会会议表示，只要玛雍表演不与伊斯兰教义相冲突，吉兰丹州将不禁止玛雍表演。④ 这表明，各方多年来的努力初见成效，玛雍表演禁令解除指日可待。

据马来西亚《太阳日报》2019 年 4 月 13 日报道，吉兰丹州文化与艺术局将于 4 月 25 日举行玛雍表演，此次表演是根据伊斯兰教义进行改良后的

---

① 《如本国艺术未得到应有保护，则将落入他国之手》（"Negara Lain Tuntut Hak Jika Gagal Pertahankan Seni"），马来西亚国家文化与艺术局官网，2019 年 3 月 15 日，http：//www. jkkn. gov. my/ms/negara – lain – tuntut – hak – jika – gagal – pertahankan – seni。

② 《联合国官员呼吁吉兰丹解除玛雍表演禁令》（"UN Says Kelantan Should Consider Lifting Ban on 'Mak Yong'"），〔马〕《新海峡时报》2019 年 3 月 13 日，https：//www. nst. com. my/lifestyle/pulse/2019/03/468662/un – says – kelantan – should – consider – lifting – ban – mak – yong。

③ 《大臣：可在外州演出·丹州不解禁玛雍舞》，〔马〕《星洲日报》2019 年 3 月 13 日，https：//www. sinchew. com. my/content/2019 – 03/13/content_ 2021830. html? _ _ cf_ chl_ captcha_ tk_ _ = 610510ededa39982ec0f7c66ac69cb3d8c2d9dc6 – 1582638544 – 0 – ASush_ TBcISmNMw – 7o3L3fWsSJyir9IwlLG_ GKeerb1eLZOHTvB1Tmwfdz4WT1JYbpHzdpYM5D4aNM4b jVdi0YeK2SrhKa2kCUnaDy14BVXuz_ RaFMJfNpbXKfMxFqFqeyne – JrtjWOwOewom_ nDNcUBu8_ o1KPFKkbE6S72CF_ Y6rpmGIuRYSlWs1WkaNjFiw2z1whVNSvVCwMBJFbCf3QpM1Fv3U2aH t8GD_ XNn680LmU3tqmFq77qUo_ Ljdq7SwHF4JMRtJrbI9w26LddyJ9g_ HY0crXcY1MBTvmxji2 jIoLWdUaXu5dRR_ sBZyK_ BblvFHVWHbEc4Ard5jg4Vhk1NnwKuZmA9aMqB7zrEqInRCUBKXv lZXGQr8YuyQEzRA。

④ 《如遵循伊斯兰教义，吉兰丹允许玛雍表演》，（"Kelantan Benarkan Mak Yong Jika Patuhi Syariah"），〔马〕《太阳日报》2019 年 3 月 20 日，https：//www. sinarharian. com. my/article/19091/EDISI/Kelantan/Kelantan – benarkan – Mak – Yong – jika – patuhi – syariah。

版本，供吉兰丹州政府及宗教司审核，以决定是否解除玛雍表演禁令。[①]

2019 年 5 月 24 日，吉兰丹宗教司正式签署同意书，解除吉兰丹州玛雍表演禁令，但玛雍表演内容必须经过改良，符合伊斯兰教义。9 月 21 日，被禁止 28 年的玛雍终于重返舞台，正式面向吉兰丹州公众表演。[②]

玛雍表演禁令的解除对马来西亚非物质文化遗产的保护和传承意义重大，表明马来西亚在探索传统文化与伊斯兰教如何共融共生的道路上向前迈进了重要一步。相信在此推动下，今后将逐渐有更多被禁止的传统艺术形式向公众开放。

四　总结与展望

2019 年，马来西亚非物质文化遗产保护工作可谓可圈可点。一方面，积极申请世界非物质文化遗产，成绩斐然。马来传统武术希拉被列入《人类非物质文化遗产代表作名录》，与中国联合申报的"王舡大游行"仪式以及与印度尼西亚联合申报的"班顿"已列入审核名单，结果将于 2020 年底公布。另一方面，相关政府部门联合社会各界，积极举办非遗保护活动，让本国优秀传统文化扎根民众，走向世界。

而在众多非遗保护活动中，不得不提的便是玛雍表演禁令的解除。虽然该禁令的解除对玛雍的发展传承意义非凡，但也不禁让人思考，改良后的玛雍是否会因此而失去其特有的美感，还能否维持其原有的艺术价值？因此，在笔者看来，如何在保持传统文化不变味的情况下与伊斯兰教共融共生，是马来西亚相关部门今后必须思考的问题。

2020 年是马来西亚旅游年，该旅游年项目始于 1990 年，之后的 1994

---

① 《州文化与艺术局将举行玛雍表演，供州政府及宗教顾问审核》（"JKKN Buat Persembahan Mak Yong Depan Kerajaan Negeri, Mufti"），〔马〕《太阳日报》2019 年 4 月 13 日，https：//www. sinarharian. com. my/article/23255/EDISI/Kelantan/JKKN - buat - persembahan - Mak - Yong - depan - kerajaan - negeri - mufti.

② 《28 年后，玛雍重返吉兰丹舞台》（"Mak Yong Muncul Semula di Kelantan Selepas 28 Tahun"），〔马〕*AstroAwani*，2019 年 9 月 22 日，http：//www. astroawani. com/news/l/218147.

年、2007 年以及 2014 年分别被定为马来西亚旅游年。时隔六年，马来西亚再次启动该项目，引起社会各界关注。从 2019 年开始，相关部门便开启预热活动，重视程度可见一斑。将非物质文化遗产保护与旅游相结合本是马来西亚的一大特点，因此 2020 年本应是马来西亚开展非物质文化遗产保护宣传工作的大好时机。但由于全球新冠肺炎疫情蔓延，马来西亚也未能幸免，2020 年 3 月 16 日总理慕尤丁颁布"行动限制令"，随后宣布取消 2020 马来西亚旅游年活动。在此形势下，马来西亚非遗保护宣传活动也在一定程度上受到影响。

参考文献

侯燕妮：《2017 年马来西亚非物质文化遗产专题报告》，载刘志强、胡乾文主编《东盟文化发展报告（2017）》，社会科学文献出版社，2017。

Abd Rahman Ismail, *Seni Silat Melayu：Sejarah Perkembangan dan Budaya*, Kuala Lumpur：Dewan Bahasa dan Pustaka, (2008).

Anuar Abd Wahab, *Teknik dalam Seni Silat Melayu*, Kuala Lumpur：Dewan Bahasa Pustaka, (1992).

Anuar Abd Wahab, *Silat, Sejarah Perkembangan Silat Melayu Tradisi dan Pembentukan Silat Malaysia Moden*, Kuala Lumpur：Dewan Bahasa Pustaka, (2008).

Ghulam-Sawar Yousof, *Mak Yong：World Heritage Theatre (Mak Yong：Teater Warisan Dunia)*, Penang：Areca Books Asia Sdn Bhd, (2019).

B.13
缅甸非物质文化遗产专题报告[*]

张卫国[**]

摘　要： 缅甸历史悠久、民族众多、文化多元，非物质文化遗产丰富。
近年来，缅甸政府不断加强非物质文化遗产保护力度，开展
了多种形式的保护工作，缅甸社会各界力量也积极参与其中。
黄香楝文化习俗是缅甸最具特色的非物质文化遗产之一，对
它的传承与保护，是缅甸非物质文化遗产保护工作的缩影。
缅甸的非物质文化遗产保护工作仍处于起步阶段，还有很长
的路要走。未来，缅甸将通过保护非物质文化遗产，加深各
民族间的理解，促进旅游业发展和民生改善。

关键词： 非物质文化遗产　黄香楝　缅甸

缅甸是一个历史悠久、人口众多、民族文化多元的国家。缅甸领土面积
为676581平方公里，是中南半岛面积最大的国家，在东南亚国家中位列印
度尼西亚之后，居第二位。自公元1044年阿奴律陀建立第一个统一的封建
王朝——蒲甘王朝起，缅甸先后经历了蒲甘王朝（1044~1287年）、南北朝
（1287~1531年）、东吁王朝（1531~1752年）、贡榜王朝（1752~1885
年）和英国殖民统治时期（1885~1948年）等历史时期，并于1948年1月

---

* 本文系广东外语外贸大学国别和区域研究项目"缅甸文化遗产保护法律体系建构研究"（项目
编号:311 – GK182021）阶段性成果。
** 张卫国，广东外语外贸大学东方语言文化学院缅甸语系讲师，主要研究方向为缅甸民俗文
化。

4 日获得独立。根据缅甸劳工、移民和人口部公布的最新数据，截至 2020 年 4 月 1 日，缅甸人口总数约为 5458 万。① 缅甸主体民族为缅族，约占全国总人口的 65%。1983 年，缅甸政府公布缅甸全境共有 135 个民族，分属克钦、克耶、克伦、钦、缅、孟、若开、掸八大民族支系，各民族支系又分为若干种。② 尽管有学者论证，这种民族划分方法并不科学，若按各民族使用语言所属语系语族分类，"缅甸的民族共有 50 多个。其中汉藏语系民族中藏缅语的民族 32 个，侗语族泰语支的民族约 10 个，苗、瑶语族的民族两个，南亚语系孟高棉语族的民族 5 个，南岛语系马来语族的民族两个"，③ 但也足见缅甸民族种类之多。宗教信仰方面，据缅宗教事务与文化部 2019 年公布的数据，缅甸共有佛教信仰者 45185449 人（占比约 89.8%），基督教信仰者 3172479 人（占比约 6.3%），印度教信仰者 252763 人（占比约 0.5%），伊斯兰教信仰者 1147495 人（占比约 2.3%），神灵信仰者 408045 人（占比约 0.8%），另有 82825 人信仰其他宗教，30844 人无宗教信仰。④ 这从侧面反映了缅甸民族文化的多样性、复杂性。

历史上，缅甸各族人民既创造发展了自己的文化，又相互交流融合，还吸收借鉴了印度文化、中国文化、阿拉伯伊斯兰文化等外来文化，形成了缅甸今日民族文化多元共生的格局，留下了丰富的文化遗产。

非物质文化遗产因其重要的"历史认识价值、文化价值、艺术价值、科学价值和社会价值"，成为我们"认识自身传统的基础"和"开创未来的重要前提"。⑤ 对缅甸的非物质文化遗产进行考察研究，有助于我们把握缅甸多元民族文化的精髓，理解其形成的历史过程。

---

① ၂၀၁၄ ခုနှစ်၊ လူဦးရေနှင့် အိမ်အကြောင်းအရာ သန်းခေါင်စာရင်းကို အခြေခံ၍ ၂၀၂၀ ပြည့် နှစ်၊ ဧပြီလ(၁)ရက်နေ့ တွင် ရှိသော မြန်မာနိုင်ငံ၏ ခန့်မှန်းလူဦးရေစာရင်းထုတ်ပြန်။ 〔缅〕《镜报》2020 年 4 月 2 日。

② 李谋、姜永仁：《缅甸文化综论》，北京大学出版社，2002，第 31~32 页。

③ 贺圣达、李晨阳：《缅甸民族的种类和各民族现有人口》，《广西民族大学学报》（哲学社会科学版）2007 年第 1 期，第 115 页。

④ သာသနာရေးနှင့် ယဉ်ကျေးမှုဝန်ကြီးဌာန တတိယ(၁)နှစ်တာကာလအတွင်း ပြုပြင်ပြောင်းလဲရေး ဆောင်ရွက်မှုများ။ 〔缅〕《缅甸之光报》2019 年 4 月 24 日。

⑤ 苑利、顾军：《非物质文化遗产学》，高等教育出版社，2009，第 36 页。

本文对缅甸非物质文化遗产的基本情况进行介绍，考查其非物质文化遗产保护工作现状，以期增进人们对缅甸非物质文化遗产及其传承保护现状的了解。

一 缅甸非物质文化遗产综述

根据《保护非物质文化遗产公约》的定义，非物质文化遗产是指"被各社区、群体，有时是个人，视为其文化遗产组成部分的各种社会实践、观念表述、表现形式、知识、技能以及相关的工具、实物、手工艺品和文化场所"。非物质文化遗产主要包括"口头传统和表现形式，包括作为非物质文化遗产媒介的语言；表演艺术；社会实践、仪式、节庆活动；有关自然界和宇宙的知识和实践；传统手工艺"等五个方面的内容。[①] 按照这一定义和分类，缅甸无疑是一个非物质文化遗产丰富的国家。

根据缅甸最新的普查统计，缅甸共有 2289 项非物质文化遗产。2020 年 2 月 28 日，缅甸宗教事务与文化部公布，近年来，其下属的考古与国家博物馆司、艺术司、历史研究与国家图书馆司联合各省邦的非物质文化遗产保护发展工作委员会及其他有关单位和组织团体，在全国范围内开展非物质文化遗产普查。目前，共普查记录非物质文化遗产 2289 项，其中口头传统和表现形式类 104 项；表演艺术类 506 项；社会实践、仪式、节庆活动类 651 项；有关自然界和宇宙的知识和实践类 199 项；传统手工艺类 829 项。[②] 鉴于普查工作还没结束，预计项目总数还会增加。

缅甸政府尚未公布各类非物质文化遗产的具体项目，笔者将结合缅甸民族文化传承的实际情况，对代表性项目做基本梳理。缅甸的非物质文化遗产中，口头传统和表现形式（包括作为非物质文化遗产媒介的语言）类项目

---

① 转引自王文章《非物质文化遗产概论》，教育科学出版社，2013，第 44 页。

② မြန်မာနိုင်ငံတွင် ဖြစ်မွဲယဉ်ကျေးမှု အမွေအနှစ် စုစုပေါင်း(၂၂၈၉)ခု ထိ ထိန်းသိမ်းစောင့်ရှောက်ထား။ 缅甸平台网站，2020 年 2 月 28 日，https://www.myanmaplatform.com/a/39737.html。

主要有佛本生经故事，有关缅甸本土 37 神的神话故事，在各民族中流传的神话传说、传统民歌、俗语成语和各类民间文学等；表演艺术类项目主要有弯琴、篾琴和围鼓等传统乐器表演，阿迎舞、暹罗舞、木偶戏、平地围圈戏、瑞波大鼓舞、泼水节舞蹈、掸族孔雀舞、克伦族群舞及其他各民族的传统舞蹈等；社会实践、仪式、节庆活动类项目主要有短期出家修行习俗、纹身习俗、掸邦地区燃放天灯习俗、黄香楝文化习俗、槟榔文化习俗、吃鱼露酱习俗、拜师会、传统庙会、女子穿耳仪式及以泼水节为代表的缅历 12 个月的传统节日习俗和各少数民族的传统节日等；有关自然界和宇宙的知识和实践类项目主要有缅甸传统历法、缅甸传统医药学等；传统手工艺类项目则主要包括勃生伞制作工艺、藕丝纺织技艺、竹器制作工艺、藤器制作工艺、缅甸传统刀具制作工艺、镶嵌贴金工艺、金银丝纺织刺绣工艺、玉石宝石加工工艺，以及被统称为"缅甸传统手工技艺十朵花"的金银首饰制作技艺、打铁技艺、铸铜技艺、雕刻技艺、旋工技艺、绘画技艺、漆器制作工艺、雕塑技艺、石雕技艺和泥瓦工技艺等。[1]

值得一提的是，语言作为文化的载体和重要表现形式，本身就是值得保护的文化遗产。缅甸民族众多，语言文化资源也十分丰富。据统计"缅甸现有 119 种语言，118 种现存，1 种已经消失。现存的语言中，112 种为土著语，6 种为非土著语"。[2] 这间接反映了缅甸非物质文化遗产的多样性。

二 非物质文化遗产保护的主要参与者及其保护工作

缅甸非物质文化遗产保护的主要参与者有政府职能部门、非政府组织以及包括非物质文化遗产所有者在内的相关个人或团体。政府职能部门是保护工作的主要执行者。这些部门机构包括缅甸国家文化中央委员会、缅甸国家

---

[1] 转引自张卫国《缅甸文化遗产保护研究报告》，载刘志强等主编《东盟文化发展报告（2018）》，社会科学文献出版社，2018，第 214～215 页，有改动。

[2] 周建新：《东南亚各国的民族划分及相关问题思考》，《贵州民族研究》2018 年第 2 期，第 5 页。

非物质文化遗产保护发展委员会、宗教事务与文化部及其下属部门、少数民族事务部及其下属部门以及宣传部门等。各部门机构各司其职又协同合作，目前开展的保护工作主要有：普查记录全国范围内的非物质文化遗产项目；编订国家非物质文化遗产名录；制定非物质文化遗产保护法律；通过学校教育或组织培训培养非物质文化遗产传承与保护人才；与国际组织或外国政府合作保护本国非物质文化遗产；将本国非物质文化遗产项目申报列入《人类非物质文化遗产代表作》；通过广播电视等媒介宣传推广，普及非物质文化遗产知识，动员社会力量参与保护；举办各类民族节会或民俗文化活动，增强人们的文化传承保护意识等。

（一）缅甸国家文化中央委员会

缅甸国家文化中央委员会是缅甸政府统筹协调各政府部门开展文化工作的最高机构。2013 年 1 月 9 日，"为继续推进历史文化区域划定、修改和保护工作，做好历史文化遗产挖掘、保护和监管工作"，总统登盛签署法令，改组成立了缅甸国家文化中央委员会，该委员会由文化部部长任主席，具体承担 17 项职责。其中第 9 项、第 10 项、第 11 项、第 15 项、第 17 项职责分别为持续对缅甸少数民族的传统文化艺术，包括歌曲、舞蹈、写作、表演、戏曲、戏剧、群舞、佛本生经故事表演、少数民族传统舞蹈音乐及"十朵花"手工技艺等，进行研究、发掘、保护和传播；努力发展缅甸少数民族的文化艺术，提高其质量和水平；推动缅甸的物质和非物质文化遗产列入世界级遗产名录；保护少数民族的传统民俗文化，对濒危的文化习俗进行发掘、统计，并建档保存；为国家非物质文化遗产保护法律的立法出台制定政策。①

2016 年 4 月民盟政府上台执政后，该委员会改由第二副总统亨利班提育出任主席，领导委员会开展工作。委员会每年召开会议，回顾总结上一年

---

① မြန်မာနိုင်ငံအမျိုးသားယဉ်ကျေးမှုဗဟိုကော်မတီ ပြင်ဆင်ဖွဲ့စည်း။ 缅甸宗教事务与文化部网站，http：//www. culture. gov. mm/News_ mm/News_ mm/Details. asp? id = 45。

度文化工作的成绩和不足，部署下一年的工作。截至 2020 年 3 月，委员会已先后于 2017 年 2 月 22 日、2017 年 12 月 8 日、2019 年 3 月 22 日、2020 年 2 月 21 日召开了四次会议。历次会议上，非物质文化遗产保护均为主要议题之一。第四次会议上，副总统亨利班提育强调，缅甸宪法明确规定，保护和传承文化遗产是每一位缅甸公民的责任……一个国家的传统文化遗产是国家的形象之一，我们每一位国民都肩负着保护传统文化遗产的责任。①

（二）宗教事务与文化部及其下属部门

宗教事务与文化部是缅甸非物质文化遗产保护工作的直接主管部门，负责组织领导全国的非物质文化遗产保护工作。其下设考古与国家博物馆司、艺术司、历史研究与国家图书馆司，并负责管理仰光国家文化与艺术大学和曼德勒国家文化与艺术大学。各部门职责不同，但均负有保护非物质文化遗产的责任。其中，艺术司是最主要的职能部门，两所文化与艺术大学及艺术司下属的两所艺术高中，即仰光艺术高中和曼德勒艺术高中，是政府培养非物质文化遗产传承人才的主要机构。②

（三）缅甸国家非物质文化遗产保护发展委员会

缅甸国家非物质文化遗产保护发展委员会是宗教事务与文化部为统筹协调全国非物质文化遗产工作设立的专门性委员会。委员会设有国家非物质文化遗产评审专家组，并领导各省邦的非物质文化遗产保护发展工作委员会。非物质文化遗产的普查、保护法律的制定、保护人才的培训、国家级非物质文化遗产的审核评定、世界非物质文化遗产项目的申报工作等均由该委员会领导落实。委员会主席由宗教事务与文化部部长担任，现已先后三次召开工

---

① ဒုတိယသမ္မတဦးဟင်နရီဗန်ထီးယူ မြန်မာနိုင်ငံအမျိုးသားယဉ်ကျေးမှုဟိုကော်မတီ စတုတ္ထအကြိမ်အစည်းအဝေး ●က် ရှေ ာ်က်အမှာ●ကားပြောကြား။ 缅甸总统府部网站，2020 年 2 月 22 日，https：//www. president － office. gov. mm/？ q = briefing － room/news/2020/02/22/id －16287。

② 转引自张卫国《缅甸文化遗产保护研究报告》，载刘志强等主编《东盟文化发展报告 (2018)》，社会科学文献出版社，2018，第 217～218 页。

作磋商会议，统筹本国的非物质文化遗产保护工作。

2017 年 12 月 29 日，该委员会第一次工作磋商会议上，主席杜拉吴昂哥表示，为保护好本国珍贵的非物质文化遗产，并与国际社会开展合作，缅甸于 2014 年 5 月 7 日签署加入联合国教科文组织《保护非物质文化遗产公约》；文化部早在十余年前就已开始推动非物质文化遗产保护工作，但要保护好国家的非物质文化遗产，还需其他政府部门、各地方政府、非政府组织、团体及个人的支持、帮助与合作。[①] 2018 年 8 月 30 日，第二次工作磋商会议对下一年的工作做出规划，包括编制公布国家非物质文化遗产名录；各省邦向委员会上报不超过两项非物质文化遗产，作为申报列入世界级名录的备选项目；继续研究制定国家非物质文化遗产保护法；组建国家非物质文化遗产评审专家组等。[②] 2020 年 1 月 21 日，第三届工作磋商会议通报了第二届会议决议的完成情况，表示已经组建了国家非物质文化遗产审核专家委员会和工作委员会；在各省邦开办了非物质文化遗产培训班；出版了非物质文化遗产方面的学术研究成果；与国际组织机构开展了有关合作；编订了《缅甸国家非物质文化遗产名录》等。会议还专门研讨了黄香楝文化习俗申报列入《人类非物质文化遗产代表作名录》的事宜，表示要推动更多符合标准的项目申报为世界级的非物质文化遗产。[③]

委员会与其他各部门合作，通过组织举办研讨会、培训班的方式，培养非物质文化遗产方面的人才。2019 年 2 月 20～21 日，国家非物质文化遗产统计编目与非物质文化遗产保护发展培训班在勃固省勃固市举行。参训人员

---

① မြန်မာနိုင်ငံ အမျိုးသားဖြစ်မွဲယဉ်ကျေးမှုအမွေအနှစ် တိုးတက်မြင့်တင်ရေးကော်မတီ ပထမအကြိမ်လုပ်ငန်းညှိနှိုင်းအစည်း အဝေးသို့ကျင်း။ 缅甸宗教事务与文化部网站，http：//www. culture. gov. mm/News_ mm/News_ mm/Details. asp? id = 425。

② မြန်မာနိုင်ငံ အမျိုးသားဖြစ်မွဲယဉ်ကျေးမှုအမွေအနှစ် ထိန်းသိမ်းမြင့်တင်ရေးကော်မတီ ဒုတိယအကြိမ် လုပ်ငန်းညှိနှိုင်းအစည်း အဝေးသို့ကျင်း။ 缅甸宗教事务与文化部网站，http：//www. culture. gov. mm/News_ mm/News_ mm/Details. asp? id = 437。

③ မြန်မာနိုင်ငံ အမျိုးသားဖြစ်မွဲယဉ်ကျေးမှုအမွေအနှစ် ထိန်းသိမ်းမြင့်တင်ရေးကော်မတီ တတိယအကြိမ် လုပ်ငန်းညှိနှိုင်း။ အစည်းအဝေးသို့ကျင်း။ 缅甸宣传部网站，2020 年 1 月 21 日，https：//www. moi. gov. mm/? q = node/33141。

达 45 人，来自各部门单位，包括勃固省 28 个镇区综合管理局（28 人）、东吁教育学院（2 人）、勃固镇区基础教育局（9 人），以及孟、若开、掸、克伦、勃欧、钦等 6 个少数民族文学与文化协会的代表（6 人）。培训的目的是使学员对自己所在地区的非物质文化遗产有清晰的认识，并能够按照国际标准进行统计编目，进而推动当地的非物质文化遗产列入省邦级、国家级乃至世界级名录。① 2020 年 3 月 3 ~ 5 日，马圭省非物质文化遗产保护发展委员会国家非物质文化遗产名录编制与非物质文化遗产保护发展培训班在马圭市举办，重点教授了非物质文化遗产保护档案的制作方法。71 名学员参加了学习和实训。②

（四）少数民族事务部及其下属部门

少数民族事务部也是非物质文化遗产保护的重要力量，其下属的少数民族文学与文化司在保护少数民族语言文学、文化习俗等方面发挥着重要作用。少数民族事务部是民盟政府 2016 年 4 月上台执政后新设立的政府部门，承担着实现各民族的团结、友爱与互助，发扬联邦精神；保障少数民族充分享受法律赋予的权利；保护和发展少数民族的语言、文学、历史、艺术、文化遗产和传统习俗；创造环境，防止少数民族的本质特色消失；发展和改善少数民族地区的教育、卫生、经济、交通和社会经济生活等职责。③ 保护各民族，尤其是少数民族的非物质文化遗产也是其主要工作之一。为此，少数民族事务部与宗教事务与文化部密切合作，共同开展非物质文化遗产保护工作。

---

① အမျိုးသားဖြစ်မွဲယဉ်ကျေးမွုအမွေအနစ် စာရင်းပြုစုခြင်းနှင့် ဖြစ်မွဲယဉ်ကျေးမွုထိန်းသိမ်းမြင့်တင်ရေးသင်တန်း ဖွင့်ပွဲ အခမ်း အနား၌ကျင်းပ။ 缅甸国家门户网站，2019 年 2 月 22 日，https：//myanmar. gov. mm/news – media/news/latest – news/ – /asset_ publisher/idasset354/content/ – – 2915。

② မကွေးတိုင်းဒေသကြီးအစိုးရအဖွဲ့ လူဝင်မွုကြီးကြပ်ရေးနှင့်လူစွမ်းအားအရင်းအမြစ်ဝန်ကြီး အများသားဖြစ်မွဲယဉ်ကျေးမွုအ မွေအနစ် နိုင်ငံစာရင်းပြုစုခြင်းနှင့် ဖြစ်မွဲယဉ်ကျေးမွုအမွေအနစ်ထိန်းသိမ်းမြင့်တင်ရေးဆိုင်ရာ သင်တန်းဖွင့်ပွဲအခမ်းအနား သို့ တက်ရောက်။ 缅甸宣传部网站，2020 年 3 月 3 日，https：//www. moi. gov. mm/？ q = node/ 34596。

③ နိုင်ငံတော်အစိုးရ၏ ပြည်သူ့အတွက် တတိယ（၁）နှစ်တာ။ 缅甸宣传部网站，2019 年 4 月 12 日，https：//www. moi. gov. mm/？ q = news/12/04/2019/id – 25290。

2019 年 1 月 22 日，少数民族事务部在内比都开设少数民族服饰文化展览室。揭牌仪式上，少数民族文学与文化司司长吴温耐表示："非物质文化遗产保护工作主要由宗教事务与文化部负责，但某些方面，少数民族事务部也与其共同合作；少数民族文学与文化司与各省邦的 300 多个少数民族文学与文化协会也在协作开展非物质文化遗产保护工作。"① 2019 年 1 月 22～24日，少数民族事务部和宗教事务与文化部在内比都联合举办非物质文化遗产保护能力提升培训班。目的是让学员学会各民族语言文字、思想、文化、传统习俗和节会等非物质性的文化遗产的保护方法，清楚世界非物质文化遗产名录项目统计编目和申报的通行做法及程序，最终运用到实际工作中。② 2019 年 3 月 4～5 日，少数民族事务部还在内比都举办了文化遗产保护专题研讨会。③

（五）宣传部门

"没有新闻媒体的介入，非物质文化遗产保护理念就不可能深入人心，非物质文化遗产保护工作也不可能转变为整个民族的自决行动。"④ 缅甸政府宣传部门也在非物质文化遗产保护工作中发挥着宣传普及各民族非物质文化遗产知识，提高民众保护意识的作用。缅甸宣传部下属的国家广播电视局在缅甸广播电视台及其网站上推出了"活着的非物质文化"节目，介绍本国的非物质文化遗产及其保护现状。2019 年 10 月以来，已先后播报宣传了

---

① တိုင်းရင်းသားမျိုးနွယ်စုများ၏ ဝတ်စားဆင်ယင်မှုများကို တစ်နေရာတည်း၌ စုံလင်စွာလေ့လာကြည့်ရှုနိုင်ရန် တိုင်းရင်းသား လူမျိုးများ၏ ဝတ်စားဆင်ယင်မှုပြခန်း ဖွင့်လှစ်ပြသ။ 缅甸宣传部网站，2019 年 1 月 22 日，https：//www. moi. gov. mm/？ q = news/23/01/2019/id－23392。

② တိုင်းရင်းသားလူမျိုးများရေးရာဝန်ကြီးဌာန ပြုပဲ့မဲ့ယဉ်ကျေးမှုအမွေအနှစ်ထိန်းသိမ်းစောင့်ရှောက်ရေးဆိုင်ရာစွမ်းဆောင်ရည်မြှင့်တင်ရေး သင်တန်းဖွင့်ပွဲအခမ်းအနားကျင်းပ။ 缅甸国家门户网站，2019 年 1 月 23 日，https：//myanmar. gov. mm/news－media/news/latest－news/－/asset＿publisher/idasset354/content/－－2392。

③ တိုင်းရင်းသားလူမျိုးများရေးရာဝန်ကြီးဌာန ယဉ်ကျေးမှုအမွေအနှစ်များ ထိန်းသိမ်းကာကွယ်စောင့်ရှောက်ခြင်းဆိုင်ရာ အလုပ်ရုံဆွေးနွေးပွဲ ဖွင့်ပွဲအခမ်းအနားကျင်းပ။ 缅甸宣传部网站，2019 年 3 月 4 日，https：//www. moi. gov. mm/？ q = news/4/03/2019/id－24376。

④ 苑利、顾军：《非物质文化遗产学》，高等教育出版社，2009，第 85 页。

金银丝纺织刺绣工艺、天然植物染料纺织品印染工艺、金箔与金箔纸制造工艺、彩色纸质玩偶制作工艺及皮鞋与丝绒鞋制作工艺等有代表性的非物质文化遗产。这对增强传承人的荣誉感、保护非遗使命感有重要意义。

（六）非政府组织团体或个人

除政府部门外，非物质文化遗产的所有者或传承人（个人或团体）也自觉传承、保护本民族的非物质文化遗产。在全球化、工业化、市场化的冲击下，一些非物质文化遗产陷入"后继无人"乃至消失的困境。为此，一些民间机构、非政府组织积极参与保护工作。

2018年1月，少数民族事务部在内比都举办了"少数民族可持续发展论坛"，促成了少数民族企业家协会于当年3月17日成立。2019年1月25～30日，协会在仰光举办了首届各民族共同参加的"缅甸民族文化节"（Myanmar Ethnics Culture Festival）。[1] 2020年2月1～7日，第二届民族文化节再次在仰光举办，很多少数民族积极参与，通过歌舞表演展示本民族的传统文化。文化节期间还举办了少数民族选美比赛、少数民族美食与服饰展销会、少数民族生活器具展览等活动。[2] 类似的民族文化活动，促进了各民族间的交流，增强了人们保护本民族文化遗产的意识。

三　非物质文化遗产保护案例分析：
黄香楝文化习俗的保护

为深入理解缅甸的非物质文化遗产保护工作，笔者以缅甸黄香楝文化习俗的保护为例来分析。

---

① နိုင်ငံတော်အစိုးရ၏ ပြည်သူ့အတွက် တတိယ(၁)နှစ်တာ။ 缅甸宣传部网站，2019年4月12日，https：//www. moi. gov. mm/？q = news/12/04/2019/id = 25290。

② ပြည်ထောင်စုဝန်ကြီး နိုင်သက်လွင် "သွေးချင်းတို့ရဲ့ပွဲတော်ဆီ" ဒုတိယနေ့အမေးအနားတက်ရောက်။ 缅甸宣传部网站，2020年2月2日，https：//www. moi. gov. mm/news/1125。

（一）黄香楝文化习俗的内涵和形成过程

缅甸黄香楝文化习俗是指缅甸人从古至今在使用黄香楝的过程中形成发展的一系列文化习俗。其主要内涵有：将黄香楝粉浆用作化妆品美容护肤的习俗，包括以黄香楝粉浆涂绘不同图案传递不同身份或感情信息的习俗；用黄香楝树的枝叶、籽实、根须入药治疗各类疾病的习俗；以黄香楝、黄香楝制品为传情达意的礼物和情感的象征，运用于社会人际交往活动的习俗；由此形成的审美意识和民族文化认同观念，以及为发展传承这一文化习俗而举行的各类文化节会与活动等。

缅甸的黄香楝文化习俗已有千余年的历史。2019 年 11 月，缅甸黄香楝大会在实皆省蒙育瓦市举行，会上考古与国家博物馆司司长觉伦乌表示："目前发现的最早的证据，是 11 世纪末期，蒲甘王朝江喜陀王之子亚扎古曼王子布施建造的谷骠基佛塔的壁画上，已有研磨黄香楝粉浆的绘画。证明在此之前，即阿奴律陀执政时期，缅甸人就已经开始使用黄香楝了。"[①] 说明至迟到 11 世纪，缅甸已经开始使用黄香楝了。有学者认为："缅人擦抹黄香楝粉浆的习俗已有 2400 余年。在室利差呾罗王朝毗湿奴王后时就很喜爱擦抹黄香楝粉浆了。"[②] 经过千余年的传承和发展，黄香楝文化习俗已经成为缅甸民族文化的重要组成部分，是缅甸最具民族特色和代表性的文化符号之一。缅甸甚至流传着"缅甸女性离不开黄香楝"和"缅甸与黄香楝不可分割"的说法。今天，在缅甸全国各地，依然随处可见人们的脸上用黄香楝粉浆涂抹着各式各样的纹饰。很多外国游客都将此看作缅甸的文化符号。

（二）黄香楝文化习俗的传承与保护

黄香楝文化习俗在缅甸传承千年而经久不衰有多方面的原因。首先，适

---

① မြန်မာ့သာနပ်ခါ၊ ဒြိပ်မဲ့ယဉ်ကျေးမှုအမွေအနှစ်စာရင်းဝင် ဖြစ်တော့မလား။ 缅甸平台网站，2020 年 2 月 15 日，https://www.myanmaplatform.com/a/39050.html。

② 李谋、姜永仁：《缅甸文化综论》，北京大学出版社，2002，第 112 页。

宜黄香楝生长的自然环境为其传承提供了根本前提。其次，黄香楝的实用价值，使其具有了经济价值。因此，人们把黄香楝当作经济作物进行栽种。至今，缅甸中部的实皆省、曼德勒省和马圭省仍是黄香楝的主要产区。最后，黄香楝粉浆为淡黄色，与缅甸人的肤色相匹配，而黄香楝淡雅的香味、清凉温和的属性，不论男女老少均可使用且容易获得，与缅甸佛教文化倡导的平和、平等的观念相符，迎合了缅甸社会的视觉审美和文化审美。黄香楝因此获得更多人的喜爱和认同，成为文学艺术作品赞扬的对象。同时，各类文化节会的举办，使这一文化习俗更加深入人心。黄香楝文化习俗既是缅甸传统文化的重要组成要素，也是缅甸民族文化认同的组成部分，只要缅甸传统文化土壤不发生质变，就将继续传承下去。

黄香楝文化习俗随着时代和社会环境的变化不断自我调适和创新，是其历久弥新的一个重要原因。在全球化的背景下，随着外来文化的涌入，很多人尤其是年轻人的审美观念发生了改变，不再认同直接用黄香楝粉浆化妆的习俗。对此，缅甸社会一方面继续通过学校教育、文化宣传或举办文化活动的方式，强化人们的文化记忆和认同，如以黄香楝命名主产地，设立黄香楝日，举办各类黄香楝文化活动等。另一方面则通过创新技术手段，以黄香楝为原料，生产符合现代审美观念和市场需求的化妆用品。同时，注重保护知识产权，打造黄香楝文化品牌，将产品推向国际市场，赢得更多人的认可。

2019 年 1 月，黄香楝的主要产地实皆省蒙育瓦县阿亚多市（Ayadaw）被命名为"黄香楝之都"，[①] 成为继"油纸伞之都"勃生市、"花卉之都"彬乌伦市、"宝石之都"抹谷市等之后缅甸的又一座文化名城。同样，在缅甸黄香楝种植生产出口销售从业者协会等团体的推动下，2019 年起，每年缅历的 11 月 15 日被定为"黄香楝日"。2019 年 2 月 19 日（缅历 11 月 15 日），黄香楝主产地实皆省瑞波市（Shwebo）、阿亚多市（Ayadaw），马圭省

---

① မွန်ရွာခရိုင်အရာတော်မြို့ကို သနပ်ခါးမြို့တော်အဖြစ် သတ်မှတ်။ 缅甸宣传部缅甸广播电视局网站，2019年 1 月 2 日，https：//www.mrtv.gov.mm/mm/radioprogram－33547。

耶沙皎市（Yesagyo）和棉因市（Myaing）等四市共同举办了首届"黄香楝节日"庆祝活动。①

2019 年 11 月 7~9 日，缅甸经贸部、缅甸贸易促进会和缅甸黄香楝种植生产出口销售从业者协会在实皆省蒙育瓦市联合举办缅甸黄香楝大会暨天然绿色黄香楝产品展销会。② 2020 年 3 月缅甸黄香楝协会发布通告，表示将于 3 月 27~29 日，在曼德勒市举行为期三天的黄香楝文化节。③ 目前，缅甸已打造出多个黄香楝化妆品品牌，生产的产品包括香水、面膜、护肤品、洗脸香皂、洗发液等，产品出口至泰国、日本、韩国等国家。

为使黄香楝文化习俗这张文化名片获得国际社会的认可，缅甸政府积极向联合国教科文组织申报，希望黄香楝文化习俗成为本国首个列入《人类非物质文化遗产代表作名录》的非物质文化遗产。2020 年 2 月 21 日，缅甸国家文化中央委员会第四次会议上，副总统亨利班提育要求各部门协同配合，努力将在全缅范围内传承着的黄香楝文化习俗列入世界非物质文化遗产名录，表示要在现有种植范围之外，扩大黄香楝的种植面积；通过宣传推广，让全世界知道黄香楝的重要性和价值。④ 2020 年 3 月 4 日，考古与国家博物馆司表示，缅甸黄香楝文化习俗同时满足列入《人类非物质文化遗产代表作名录》的五项标准，政府已经完成黄香楝使用历史的调查论证，并

---

① တပို့တွဲလပြည့်ကို မြန်မာ့သနပ်ခါးနေ့သတ်မှတ်၍ မြို့လေးမြို့တွင် ပထမအကြိမ် သနပ်ခါးနေ့အခမ်းအနား ကျင်းပမည်။ 缅甸宣传部缅甸广播电视局网站，2019 年 1 月 16 日，https：//www. mrtv. gov. mm/mm/news – 34909。

② မြန်မာ့သနပ်ခါးညီလာခံနှင့် သဘာဝသနပ်ခါးထုတ်ကုန်ပြပွဲကို စစ်ကိုင်းတိုင်းမုံရွာတွင် (၃)ရက်ကြာကျင်းပမည်။ 缅甸平台网站，2019 年 11 月 4 日，https：//www. myanmaplatform. com/a/34330. html。

③ မြန်မာ့သနပ်ခါးပွဲတော်ကို မန္တလေးမြို့တွင် ၃ ရက်ကျင်းပပြုလုပ်သွားမည်။ 缅甸平台网站，2020 年 2 月 26 日，https：//www. myanmaplatform. com/a/39649. html。

④ ဒုတိယသမ္မတဦးဟင်နရီဗန်ထီးယူ မြန်မာနိုင်ငံအမျိုးသားယဉ်ကျေးမှုဗဟိုကော်မတီ စတုတ္ထအကြိမ်အစည်းအဝေးတက် ရောက်အမှာစကားပြောကြား။ 缅甸总统府部网站，2020 年 2 月 22 日，https：//www. president – office. gov. mm/？q = briefing – room/news/2020/02/22/id – 16287。

制作了视频文档，将在 3 月底提交给联合国教科文组织。①

总之，适宜的自然环境，因护肤、药用等实用价值而形成的经济价值，与缅甸传统文化的相辅相成，传承人与时俱进的文化创新，缅甸人民基于文化认同而自觉地传承与保护，以及申报列入《人类非物质文化遗产代表作名录》获得世界认可的期望等，共同实现了缅甸黄香楝文化习俗的传承、保护与发展。

四　总结与展望

"保护非物质文化遗产，对于创造适宜的社会环境来传承不同民族、群体、地域优秀的人类文化传统，对于维护人类文化的多样性，对于充分发挥世界各国、各民族人民的想象力和创造力，对于人类社会的可持续发展，以及人们的相互沟通、相互了解、相互团结协作，等等，具有重要意义。"②对于缅甸这样一个民族众多、宗教信仰多元的国家而言，保护非物质文化遗产的意义更为深远。

缅甸的非物质文化遗产十分丰富，但实质性的保护工作是近几年才逐步落实的。缅甸全国性的非物质文化遗产普查工作刚接近尾声，非物质文化遗产的分级保护管理体系还未建立，专门性法律的出台保护还未实现。可以说，缅甸的非物质文化遗产保护工作还处于起步阶段，未来还有很多工作要做。值得注意的是，尽管起步晚，但缅甸政府非常重视。一方面，缅甸政府认为，保护本国非物质文化遗产，是对国家文化主权的保护；另一方面，缅甸政府希望通过发掘、保护各民族的非物质文化遗产，增进民族互信，巩固联邦和平稳定，并通过带动旅游业的发展，改善各族人民的生活。

---

① မြန်မာ့သနပ်ခါးကို ပထမဆုံးကမ္ဘာ့ဖြတ်ပိုယဉ်ကျေးမှုအမွေအနှစ်စာရင်းဝင်အဖြစ် သတ်မှတ်နိုင်ရန် ယူနက်စကိုသို့ ယခုာ္ အတွင်း အမည်စာရင်းတင်သွင်းရန် စီစဉ်။ 缅甸平台网站，2020 年 3 月 4 日，https://www.myanmaplatform.com/a/39905.html。

② 王文章：《非物质文化遗产概论》，教育科学出版社，2013，第 10 页。

缅甸国家非物质文化遗产保护提升委员会主席、宗教事务与文化部部长杜拉吴昂哥多次强调"如果我们不对本国非物质文化遗产的存在状况、保护情况进行统计、记录和报告，就可能被某些邻国偷梁换柱，抄袭模仿，占为己有"。[1] 少数民族事务部部长奈岱伦也曾强调，如果我们不对自己的文化遗产进行统计编目和保护，就可能被某些邻国偷梁换柱，冒名顶替，据为己有。[2] 这也正是缅甸近年加快推动申报世界非物质文化遗产项目的原因之一。缅甸有这样的担忧不无道理。首先，缅甸与部分东南亚国家，尤其是以南传上座部佛教为主要宗教信仰的国家，在文化上有很强的相似性。其次，缅甸有很多跨国民族，这些民族传承的非物质文化遗产也属于多国共同所有。据学者研究统计"缅泰跨国民族至少有 19 个"，[3] 中缅跨国民族则包括"汉族、回族、苗族、瑶族、哈尼族、傣族、傈僳族、拉祜族、佤族、景颇族、布朗族、阿昌族、怒族、德昂族、独龙族等 15 个，另有未识别的群体克木人"。[4]

缅甸政府重视非物质文化遗产保护工作还有现实的、长远的考量，包括各民族间的相互理解和旅游业的发展等。2019 年 1 月 22 日，少数民族事务部部长奈岱伦在非物质文化遗产保护能力提升培训班开班仪式上致辞时强调，如果不对文化遗产加以保护，民族文化就会随着时间推移而衰落，乃至消失。如果文化消失了，民族也会随之消亡。通过保护非物质文化遗产，可以增进各民族在语言、文学、文化、风俗习惯等方面的相互理解，进而加深民族间的友谊。如果各民族间能够相互理解、相互友爱，我们的联邦就会更

① မြန်မာနိုင်ငံ အမျိုးသားခြပ်မဲ့ယဉ်ကျေးမှုအမွေအနှစ် ထိန်းသိမ်းမြှင့်တင်ရေးကော်မတီ ဒုတိယအကြိမ် လုပ်ငန်းညှိနှိုင်းအစည်း အဝေးသို့ ကျင်းပ။ 缅甸宗教事务与文化部网站 http：//www. culture. gov. mm/News_mm/News_ mm/Details. asp？ id =437。
② တိုင်းရင်းသားလူမျိုးများရေးရာဝန်ကြီးဌာန ခြပ်မဲ့ယဉ်ကျေးမှုအမွေအနှစ်ထိန်းသိမ်းစောင့်ရှောက်ရေးဆိုင်ရာစွမ်းဆောင်ရည် မြှင့်တင်ရေးသင်တန်းဖွင့်ပွဲအခမ်းအနားကျင်းပ။ 缅甸国家门户网站，2019 年 1 月 23 日，https：//myanmar. gov. mm/news – media/news/latest – news/ – /asset_ publisher/idasset354/content/ – –2392。
③ 赵永胜：《缅甸与泰国跨国民族研究》，社会科学文献出版社，2015，第 1～2 页。
④ 周建新：《缅甸各民族及中缅跨界民族》，《世界民族》2007 年第 4 期，第 90 页。

加和平稳定，这在建设各族人民期望的民主联邦的过程中，能够发挥重要作用。[①] 2020 年 2 月 21 日，缅甸国家文化中央委员会第四届会议上，副总统亨利班提育援引联合国世界旅游组织 2019 年报告的数据指出：2019 年缅甸入境旅游业增长率为 30.2%，是（全世界）增长最快的国家。他强调，世界各国的游客都对我们缅甸美丽的自然风景和文化遗产有浓烈的兴趣，发掘和保护文化遗产对缅甸国际旅游业的发展有十分重要的促进作用。[②]

实际上，缅甸政府一直将文化遗产保护与国家经济发展综合起来考量。2016 年 7 月 30 日，民盟政府公布的 12 项国家经济政策中，就包括保护文化遗产的内容，其第九项政策为长期保护自然环境，建设人与自然和谐共生的宜居城市，提高公共服务水平，扩大公共活动场所，进一步保护文化遗产。[③] 可见，缅甸政府一直有意将文化遗产保护与国家经济社会发展相融合。近年来，缅甸政府引进并在国内推广实施"一村一品"（One Village One Product）运动，便是其将非物质文化遗产保护与旅游产品开发、乡村减贫和经济发展相结合的举措之一。

综上所述，未来缅甸政府会继续把非物质文化遗产保护及其他文化工作，放到国内民族和平和解、旅游业发展，乃至经济民生改善的现实需要中统筹推进。缅甸非物质文化遗产保护与旅游业发展如何相互促进，相得益彰，文化的传承与保护如何参与民族问题的解决，并促进经济民生的改善，这些问题值得我们进一步追踪观察、研究探讨。

---

① တိုင်းရင်းသားလူမျိုးများရေးရာဝန်ကြီးဌာန ပြပ်မဲ့ယဉ်ကျေးမှုအနှစ်ထိန်းသိမ်းစောင့်ရှောက်ရေးဆိုင်ရာစွမ်းဆောင်ရည် မြင့်တင်ရေးသင်တန်းဖွင့်ပွဲအခမ်းအနားကျင်းပ။ 缅甸国家门户网站，2019 年 1 月 23 日，https://myanmar.gov.mm/news－media/news/latest－news/－/asset_publisher/idasset354/content/－－2392。

② ဒုတိယသမ္မတဦးဟင်နရီဗန်ထီးယူ မြန်မာနိုင်ငံအမျိုးသားယဉ်ကျေးမှုဗဟိုကော်မတီ စတုတ္ထအကြိမ်အစည်းအဝေးတက် ရှောက်အမှာစကားပြောကြား။ 缅甸总统府部网站，2020 年 2 月 22 日，https://www.president－office.gov.mm/?q=briefing－room/news/2020/02/22/id－16287。

③ 转引自张卫国《缅甸文化遗产保护研究报告——蒲甘的世界遗产之路》，载刘志强等主编《东盟文化发展报告（2019）》，社会科学文献出版社，2019，第 261 页。

B.14
印度尼西亚非物质文化遗产专题报告

葛 瑞[*]

摘　要： 2019 年是印度尼西亚《文化发展促进法》实施的第二年，印度尼西亚的非物质文化遗产保护工作在该法令的指导下稳步推进。国家层面以庆祝班查希拉申遗成功、与马来西亚联合筹备班顿申遗、庆祝巴迪克蜡染十周年国家纪念日为三项年度重点工作，以开展国家级非物质文化遗产评选为年度基本工作。本文重点就以上四项工作的开展情况进行介绍，分析印度尼西亚如何将非物质文化遗产项目作为推动文化发展的有力抓手，对内促进多元民族文化融合，对外落实文化外交政策。

关键词： 非物质文化遗产　文化外交　印度尼西亚

2019 年是印度尼西亚（以下简称"印尼"）《文化发展促进法》[①] 实施的第二年，印尼的非物质文化遗产保护工作在该法令的指导下稳步推进。国家层面以庆祝班查希拉申遗成功、与马来西亚联合筹备班顿申遗、庆祝巴迪克蜡染十周年国家纪念日为三项年度重点工作，以开展国家级非物质文化遗产评选为年度基本工作，继续将非物质文化遗产作为推动文化发展的有力抓手，对内促进多元民族文化融合，对外落实文化外交政策。

---

[*] 葛瑞，广东外语外贸大学东方语言文化学院印尼语系讲师，主要研究方向为印度尼西亚语言文化。

[①] 印度尼西亚教育与文化部 2017 年第 5 号法规《文化发展促进法》（Undang-undang Republik Indonesia Nomor 5 Tahun 2017 Tentang Pemajuan Kebudayaan）。

一 庆祝班查希拉申遗成功

2019 年印尼武术班查希拉（Pencak Silat）成功入选联合国教科文组织《人类非物质文化遗产代表作名录》，被正式命名为"班查希拉传统"（Traditions of Pencak Silat）。

班查希拉是一种自卫格斗术，音译自印尼语名"Pencak Silat"，两个单词皆为"格斗术"或"武术"的意思，其中"班查"常用于爪哇地区，"希拉"常用于西苏门答腊地区。[①] 班查希拉根植于印尼民族文化，集心灵修行、精神追求、格斗技艺及艺术表现四个方面为一体，经常作为表演项目出现在大型的庆祝或活动仪式上，已在印尼传承数百年。学习班查希拉，有利于帮助人们塑造强健的体格、正直的人格和坚韧的品性。发展至今，班查希拉不仅是印尼宝贵的非物质文化遗产，也已成为印尼民族性格的关键体现。[②]

印尼自 2014 年起着手准备将班查希拉申请成为世界级非物质文化遗产。2017 年 3 月，正式向联合国教科文组织提交申请书。整个非遗的申请过程先后由印尼青年与体育部、教育与文化部等政府部门牵头，通过与民间非政府组织合作共同举办艺术节、开展国内及国际性赛事、列入国家级非物质文化遗产等方式，传承班查希拉文化。2019 年"班查希拉传统"的申遗成功，是印尼相关各方辛勤努力的结果，代表了国际社会对印尼班查希拉非遗保护工作的肯定。

---

① 《班查希拉传统入选联合国教科文组织非物质文化遗产名录》（"Tradisi Pencak Silat Telah Diinskripsikan dalam Daftar Warisan Budaya Takbenda UNESCO"），印度尼西亚教育与文化部官方网站，2019 年 12 月 13 日，https：//kebudayaan. kemdikbud. go. id/ditwdb/tradisi - pencak - silat - telah - diinskripsikan - dalam - daftar - warisan - budaya - takbenda - unesco/。

② 《班查希拉传统，从印尼走向世界的格斗艺术》（"Tradisi Pencak Silat, Seni Bela Diri Dari Indonesia Untuk Dunia"），印度尼西亚教育与文化部官方网站，2019 年 12 月 16 日，https：//kebudayaan. kemdikbud. go. id/bpnbaceh/tradisi - pencak - silat - seni - bela - diri - dari - indonesia - untuk - dunia/。

　　值得注意的是，马来西亚传统武术希拉（Silat）也于 2019 年申遗成功，该项目被联合国教科文组织正式命名为"希拉"。马来西亚国家文物遗产局于 2018 年 11 月向联合国教科文组织提出正式申请，晚于印尼一年半。① 印尼曾向马来西亚提议共同申请，但最终因双方理念不同而分道扬镳。两国在这个项目上的争夺曾一度呈现胶着状态，究竟花落谁家引起社会关注。根据联合国教科文组织的介绍，马来西亚的希拉项目起源于马来半岛印度教—佛教兰卡苏卡王朝（Langkasuka Kingdom）时期，肯定了其发源国的地位，倾向于将其认定为一种自我防卫的体育项目。② 在印尼班查希拉项目的介绍中，没有对该项目的源头进行追溯，而是着重强调其与本土文化融合后在印尼社会中承载的丰富而深刻的文化含义。③

　　对于邻国马来西亚同样申请成功，印尼国内专家各执己见。印尼班查希拉联合会苏纳尔诺先生对此表示惊讶，认为印尼对班查希拉的传承历史悠久，因马来西亚的介入，申遗耗费了更多的时间与精力。印尼先于马来西亚向联合国教科文组织提出申请，但最终两国都被认定为班查希拉的发源国，可能是联合国教科文组织想避免纷争，所以才做出了这样的决定。④ 也有专家表示，印尼民众通过班查希拉自我约束、塑造品行，明显对班查希拉的传承更胜一筹。联合国教科文组织对班查希拉传统的认可，更多的是对印尼人民传承班查希拉所付出的努力的认可。班查希拉不是印尼独有的文化遗产，其他国家也同样可以使用，更不用说与印尼文化有共通性的

---

① 侯燕妮：《马来西亚非物质文化遗产专题报告》，载刘志强主编《东盟文化发展报告（2019）》，社会科学文献出版社，2019，第 198 页。

② "希拉"（Silat），联合国教科文组织非物质文化遗产官方网站，https：//ich. unesco. org/en/RL/silat–01504。

③ "班查希拉传统"（Traditions of Pencak Silat），联合国教科文组织非物质文化遗产官方网站，https：//ich. unesco. org/en/RL/traditions–of–pencak–silat–01391。

④ 《印尼班查希拉联合会对联合国教科文组织认可马来西亚是除了印尼以外的希拉发源国表示惊讶》（"IPSI Kaget UNESCO Akui Silat dari Malaysia Selain Indonesia"），〔印尼〕CNN，2019 年 12 月 13 日，https：//www. cnnindonesia. com/olahraga/20191213193708–178–456858/ipsi–kaget–unesco–akui–silat–dari–malaysia–selain–indonesia。

马来西亚。①

2018 年第 18 届雅加达亚运会，印尼代表团勇夺班查希拉 16 个项目中的 14 枚金牌及 1 枚铜牌，体现出压倒性的优势，仅在班查希拉一个项目上获得的金牌就接近全部金牌数量的一半。这一次的满载而归，坚定了印尼政府推动班查希拉成为奥运会项目的决心。2019 年印尼总统佐科参加两位亚运会班查希拉冠军的婚礼，可见印尼对这一项目的重视程度及国民热度。②印尼正筹备申请成为 2032 年奥运会主办国。③ 按照奥运会主办国可以增加自身优势项目的惯例，班查希拉很有可能成为 2032 年奥运会正式比赛项目。如果成功，无疑将进一步推动班查希拉在印尼国内的发展与传承，扩大该项目的国际影响力。

二 与马来西亚联合筹备班顿申遗

2019 年 2 月，印度尼西亚代表与马来西亚代表在教育与文化部廖内群岛文化保护处召开碰头会，商讨修改班顿非物质文化遗产申请书事宜，准备联合推选班顿诗歌成为 2020 年联合国教科文组织人类非物质文化遗产代表作项目。印尼教育与文化部下属文化司、非物质文化遗产分局办公室，廖内群岛文化局，马来西亚国家文物遗产局，马来西亚旅游、艺术和文化部，班顿著名学者阿里·博等约 30 位相关单位代表参加了此次会议。由联合国教

---

① 《希玛尔·法里德解释希拉在印尼与马来西亚的不同》（"Hilmar Farid jelaskan perbedaan silat Indonesia dan Malaysia"），〔印尼〕安塔拉新闻，2019 年 12 月 13 日，https：//www. antaranews. com/berita/1207703/hilmar – farid – jelaskan – perbedaan – silat – indonesia – dan – malaysia。

② 《佐科出席两位 2018 年亚运会冠军婚礼》（ "Jokowi Hadiri Pernikahan Dua Atlet Peraih Emas Asian Games 2018"），〔印尼〕《罗盘报》，2019 年 1 月 5 日，https：//nasional. kompas. com/read/2019/01/05/16260331/jokowi – hadiri – pernikahan – dua – atlet – peraih – emas – asian – games – 2018。

③ 《印尼政府努力推动班查希拉成为奥运会比赛项目》（"Pemerintah Indonesia Usahakan Pencak Silat Jadi Cabor Olimpiade"），〔印尼〕《罗盘报》，2019 年 12 月 22 日，https：//surabaya. kompas. com/read/2019/12/22/22200008/pemerintah – indonesia – usahakan – pencak – silat – jadi – cabor – olimpiade？ page = all。

科文组织亚太地区非物质文化遗产项目书面评估师亨利·瓦鲁约对印度尼西亚—马来西亚班顿非物质文化遗产项目进行阐述，印尼传统口头文学协会会长主持讨论。与班查希拉不同，印尼与马来西亚在班顿项目上选择合作申请，顺应了联合国教科文组织倡议的不同文化相互尊重合作共赢的理念。①

班顿是印度尼西亚和马来西亚人民最喜闻乐见的传统诗体，也盛行于新加坡、文莱一带，其内容生动、深刻地反映了印度尼西亚群岛以及马来半岛各国人民的生活。正规的班顿诗一般为四句式的四言体诗，格律比较规整。印度尼西亚的单词一般为两个音节以上的多音词。班顿每句含 8 ~ 12 个音节，第三句的尾音押第一句的尾音，第四句的尾音押第二句的尾音。起兴句与主旨句之间不一定有逻辑关系，前半句为升调，后半句为降调，中间有间歇和停顿，形成抑扬顿挫的起伏旋律，富有音乐节奏感。②

随着班顿诗歌与印尼地方民族文化相融合，班顿已在印尼演化出了一些地方种类。印尼政府十分重视对班顿诗歌的保护，将其中有代表性的三种列入了国家级非物质文化遗产名录。2013 年印尼启动国家级非物质文化遗产评选首年，"巴达维班顿"（Pantun Betawi）入选。巴达维班顿部分使用巴达维方言，内容以历史事件，或者贵族因争夺财产、女人失败而流浪，遭遇非同寻常的苦难，最终在超自然力的帮助下胜利的故事为主。也可作为仪式的表演项目，表演地点一般在室内，表演时长通常为当日晚上九点至次日凌晨五点。除此之外，还会作为巴达维传统割礼仪式上的其中一个节目在早上表演，或是在洗礼上从当晚九点持续表演到次日凌晨三点，内容以两个娱乐性的故事为主，辅以神明卡拉（Batara Kala）的故事为补充。③

---

① 《印度尼西亚—马来西亚商讨修改班顿申请书》（"Indonesia-Malaysia Bahas Perbaikan Naskah Pengusulan Pantun"），印度尼西亚教育与文化部官方网站，2019 年 2 月 22 日，https://kebudayaan. kemdikbud. go. id/bpnbkepri/indonesia－malaysia－bahas－perbaikan－naskah－pengusulan－pantun/。

② 梁立基：《印度尼西亚文学史》，中国出版集团、世界图书出版公司，2014，第 31 页。原文使用了"板顿诗"作为 pantun 的中文译名，本文用现代较多使用的"班顿"这一译名替换了原文相应内容。

③ "巴达维班顿"（Pantun Betawi），印度尼西亚非物质文化遗产官方网站，https://warisanbudaya. kemdikbud. go. id/？newdetail&detailTetap＝23。

2014 年"马来班顿"（Pantun Melayu）入选。比起巴达维班顿，马来班顿是通常意义上更为人熟知的班顿种类。在国内著名班顿研究学者许友年的著作《马来班顿同中国民歌之比较研究》中，便将印尼的各种地方班顿统一归类为使用不同语言吟唱的马来班顿。一首马来班顿多用比喻的修辞手法，通常由四行组成，很少有六行或八行的形式，八行的班顿又名"答里帛"（talibun）。[①] 马来班顿在印度尼西亚和马来西亚等国的文学史上占有极为重要的地位，是一座开发不尽的文化宝藏。[②]

2018 年"阿笃伊班顿"（Pantun Atui）入选。阿笃伊班顿是印尼的一种传统口头文学表演形式，也是传统婚礼的娱乐节目。表演从晚上八点一直持续到次日凌晨四点，表达男性对喜爱女性的赞美与爱慕之情。表演者通常坐在屋子中间的垫子上，用一种马来语的大陆方言吟唱，并使用比欧拉（biola）和乐巴波（rebab）乐器伴奏。阿笃伊班顿又名"一百首班顿"（seratus pantun），因为一次表演由一百首班顿组成，代表了一百个夜晚每晚一首的诚挚而坚定的感情。[③]

2019 年 10 月，廖内文化保护局与教育与文化部文化遗产与文化外交处合作，举办电影欣赏、与知名班顿学者阿里·博探讨文化价值讲座等活动，以启发年轻学生对班顿的学习热情。阿里·博在讲座上与初高中学生分享了他的创作经验，进行现场讨论与对诗。阿里·博是廖内省唯一知名班顿学者，虽然已 78 岁高龄，但仍活跃在班顿诗歌创作的舞台上。阿里·博大师认为班顿创作要敢于想象，头两句的起兴句一定要富有创造力。创作者可以从了解自身的周围环境着手，在大自然中获得启发，身边的任何事物都可以成为灵感的来源。[④]

---

① "马来班顿"（Pantun Melayu），印度尼西亚非物质文化遗产官方网站，https：//warisanbudaya. kemdikbud. go. id/？ newdetail&detailTetap = 111。

② 许友年：《马来班顿与中国民歌之比较研究》，香港：开益出版社，2009，第 21 页。

③ "阿笃伊班顿"（Pantun Atui），印度尼西亚非物质文化遗产官方网站，https：//warisanbudaya. kemdikbud. go. id/？ newdetail&detailTetap = 645。

④ 《班顿大师阿里·博的启示》（"Maestro Pantun Ali Pon Menginspirasi"），印度尼西亚教育与文化部官方网站，2019 年 10 月 18 日，https：//kebudayaan. kemdikbud. go. id/bpnbkepri/maestro－pantun－ali－menginspirasi/。

班顿早已渗透印尼的民族血液，无论是总统致辞、内阁发言，还是民间庆典、日常生活，班顿无处不在。两国如果成功将班顿申请为联合国非物质文化遗产，将有助于增强其民族自信与文化自信。

三 庆祝巴迪克蜡染十周年国家纪念日

2009 年 10 月 2 日，巴迪克蜡染被联合国教科文组织列入《人类非物质文化遗产代表作名录》，自此每年的 10 月 2 日被认定为印尼"巴迪克国家日"。

2019 年 10 月 2 日，印尼在梭罗举办了以"为祖国做巴迪克"为主题的百人制作巴迪克活动，来自不同学校的 500 名中小学生现场制作巴迪克，印度总统佐科身穿一件棕色系传统爪哇巴迪克出席并发表致辞，呼吁全国人民共同努力，积极面对联合国教科文组织对印尼巴迪克项目非遗保护现状的评估，继续发扬巴迪克文化传统，捍卫巴迪克作为印尼世界级非物质文化遗产的地位，为印尼的青年一代树立榜样，吸引他们加入保护巴迪克的队伍，同时让学习制作巴迪克走入学校课堂，更好地把巴迪克作为非物质文化遗产传承下去。印尼巴迪克蜡染的传承现状是每一位巴迪克手工从业者、艺术家、实业家真心实意倾情奉献的结果，强调社会各阶层都有责任和义务保护传承祖先留下的文化，尽全力挖掘巴迪克的艺术创造力。①

十周年纪念日当天印尼教育与文化部还举办了"外交官眼中的巴迪克"活动，特别邀请了 22 位友国驻印尼的外交官出席。这一活动意图向世界展示印尼民族以祖先留下的这一宝贵遗产为骄傲，但巴迪克不仅是印尼民族的

---

① 《总统表示联合国教科文组织开始评估已认定的巴迪克蜡染项目》（"Presiden sebut UNESCO mulai evaluasi pengakuannya pada batik"），〔印尼〕安塔拉新闻，2019 年 10 月 2 日，https：//www. antaranews. com/berita/1092764/presiden－sebut－unesco－mulai－evaluasi－pengakuannya－pada－batik。

财产，也是世界的非物质文化遗产。① 该活动是印尼希望通过巴迪克这一非物质文化遗产，建立文化沟通渠道，践行文化外交的充分体现。

除此之外，2019 年 3 月，教育与文化部还与印尼时装周合作，推广 37 种巴迪克蜡染布样，特别是来自加里曼丹的 8 种布样，借此启发新锐设计师从传统文化中汲取灵感，创造出有标志性的、有辨识度的文化身份，推广印尼多元民族文化，希望巴迪克蜡染能成为国家强有力的经济支撑之一。② 4 月在印尼共和国总统博物馆举办努山塔拉③瓦斯得拉④印尼传统图样展览，以"传统与创新"为主题，展出了瓦斯得拉国家博物馆以及多位极具民族影响力的知名印尼女性的收藏品，其中多为在大型活动或庆典中从未出现过的巴迪克作品，还组织了 100 名来自西爪哇茂物附近的小学生在博物馆学习制作巴迪克。⑤

印尼巴迪克蜡染基金会出版了《印度尼西亚巴迪克》一书，分为纸质版和电子版两个版本。结合当下先进的 AR 技术生动地展示书本内容，让人们身临其境般地沉浸于巴迪克的世界，更形象地了解巴迪克蜡染。⑥

印尼的巴迪克蜡染布中不同的图样蕴含不同的文化意义，从象征着带给新生儿好运的样式，到葬礼使用的特定印花蜡染布，贯穿印尼人的

---

① 《友国外交官眼中美丽的巴迪克》（"Keindahan Batik di Mata Para Diplomat Negara Sahabat"），印度尼西亚教育与文化部官方网站，2019 年 10 月 3 日，https：//www. kemdikbud. go. id/main/blog/2019/10/keindahan － batik － di － mata － para － diplomat － negara － sahabat。

② 《2019 年印尼时装周以"文化价值"为主题，加里曼丹成为会展标志》（"Indonesia Fashion Week 2019 Angkat Tema 'Culture Values'，Kalimantan Jadi Ikon Perhelatan"），印度尼西亚非物质文化遗产官方网站，2019 年 3 月 28 日，https：//kebudayaan. kemdikbud. go. id/ditwdb/a － fashion － week －2019－ angkat － tema － culture － values － kalimantan － jadi － ikon － perhelatan/。

③ 音译自印尼语单词 "Nusantara"，历史上的努山塔拉地区包含印度尼西亚、缅甸、马来西亚、文莱、新加坡部分地区以及其他东南亚大陆国家。

④ 音译自印尼语单词 "wastra"，原为梵语词，印尼传统巴迪克布样的统称。

⑤ 《2019 年努山塔拉瓦斯得拉节》（"Festival Wastra Nusantara 2019"），印度尼西亚非物质文化遗产官方网站，2019 年 4 月 24 日，https：//kebudayaan. kemdikbud. go. id/ditwdb/festival － wastra － nusantara －2019/。

⑥ 《佐科在梭罗"为祖国做巴迪克"》（"Jokowi 'membatik untuk negeri' di Solo"），〔印尼〕安塔拉新闻，2019 年 10 月 2 日，https：//www. antaranews. com/berita/1092368/jokowi － membatik － untuk － negeri － di － solo。

一生。日常生活中，商业场合或学术场合人们通常穿着印有日常图案的巴迪克杉。印尼政府规定政府官员参加重要活动需穿着巴迪克长袖衫，以示尊重。因此，巴迪克又被视为"国服"。巴迪克蜡染工艺通常在家族中世代相传，是印尼人民文化认知的重要组成部分，是印尼人丰富精神世界和伟大艺术创造力的集中体现。[①] 虽然印尼巴迪克蜡染曾一度受到近代工业化和外来文化潮流的冲击，但得益于近十年的保护与发展，已重新活跃在印尼人民的生活中，成为印尼民族的文化符号，也是外国游客在印尼最喜爱购买的旅游纪念品之一。印尼政府始终坚持将巴迪克文化根植于青年一代的方针不动摇，坚持创新与发展并行已颇见成效。

四　开展国家级非物质文化遗产评选

2019 年，印尼教育与文化部评选出 267 项国家级非物质文化遗产。其中，第一类"传统口头表达与表现形式"45 项，第二类"表演艺术"74 项，第三类"风俗习惯、宗教仪式与信仰"78 项，第四类"对大自然及一切事物的认知和行为"12 项，第五类"传统技艺或手工艺"58 项，七年累计评出 1086 项国家级非物质文化遗产。2019 年印尼国家级非物质文化遗产网站上增加了各省项目数量分布图，更加直观地展示出印尼国家级非物质文化遗产地理分布情况。

表 1　印度尼西亚国家级非物质文化遗产分类及数量

单位：项

类型	名称	2013 年	2014 年	2015 年	2016 年	2017 年	2018 年	2019 年	总数
一类	传统口头表达与表现形式	11	14	14	13	18	33	45	148
二类	表演艺术	37	35	40	37	50	74	74	347

①　"印度尼西亚巴迪克"（Indonesian Batik），联合国教科文组织非物质文化遗产官方网站，http：//ich. unesco. org/en/RL/indonesian－batik－00170。

续表

类型	名称	2013 年	2014 年	2015 年	2016 年	2017 年	2018 年	2019 年	总数
三类	风俗习惯、宗教仪式与信仰	4	18	26	50	35	72	78	283
四类	对大自然及一切事物的认知和行为	4	5	5	10	8	10	12	54
五类	传统技艺或手工艺	21	24	36	40	39	36	58	254
	年度累计总数	77	96	121	150	150	225	267	1086

资料来源：印度尼西亚非物质文化遗产官方网站（Warisan Budaya Takbenda Indonesia），https：//warisanbudaya. kemdikbud. go. id/? penetapan。

目前印尼的国家级非物质文化遗产评选已形成了相对完善的五步评选机制。2019 年度国家级非物质文化遗产评选同样在这一机制的框架下进行，具体流程如下。

第一步，地方政府推选。2019 年 2 月 27 日至 3 月 1 日，国家级非物质文化遗产评选工作会议召开，召集了来自印尼全国各地约 100 名文化局工作人员，以及 11 名教育部文化保护处工作组代表。会议介绍了印尼国家级非物质文化遗产的组成结构，展示了地方政府选送的 589 项非物质文化遗产，项目分布从亚齐到巴布亚，遍布印尼群岛，涵盖各民族文化特色。随后对每个项目采取针对性分组讨论或方向性分组讨论的方式进行筛选。在针对性分组讨论中，几乎每个项目在文化价值和历史渊源方面的阐述都有缺陷，还有一些项目的照片、音频、视频、文化环境介绍等资料准备不够充分，组委会仔细地指出了每个项目的的弱点或不足。最后，所有需要做补充修改的项目被要求于 2019 年 3 月 15 日前整改完毕后寄回文化遗产处。经过调整增补，地方政府最终共推选了 698 项年度国家级非物质文化遗产。①

---

① 《2019 年印尼国家级非物质文化遗产评选碰头会》（"Pertemuan Pemangku Kepentingan Penetapan WBTB Indonesia 2019"），印度尼西亚教育与文化部官方网站，2019 年 3 月 1 日，https：//kebudayaan. kemdikbud. go. id/bpnbaceh/pertemuan – pemangku – kepentingan – penetapan – wbtb – indonesia – 2019/。

第二步，项目资质审查。地方政府推选的年度非物质文化遗产项目确定后，统一由非物质文化遗产专家团队进行资质审核。专家团队就每个项目提交的书面材料，进行初步资质审核后，有 399 项通过审查。①

第三步，实地调研筛选。通过了资质审核的非物质文化遗产项目，专家团队会组成调研小组，对部分项目进行实地调研审核。经实地核查后，有 272 项进入备选清单。

第四步，会议讨论决定。实地调研结果出炉后，专家团队就书面及实地调研报告展开决策论证会，所有提交年度国家级非物质文化遗产项目的地方文化局、相关单位代表须列席会议，最终确定 267 项成为 2019 年印尼国家级非物质文化遗产。②

第五步，颁发评选结果。2019 年 10 月 8 日，年度国家级非物质文化遗产颁奖晚会在雅加达举行。40 个组织共 481 名来自各个年龄段的演职人员贡献了一场精彩绝伦的晚会，所表演的节目都是 2019 年新入选的国家级非物质文化遗产项目。印尼教育与文化部部长在晚会中的致辞，肯定了非物质文化遗产评选活动的成效，表示评选国家级非物质文化遗产不仅是符合基本法的行为，也是作为世界公民为文化可持续发展做出的贡献。同时提出建议，将印尼国家文化周打造成为非物质文化遗产的展示平台，由地方政府每年轮流承办。希望非物质文化遗产的评选能提高国内对达成促进文化繁荣的共识，加强中央与地方沟通协作，地方政府能够出台针对非物质文化遗产的保护政策。印尼内务部建议为了防止非物质文化遗产的消失或与其他民族产生所有权纷争，地方政府应马上对当地的非物质文化遗产申请专利

---

① 《召开印尼非物质文化遗产评选正式会议》（"Sidang Penetapan Warisan Budaya Takbenda Indonesia Resmi Dibuka"），印度尼西亚教育与文化部官方网站，2019 年 8 月 14 日，https：//kebudayaan. kemdikbud. go. id/bpnbaceh/sidang – penetapan – warisan – budaya – takbenda – indonesia – resmi – dibuka/。

② 《2019 年，教育与文化部认定 267 项非物质文化遗产》（"Tahun 2019, Kemendikbud Tetapkan 267 Warisan Budaya Takbenda"），印度尼西亚教育与文化部官方网站，2019 年 8 月 20 日，https：//www. kemdikbud. go. id/main/blog/2019/08/tahun – 2019 – kemendikbud – tetapkan – 267 – warisan – budaya – takbenda。

保护。根据《文化发展促进法》第 37 条与第 38 条，任何大型企业或外方擅自使用文化繁荣发展的成果获得商业利益，都须获得印尼教育与文化部的许可，如有违反，将获得相应行政处罚。同样强调最具体有效实用的一步就是将非物质文化遗产送进校园，嵌入基础教育，成为每个人生活的一部分。①

五　总结与展望

2019 年印尼非物质文化遗产保护工作以《文化发展促进法》为指导，稳步推进并取得一定成果。

国际方面，与马来西亚在班查希拉项目上的争夺尘埃落定，联合国教科文组织将印尼申请的项目命名为"班查希拉传统"，强调其背后的文化含义，将马来西亚申请的项目命名为"希拉"，强调其本身的体育项目属性，分别对印尼与马来西亚两国在这一项目上的继承与发扬给予肯定。两国在班查希拉项目上没有达成的合作共识，在班顿诗歌上得以实现。印尼与马来西亚将联合申请班顿诗歌成为 2020 年联合国教科文组织人类非物质文化遗产。从 2017 年达成合作意向，到 2019 年商讨申请书细节，这条合作之路虽然漫长但在各方的努力下正逐步推进。

国内方面，庆祝巴迪克十周年国家纪念日系列活动，全方位多渠道宣传印尼巴迪克文化成为年度重头工作。2019 年有 267 项入选国家级非物质文化遗产，为自 2013 年启动国家级非物质文化遗产评选后数量最多的一年。国家级非物质文化遗产项目呈逐年增多的态势，一方面是因为入选国家非遗项目的数量已成为中央政府衡量地方非遗保护工作情况的重要指标，另一方面也是印尼中央政府号召使用法律手段维护国家非物质文化遗产来维护民族

---

① 《教育与文化部认定 267 项非物质文化遗产》（"Kemendikbud Tetapkan 267 Warisan Budaya Takbenda"），印度尼西亚教育与文化部官方网站，2019 年 10 月 11 日，https://www. kemdikbud. go. id/main/blog/2019/10/kemendikbud – tetapkan – 267 – warisan – budaya – takbenda。

利益的这一指导思想的体现。

2020 年印尼政府非遗保护工作会继续秉持将非物质文化遗产保护根植于青年一代的工作思路，以筹备甘美兰①申遗为一项重要工作，并继续开展国家级非物质文化遗产评选，与马来西亚在申请联合国教科文组织非物质文化遗产项目上的羁绊仍将继续。如何将有限的预算合理分配投入非物质文化遗产保护，仍是印尼政府工作的挑战之一。

2020 年为中印尼两国建交 70 周年，两国都是非物质文化遗产丰富的多民族国家，近十年的非物质文化遗产保护工作已颇见成效。从非物质文化遗产项目着手，选择有共通性的项目搭建官方渠道的沟通桥梁，不失为加深两国文化理解、增强两国政治互信的支点。

参考文献

梁敏和：《印度尼西亚文化概论》，中国出版集团、世界图书出版公司，2014。

王文章主编《非物质文化遗产概论》，教育科学出版社，2013。

梁敏和：《印度尼西亚史纲》，世界图书出版公司，2019。

郭惠芬：《中外文学交流史中国—东南亚卷》，山东教育出版社，2015。

梁敏和、孔远志编著《印度尼西亚文化与社会》，北京大学出版社，2002。

孔远志：《中国印度尼西亚文化交流》，北京大学出版社，1999。

---

① 音译自印尼语单词 "gamelan"，印尼一种历史悠久的民族音乐形式。

B.15
泰国非物质文化遗产专题报告

陈 诗*

摘 要: 2019 年泰国非物质文化遗产保护工作重点围绕三方面进行,包括积极申请联合国人类非物质文化遗产评选以及组织国家级的非遗评选,完善泰国非物质文化遗产保护的相关法律政策,以及举办一系列非物质文化遗产宣传活动。三项非遗工作均成果显著,主要包括"泰式按摩"成功入选联合国教科文组织非物质文化遗产名录;新增 18 项国家级非物质文化遗产;新出台《非物质文化遗产传承与保护指导方针》。此外,举办了 27 场全国性的非物质文化遗产宣传活动,其宣传形式突破传统、立足创新,宣传内容重点突出联合国非物质文化遗产的项目,宣传组织具有国际化和商业化的特点。

关键词: 非物质文化遗产 泰式按摩 泰国

泰国非物质文化遗产的保护工作具有起步晚、发展快的特点。尽管泰国历史悠久、文化资源丰富且极具特色,但直至 2009 年,泰国才开始组织国家级非物质文化遗产的申报评选,并诞生了第一批国家级非物质文化遗产 25 项。2016 年是泰国在非遗保护上具有里程碑意义的一年。2016 年 6 月 10 日,泰国正式成为联合国《保护非物质文化遗产公约》第 170 个缔约国,意味着泰国有资格申请参加联合国人类非物质文化遗产的评选。同年,泰国

---

* 陈诗,广东外语外贸大学泰语系讲师,主要研究方向为泰国语言文化。

颁布了《传承与保护非物质文化遗产皇家法令》，这是第一部针对非物质文化遗产保护的法令。此外，2016 年泰国文化发展厅联合泰国国家文化协会合作共建非物质文化遗产数据库，标志着泰国的非物质文化遗产保护朝信息化发展。2018 年，泰国的"孔剧"成功入选联合国非物质文化遗产名录，成为泰国第一项世界级非物质文化遗产，实现了零的突破。截至 2018 年，泰国共有 336 项国家级非物质文化遗产，按照内容划分为六大类别，包括民间文学及方言类，表演艺术类，社会实践、仪式、节庆活动类，有关自然界和宇宙的知识和实践类，传统手工艺类以及民间游艺与竞技类。

2019 年，泰国重点推进三项非物质文化遗产保护工作，包括积极组织联合国与国家级非物质文化遗产评选；完善法律政策，出台新政策指导非物质文化遗产工作的落实；以及举办一系列非物质文化遗产宣传活动。

人类非物质文化遗产的申报评选是泰国非遗工作的重点，2019 年泰国非遗名录的申报评选工作进展顺利。"泰式按摩"成功入选联合国教科文组织《人类非物质文化遗产代表作名录》，此外，还新增了 18 项国家级非物质文化遗产。

一 非物质文化遗产名录评选

（一）"泰式按摩"入选联合国教科文组织人类非物质文化遗产

2019 年 12 月 13 日，联合国教科文组织非物质文化遗产保护政府间委员会第 14 届会议在哥伦比亚首都波哥大市举办，会议通过了 2019 年联合国非物质文化遗产名录共计 51 项，其中包括"急需保护的非物质文化遗产名录" 6 项，"人类非物质文化遗产代表作名录" 42 项以及"非物质文化遗产优秀实践名录" 3 项。会议还宣布"泰式按摩"入选《人类非物质文化遗产代表作名录》，这意味着"泰式按摩"成为继"孔剧"之后，泰国第二项世界级非物质文化遗产。

1. "泰式按摩"的发展史

泰式按摩的历史可追溯至陀罗钵底王国时代，即佛历 5～15 世纪。位于泰国四色菊府乌通蓬披塞县的汕甘烹大石宫始建于 1042 年，石宫中刻有婆罗门教拉克什米，即吉祥天女按摩的场景，泰国学者们推测当时泰式按摩已在皇宫以及百姓家中流行。①

卧佛寺是近代泰式按摩发展的见证，这里记载了最为完整的泰式按摩资料，开设了第一所泰式按摩培训学校。拉玛三世在修缮卧佛寺时，下谕令将病理学、药学以及按摩学的知识都刻录在寺庙石碑上，其中仅按摩部分就包含了 60 幅碑帖，其内容全面具体，堪称泰国之最。此外，拉玛九世在 1962 年下令在卧佛寺开设传统泰式按摩培训学校，这是泰国第一所按摩学校。

目前，与泰式按摩相关的机构达 50 所，如泰国盲人协会、泰国传统医学会、泰式按摩培训机构以及全国医疗康复机构等。此外，泰式按摩还运用到全国各社区各乡村的家庭卫生保健中。截至 2019 年，泰国共有 25205 名传统按摩技师，在每个府均有民营的康复保健按摩中心。②

泰式按摩不仅在泰国深受欢迎，还蜚声世界。英国知名报刊《每日邮报》在 2019 年 12 月的报道中称："泰式按摩作为泰国传统医学中重要的组成部分，至今已有 2000 多年的历史，早在联合国教科文组织将泰式按摩列为人类非物质文化遗产之前，泰式按摩就已蜚声海外。不少外国游客在泰国亲身感受了泰式按摩后，都要求学习泰式按摩的技巧。仅在卧佛寺，就有来自 145 个国家超过 20 万名外国友人完成了泰式按摩培训课程的学习，他们在纽约、伦敦以及香港等世界一线城市从事泰式按摩相关职业，发扬泰式按摩的魅力。"

2. "泰式按摩"的申遗路

"泰式按摩"的申遗早在 2016 年就已开始。2016 年泰国第三次发展和保护非物质文化遗产委员会上通过了让"孔剧"和"泰式按摩"作为泰国非遗代表申请加入联合国教科文组织《人类非物质文化遗产代表作名录》的决议。2017 年 3 月 28 日，泰国内阁通过了文化部提交的"泰式按摩"的

---

① 〔泰〕勇萨·丹迪比度、乌萨·格领鸿：《泰式按摩——非物质文化遗产》，泰国文化发展厅文化研究院，2018，第 11 ~ 21 页。
② 《联合国宣布"泰式按摩"列入 2019 年世界非物质文化遗产名录》，泰国文化发展厅，2019 年 12 月 13 日，http：//www. culture. go. th/culture_ th/ewt_ news. php？nid =4668。

提名申请。

泰国文化部部长易提蓬·坤本指出，"泰式按摩"成功申遗的原因主要包含以下三点。

一是"泰式按摩"符合联合国教科文组织对非物质文化遗产的定义。根据《非物质文化遗产保护法》第二条，"泰式按摩"属于有关自然界和宇宙的知识和实践类。泰式按摩起源于家庭以及农耕社区，逐渐发展成为卫生保健的学问，目前广泛应用于康复治疗中。"泰式按摩"能在不依赖药物的前提下，促进身体恢复，改善四肢无力、肢体不协调等症状，治疗体内气血不通而导致的各类疾病。

二是"泰式按摩"有详细的发展方针和保护措施。2011 年 9 月 2 日，"泰式按摩"以"泰国传统医学以及地方医学"的身份被列入泰国非物质文化遗产名录，意味着泰国政府正式承认了"泰式按摩"国家级非物质文化遗产的地位。同时，泰国制定并出台了多项措施，监管和促进泰式按摩的健康发展，包括泰式按摩教学大纲、按摩服务内容和流程规范、按摩服务设施标准以及按摩服务地点要求等。

三是本次申遗是全体泰国人民的共同意愿。在申遗前，泰国政府进行了自下而上的广泛动员，征得民众的一致同意。对此，举办了 6 场全国性会议，听取政府官员、按摩技师、学者以及媒体的意见；到 10 个地区走访调研，征询按摩行业协会意见；最终获得泰国内阁以及泰国文化部的审批通过。

3．"泰式按摩"申遗的现实意义

"泰式按摩"的申遗是泰国作为公约缔约国对其义务的实践，既是泰国的权利也是泰国的义务，同时是促进国际合作的良好范本。此外，本次申遗是文化实践者与文化传承者的一次通力合作，标志着泰国看到了民族文化的重要性，也展现了泰国在世界舞台的影响力。"泰式按摩"的成功申遗，有利于提高泰国民众对"泰式按摩"的传承与保护意识，提升"泰式按摩"的文化地位，避免为了促进经济和旅游业，通过不合理的"泰式按摩"商业模式来牟利。

对此，2019 年 4 月 29 日，在泰国文化部会议中心举办的 2019 年全国第四次发展与保护非物质文化遗产大会上，泰国卫生部传统医学厅提出了泰式按摩商业模式的改革方案，主要包括以下四点内容：①制定泰式按摩教学规范，主要包括泰式按摩培训大纲以及泰式按摩学术研究体系；②制定评价和认证体系，主要包括泰式按摩的服务评价标准以及按摩技师的认证标准；③面向全球推广泰式按摩，包括评选国家级泰式按摩技师，建立泰式按摩博物馆，建立泰式按摩创始人塑像地标；④制定泰式按摩传承和发展战略。

除了"泰式按摩"，泰国还将"泰国美食"向联合国进行申遗，但最终遗憾落选。此外，泰国还积极评选国家级非物质文化遗产新增项目，2019年新增国家级非遗共计18项。

（二）国家级非物质文化遗产评选

泰国的国家级非物质文化遗产评选流程规范、标准清晰。首先由各府自行收集和整理非物质文化遗产资料并提交至泰国非物质文化遗产数据库，随后文化发展厅负责整理各府的前期申请材料并呈交曼谷以及各府的非物质文化遗产评选委员会，由曼谷以及各府的非物质文化遗产评选委员会筛选出首批名单提交给全国非遗评选委员会。2019年首批国家级非遗名单共计168项，全国非遗评选委员会经过严谨的考证和分析，最终评选出18项国家级非物质文化遗产。2019年7月8日，泰国文化部部长威拉·诺帕那拉在2019年第六次非物质文化遗产传承发展大会后公布了2019年新增国家级非物质文化遗产的名单，具体如下。

民间文学及方言类：猜纳府的萨帕亚传说；华富里府的华富里市传说。

表演艺术类：加拉信府的勃朗木琴；达府的尔鼓；巴吞他尼府孟舞；四色菊府及素林府的宋干舞；黎府的黎府傣舞。

社会实践、仪式、节庆活动类：曼谷市佛统府及程逸府的佛陀火化纪念日；素林府灵媒问诊①（高棉社区）；洛坤府女神木版画游行（包括太阳神、

---

① 〔泰〕萨拉皮·考地：《素林府高棉社区中灵媒问诊仪式的角色意义》，乌汶叻差他尼大学文学期刊，第158页。

月亮神、大地女神及恒河女神）。

有关自然界和宇宙的知识和实践类：暖武里府榴梿；北榄府沙利鱼；暖武里府雕花土窑罐。

传统手工艺类：碧武里府的碧武里水泥雕塑；呵叻府丹桂县陶器；碧差汶府泰隆细线纹筒裙。

民间游艺与竞技类：佛统府抛花键；尖竹汶府对对风筝大赛。

2019 年 8 月 28 日，泰国文化发展厅在泰国文化中心会议室举办国家级非物质文化遗产宣传活动，并正式颁发了国家级非物质文化遗产证书。① 截至 2019 年 12 月，泰国共有国家级非物质文化遗产 354 项。

2019 年泰国非物质文化遗产保护工作的第二个重点是完善法律政策，出台新政指导非物质文化遗产工作的落实，对此，泰国新颁布了《非物质文化遗产传承与保护指导方针》，从国家政策层面指导全国非物质文化遗产发展与保护工作。

二 新政颁布：《非物质文化遗产传承与保护指导方针》

在泰国，针对非物质文化遗产保护的法律并不完善，目前使用的法令主要包括 2003 年联合国教科文组织颁布的《保护非物质文化遗产公约》以及 2016 年泰国颁布的《传承与保护非物质文化遗产皇家法令》。联合国的《保护非物质文化遗产公约》主要规定缔约国的义务与职责，国际合作与援助以及世界级非物质文化遗产名录的评选。而泰国的《传承与保护非物质文化遗产皇家法令》共有 26 项条款，主要内容包括非遗的定义及其分类，规定相关职能部门的权责以及明确对破坏非物质文化遗产行为的处罚。由此可见，泰国目前针对非物质文化遗产保护的法律从宏观上指导非遗保护工作的

---

① 《2019 年新增 18 项国家级非物质文化遗产》，《泰国邮报》2019 年 7 月 8 日，https://www.thaipost.net/main/detail/40434。

进行，泰国依然缺乏具体的、可操作的政策文件，而 2019 年泰国颁布的《非物质文化遗产传承与保护指导方针》正是填补了这一空白。

2019 年 3 月 7 日，泰国文化部与泰国文化发展厅共同印发了《非物质文化遗产传承与保护指导方针》①，该指导方针的宗旨是"保护国家非物质文化遗产，传承子孙后代"。指导方针共分为五部分，包括宣传非物质文化遗产的重要性；保护与传承非物质文化遗产；发展保护与传承非物质文化遗产的渠道网络；按国际化标准建设非物质文化遗产数据库；简化流程，提高机构的办事效率。指导方针的每一部分都列出了可量化的指标要求，具体如下。

（1）宣传非物质文化遗产的重要性，具体指标包括：①更多社区、街道以及农村居民认识到非物质文化遗产的重要性；②更多儿童与青少年认识到非物质文化遗产的重要性；③教育系统中增加非物质文化遗产相关知识的教学大纲；④有多形式、多渠道的非物质文化遗产宣传活动。

（2）保护与传承非物质文化遗产，具体指标包括：①通过收集非遗资料、实地调查和研究，增加非遗数据库中的非遗项目数量；②每年各级别的非物质文化遗产名录要有新增项目；③针对已入选各级非遗名录的文化遗产，出台具体措施进行管理、追踪、评价和维护；④举办传承和发展非物质文化遗产的活动；⑤对非物质文化遗产进行多种形式的创新，找到非遗的可持续发展道路。

（3）发展保护与传承非物质文化遗产的渠道网络，具体指标包括：①非物质文化遗产的保护与传承的渠道数量增多；②投入支持非物质文化遗产传承与保护的渠道网络拓展；③提高保护与传承非物质文化遗产渠道网络的质量。

（4）按国际化标准建设非物质文化遗产数据库，具体指标包括：①建立非物质文化遗产信息技术中心；②持续提供资料录入至非物质文化遗产信息技术中心；③建立先进的非物质文化遗产数据库；④建立多种形式的渠道

---

① 泰国文化部、泰国文化发展厅：《非物质文化遗产传承与保护指导方针》，泰国法政大学出版社，2019 年 3 月 7 日。

接入非物质文化遗产数据库，让资料的获取更方便快捷。

（5）简化流程，提高机构的办事效率，具体指标包括：①设立专门的机构组织负责非物质文化遗产的传承与保护；②成立发展与保护非物质文化遗产基金会；③增加传承与保护非物质文化遗产的国际合作。

新出台的指导方针对每一部分内容都列举了可量化的具体指标，同时该指导方针给出了众多具体的、可操作的意见与措施。由此可见，非物质文化遗产的相关法律和政策文件，正从宏观向微观发展、从定性向定量发展，让非物质文化遗产传承与保护工作能真正落到实处。

三 非物质文化遗产宣传活动

2019 年泰国非物质文化遗产的第三项重点工作是举办非物质文化遗产系列宣传活动。泰国文化部与泰国文化发展厅按照《非物质文化遗产传承与保护指导方针》，积极举办形式多样、内容全面的非物质文化遗产宣传活动，2019 年泰国共举办全国性非物质文化遗产宣传活动 27 场次。

在宣传形式上，积极突破传统、立足创新。2019 年的非物质文化遗产宣传既有如展览、学术研讨会、文艺演出等传统的宣传形式，也有动画首映式、文化集市等创新的宣传方式。

其中传统宣传形式依然是非物质文化遗产宣传活动的主要形式。例如，2019 年 2 月 26 日，泰国文化部以及泰国文化发展厅共同举办"碧武里府——匠人之乡"展览，泰国总理巴育·占奥差及其内阁参观了展览。[1] 2019 年 10 月 11 日，泰国文化发展厅在巴吞他尼厅举办"紧密情谊，纪念皇家艺术家"学术交流活动，泰国文化发展厅厅长差·那空差参加了开幕式，活动有国家级艺术家、教育机构以及相关文化协会参加。[2]

---

[1] 《文化发展厅宣布碧武里府为"匠人之乡"》，泰国文化发展厅，2019 年 2 月 26 日。

[2] 《泰国文化发展厅举办"紧密情谊，纪念皇家艺术家"主题活动》，泰国文化发展厅，2019 年 10 月 11 日，http：//www. culture. go. th/culture_ th/ewt_ news. php? nid = 4569&filename = index。

此外，非物质文化遗产的宣传形式也在不断探索、推陈出新，如举办动画首映式以及文化集市等。2019 年 3 月 14 日，泰国文化部与泰国文化发展厅在暹罗百丽宫购物中心影院举办《罗摩衍那》动画首映式。① 2019 年 5 月 30 日，泰国文化部、泰王国驻万象大使馆与老挝人民民主共和国新闻文化和旅游部在老挝万象举行了《罗摩衍那》动画特别放映式。② 《罗摩衍那》故事来自玉佛寺《拉玛坚》壁画，《拉玛坚》是一副雕刻在玉佛寺走廊四周的壁画，全长 2 公里，由 178 幅整齐划一的精美壁画拼接而成，规模宏大，精雕细琢，被誉为泰国史诗级的壁画作品。《罗摩衍那》将《拉玛坚》故事中那莱王化身为罗摩，打败十面魔王的情节以动画的形式生动有趣地呈现在观众面前。2019 年 9 月 19～21 日，泰国文化发展厅与泰国文化部于曼谷拉差达路举办首届文化集市，包含泰式传统美食、文化商品展示，国家级艺术表演欣赏以及地方传统文化体验等。③ 借用新时代的科技和构思，传承古老的文化，这是泰国非遗宣传的一次创新。

从宣传内容而言，重点宣传联合国人类非物质文化遗产的项目，包括孔剧、宋干节以及泰式按摩。

2018 年申遗成功的孔剧，全国性的宣传活动有四场，还有众多地方性的宣传活动。2019 年 4 月 6 日，文化部部长威拉·诺帕那拉宣布由泰国文化部联合多家教育机构共同举办了"孔剧——联合国非物质文化遗产"大型展演。④ 2019 年 6 月 19 日，泰国文化发展厅举办"孔剧——人类文化遗

① 《泰国文化发展厅举办〈罗摩衍那〉动画首映式》，泰国文化发展厅，2019 年 3 月 15 日，http：//www. culture. go. th/culture_ th/ewt_ news. php? nid =4142&filename = index。

② 《泰国文化部、泰王国驻万象大使馆与老挝人民民主共和国新闻文化和旅游部在老挝万象举行了"罗摩化身"动画特别放映式，旨在加强与东盟国家的友好关系》，泰国文化发展厅，2019 年 5 月 30 日，http：//www. culture. go. th/culture _ th/ewt _ news. php? nid = 4281&filename = index。

③ 《首届文化集市》，泰国文化发展厅，2019 年 9 月 11 日，http：//www. culture. go. th/ewt_ news. php? nid =4510&filename = index。

④ 《曼谷尚泰世界购物中心活动广场 C 区举办"孔剧——联合国非物质文化遗产"大型展演》，泰国文化发展厅，2019 年 4 月 6 日，http：//www. culture. go. th/culture_ th/ewt_ news. php? nid =4191&filename = index。

产"全国学术研讨会。① 2019 年 11 月 6 日~12 月 5 日诗丽吉王后传统手工艺发展基金会在泰国文化中心举办大型"孔剧"演出。②

"宋干节"作为 2020 年联合国申遗的代表也是 2019 年非遗宣传活动的重点，举办了以"泰国宋干节，珍惜水资源，安全戏水"为主题的系列活动，活动范围覆盖了泰国中部、东北部、西部以及南部，其中包括与柬埔寨、老挝和缅甸接壤的地区。③

2019 年 12 月底申遗成功的"泰式按摩"也举行了一场大型宣传活动。2019 年 12 月 17 日，在泰国政府大楼指挥部 1 号楼，泰国总理巴育·占奥差及其内阁共同参加了泰式按摩成功申遗的宣传活动，泰国文化部部长易提蓬·坤本、泰国传统医学厅厅长、卧佛寺泰式按摩培训学校校长以及泰国文化部、卫生部、泰国文化发展厅的官员出席了本次宣传活动，呼吁民众共同保护、传承和发扬泰国智慧。④

此外，就宣传组织而言，泰国非遗宣传活动还呈现国际化和商业化的特点。其中，国际化体现在强调东盟文化遗产共享以及邀请各国使领馆与联合国代表参加活动。2019 年 8 月 21 日，泰国文化部通过泰国文化发展厅举办全国文化学术研讨会，大会旨在对东盟地区的相似文化进行对比分析研究，强调共享东盟文化遗产，共同为东盟文化遗产的传承与保护出谋划策。⑤

---

① 《泰国文化发展部邀请各界在"孔剧——人类文化遗产"全国学术研讨会上发言》，泰国文化发展厅，2019 年 6 月 19 日，http：//www. culture. go. th/culture_ th/ewt_ news. php? nid =4326&filename = index。

② 《为庆祝孔剧入选联合国非物质文化遗产名录，诗丽吉王后手工艺技术发展基金会筹备大型孔剧演出》，泰国文化发展厅，2019 年 9 月 5 日，http：//www. culture. go. th/culture_ th/ewt_ news. php? nid =4498&filename = index。

③ 《泰国文化发展厅联合各政府部门，共同筹办"泰国宋干节，珍惜水资源，安全戏水"主题活动》，泰国文化发展厅，2019 年 3 月 20 日，http：//www. culture. go. th/culture_ th/ewt_ news. php? nid =4147&filename = index。

④ 《庆祝泰式按摩入选联合国非物质文化遗产名录大型活动》，泰国文化发展厅，2019 年 12 月 17 日，http：//www. culture. go. th/culture_ th/ewt_ news. php? nid = 4670&filename = index。

⑤ 《泰国文化发展厅支持举办"筑文化之乡，共享东盟文化遗产"学术研讨活动》，泰国文化发展厅，2019 年 8 月 21 日，http：//www. culture. go. th/culture_ th/ewt_ news. php? nid = 4451&filename = index。

2019 年 4 月 13 日，"泰国宋干节，珍惜水资源，安全戏水"主题活动在暹罗百丽宫购物中心拉开序幕，中国、马来西亚、日本、柬埔寨、奥地利、巴西、芬兰、巴基斯坦、苏丹、缅甸、挪威和巴拿马共 12 国的驻泰国使领馆官员出席了活动开幕式。同时举办了东盟宋干节展览，展示了泰国、老挝、柬埔寨以及缅甸等多个东南亚地区国家的宋干节传统文化习俗。① 2019 年 10 月 30 日，联合国和多国使领馆代表参加了由泰国文化发展厅、法政大学以及雪花秀在泰国文化中心举行的"罗摩衍那的多面故事"国际艺术展览，活动有来自东盟的世界级艺术家以及泰国国家级艺术家参加。②

这场国际艺术展览活动不仅有联合国和使领馆代表参加，还有品牌商家雪花秀的参与，这也是 2019 年非遗宣传活动组织的另一特点，即商业化，也是非物质文化遗产创新与传承的探索。2019 年 5 月 10 日，泰国文化部与文化发展厅联合诗纳卡琳威洛大学学术服务中心，以及 Wisharawish 服装品牌共同举办泰国传统服装新闻发布会。文化发展厅首席顾问塔萨春·贴甘巴南指出，"2019 年非物质文化遗产传承之泰丝国际化项目"旨在保护和传承泰国本土文化，同时强调对传统文化的创新。支持泰国纺织工匠在传承纺织技术的同时，在设计上积极创新，把泰丝这一传统文化与现代服装结合起来，让泰国丝绸成为国际服装潮流的元素，让泰丝这一非物质文化遗产在新时代焕发新生机。③

四 2020 年申遗计划

"泰式按摩"的申遗已完美落幕，接下来，泰国非物质文化遗产委员会

---

① 《泰国文化发展厅邀请民众参加 2019 年宋干节活动》，泰国文化发展厅，2019 年 4 月 18 日，http：//www. culture. go. th/culture_ th/ewt_ news. php？nid=4208&filename=index。

② 《泰国文化发展厅，法政大学，联合国，雪花秀举行国际艺术展览以庆祝罗摩衍那这一共同文化遗产》，泰国文化发展厅，2019 年 10 月 30 日，http：//www. culture. go. th/culture_ th/ewt_ news. php？nid=4587&filename=index。

③ 《泰国文化发展厅举办泰国传统服装新闻发布会》，泰国文化发展厅，2019 年 5 月 13 日，http：//www. culture. go. th/culture_ th/ewt_ news. php？nid=4242&filename=index。

准备对"宋干节"和"冬阴功"进行申遗。

2020 年，泰国将联合东南亚相关国家共同对"宋干节"进行申遗。对泰国而言，这是一个新的思路与尝试。联合申遗在东南亚已有成功经验，马来西亚与印度尼西亚共同对"班顿"的联合申遗就是一次成功范本。由于历史原因，马来西亚和印度尼西亚在文化方面存在许多相似之处，却也导致两国之间文化纷争不断。但近年来，两国逐渐由纷争转为合作，向联合国申遗共同迈进。2017 年 3 月 30 日，两国在印度尼西亚教育与文化部正式签署合作备忘录，共同向联合国教科文组织申请将"班顿"列入《世界非物质文化遗产名录》。① 马来西亚与印度尼西亚的联合申遗为东南亚地区的申遗提供了新的思路与有益的借鉴。

泰国与老挝、柬埔寨和缅甸有大量相似的非物质文化遗产，如佛本生经故事、暹罗舞、短期出家修行习俗、吃槟榔习俗、吃鱼露酱习俗、拜师会、传统庙会以及泼水节等。对存在共同特征的非物质文化遗产进行联合申遗，有助于提高当地居民对传统文化的重视程度，提高对非物质文化遗产的保护意识，增强地区人民的文化认同感，营造共同文化传承责任的氛围，同时能促进地区的人文交流，加强两地文化层面上的合作。相信泰国与东南亚各国对"宋干节"的联合申遗只是开端，未来会有更多合作的可能。

除了宋干节，泰国还计划在 2020 年对"冬阴功"进行申遗。文化部部长威拉·诺帕那拉在"2019 年第三次全国非物质文化遗产传承和保护大会"后公布了关于 2020 年冬阴功申遗的进展，目前泰国文化发展厅正在进行资料收集工作的布置。② 2019 年泰国对"泰式按摩"与"泰国美食"向联合国进行申遗，最终"泰式按摩"成功入选，而"泰国美食"项目未能如愿，"冬阴功"作为泰国美食的代表，在 2020 年再次申遗，也是对 2019 年未竞事业的延续。"冬阴功"是泰国中部人民的传统食物，"冬"和"阴"在泰语中都表

---

① 侯燕妮：《马来西亚非物质文化遗产专题报告》，载刘志强主编《东盟文化发展报告（2019）》，社会科学文献出版社，2019，第 195 页。

② 《非物质文化遗产委员会公布冬阴功申遗进展》，泰国文化发展厅，2019 年 5 月 28 日，http://www.culture.go.th/culture_th/ewt_news.php? nid = 4273&filename = index。

示泰国传统烹饪方法，"功"在泰语中是"虾"之意，因此，"冬阴功"是取河中之虾，放入沸水中，辅以各种泰式草药，通过泰国传统烹饪手法进行调制，达到保健功用的菜肴。"冬阴功"这一菜肴不仅代表泰国传统饮食文化，还展现了泰国人民依水而居的生活习惯，是泰国文化传承的集中体现。

"宋干节"采取联合申遗的创新形式，"冬阴功"担负着发扬"泰国美食"这一未竟事业的使命。不论是"宋干节"，还是"冬阴功"，都是泰国非物质文化遗产的优秀代表，集中体现了泰国的民族性，值得世界人民的关注、保护与传承。

五 总结

2019 年泰国非物质文化遗产保护工作重点围绕三方面进行，包括积极申请联合国非物质文化遗产评选以及组织国家级的非遗评选，完善泰国非物质文化遗产保护的相关法律政策，以及举办一系列非物质文化遗产宣传活动。三项非遗工作均成果显著，主要包括"泰式按摩"成功入选联合国教科文组织非物质文化遗产名录，这是继"孔剧"之后泰国第二项世界级非物质文化遗产；新增 18 项国家级非物质文化遗产，内容涵盖六大非遗类别；新出台《非物质文化遗产传承与保护指导方针》，首次针对非物质文化遗产保护与传承做出具体的、可操作的指导措施。此外，还举办了 27 场全国性的非物质文化遗产宣传活动，其宣传形式呈现突破传统、立足创新的特点，宣传内容重点突出联合国非物质文化遗产的项目，宣传组织上具有国际化以及商业化的特点。

此外，2020 年泰国将对"宋干节"与"冬阴功"进行申遗。根据泰国《民意周报》2019 年 12 月 28 日教育专栏的报道，泰国有意与中国联合对"宋干节"进行申遗，因为在中国西双版纳地区同样有"宋干节"的习俗。① 不

---

① 〔泰〕《民意周报》2019 年 12 月 27 日至 2020 年 1 月 2 日刊，2019 年 12 月 28 日，https：//www.matichonweekly.com/column/article_ 259796。

论是联合申遗还是共享非遗，都符合共建"一带一路"倡议。同时，联合申遗和共享非遗是共建"一带一路"中文化层面的重要内容，有利于促进两地共同文化的历史传承与实现传统文化的可持续发展，有利于保护地区的文化多样性。因此，中泰两国应以联合申遗、共享非遗为契机，积极加强两国在文化层面上的多维合作，促进两国在历史、文化、旅游、考古等多方面的交流，实现政府、民间与学术的多层级沟通，提高两地人民的文化认同感，共同承担文化传承的历史责任，最终实现民心相通。

参考文献

高轩、冯泽华：《中国与东南亚共享非物质文化遗产保护制度研究——以"一带一路"战略为制度构建机遇》，《东南亚研究》2015 年第 4 期。

王红：《东南亚各国保护非物质文化遗产的措施》，《东南亚纵横》2015 年第 6 期。

巴胜超、蔡珺：《知识性文化遗产——泰国非物质文化遗产保护的经验与启示》，《兰州大学学报》（社会科学版）2014 年第 6 期。

黄文富：《中国—东盟合作背景下非物质文化遗产传承保护若干问题思考——以铜鼓习俗为例》，《歌海》2018 年第 3 期。

王云庆、向怡泓：《中国—东南亚共同文化遗产的现状及保护对策》，《五邑大学学报》（社会科学版）2014 年第 2 期。

唐旭阳：《泰国非物质文化遗产专题报告》，载刘志强主编《东盟文化发展报告（2019）》，社会科学文献出版社，2019。

B.16
老挝非物质文化遗产专题报告[*]

武智[**]

摘　要： 本文主要分析老挝官方对非物质文化遗产的三种分类方式。老挝《国家遗产法》的分类较具老挝特色但多项分类有重叠，2011 年发布的《老挝非物质文化遗产调查报告》则沿袭了联合国教科文组织《保护非物质文化遗产公约》的分类法，2018 年老挝国家级非物质文化遗产名录的分类最为细化。综合介绍老挝代表性非物质文化遗产项目笙乐和南旺舞。笙乐于 2017 年成为老挝第一项正式入选联合国教科文组织《人类非物质文化遗产代表名录》的项目，南旺舞则于 2019 年 12 月进入审查提名申请阶段。总结分析老挝民族非物质文化遗产保护工作的进展、问题及挑战，人才、技术及设备的匮乏是老挝非遗保护及传承的主要阻碍。

关键词： 非物质文化遗产分类　少数民族文化保护　老挝

老挝首个统一王朝的起源可追溯到公元 1353 年，是由法昂王（Fa Ngum，ພະເຈົ້າຟ້າງຸ່ມ）建立的澜沧王国。该时期是老挝文化发展的繁荣时期，老挝国家级非物质文化遗产名录中，澜沧时期的艺术形式占多数。50 个民族的风土人情构筑了今日老挝纷繁各异的民族文化，老挝非物质文化遗产保护

　＊　本文系广东外语外贸大学青年项目（19QN28，广外科〔2019〕7 号）阶段性成果。
　＊＊　武智，广东外语外贸大学老挝语系讲师，研究方向为老挝民俗及语言文化。

工作的核心旨在尊重和促进各民族的传统习俗文化。从学科发展角度看，分类是由一般理论研究到特殊对象研究的中间桥梁，是向更为系统化研究迈进的基础学科。非物质文化遗产分类不仅影响其理论研究的深化，也为非物质文化遗产的调查、研究、保护及传承等实践奠定基础。[①] 出于对老挝非物质文化遗产理论研究和保护实践的需要，需先厘清非遗的分类问题。

一　老挝非物质文化遗产分类现状

联合国教科文组织对非物质文化遗产（以下简称"非遗"）的分类确定也呈阶段性，1998 年第 155 届执行局会议发布的《人类口头和非物质遗产代表作条例》中，非遗形式包括语言、文学、舞蹈、音乐、神话、游戏、风俗、仪式、建筑、手工艺及其他艺术。[②] 随后 2003 年《保护非物质文化遗产公约》（以下简称《公约》）又将非遗分为五类：口头传统和表现形式，包括作为非物质文化遗产媒介的语言；表演艺术；社会实践、仪式、节庆活动；有关自然界和宇宙的知识和实践；传统手工艺。《公约》缔约国大多遵循这一分类方法，但也参考本国地域性及民族性等特点进行"入乡随俗"分类，这使各国非遗分类法大同小异。且看中国目前的分类法也略为纷繁，各法皆有其理论依据，如四层法[③]、六类法[④]、七分法[⑤]、八类法[⑥]、十类法[⑦]、十三类法[⑧]、十六类法[⑨]，学者按照

---

① 邹珺：《民族非物质文化遗产保护与传承》，吉林大学出版社，2016，第43页。
② Decisions Adopted by the Executive Board at Its 155th Session, Paris, 19 October – 5 November 1998; Tashkent, 6 November 1998 (rus)，联合国教科文组织数字图书馆，https://unesdoc.unesco.org/ark:/48223/pf0000114238_rus，最后访问时间：2020年3月7日。
③ 张敏：《论非物质文化遗产的分类》，硕士学位论文，浙江大学，2010。
④ 《中华人民共和国非物质文化遗产法》，2011。
⑤ 邹珺：《民族非物质文化遗产保护与传承》，吉林大学出版社，2016。
⑥ 苑利、顾军：《非物质文化遗产学》，高等教育出版社，2009。
⑦ 《国务院关于公布第一批国家级非物质文化遗产名录的通知》，2006。
⑧ 王文章主编《非物质文化遗产概论》，教育科学出版社，2013。
⑨ 中国民族民间文化保护工程国家中心编《中国民族民间文化保护工程普查工作手册》，文化艺术出版社，2005。

各学科属性对非遗分类进行理论"加持"。无论采用何种分类法，其特点都与非遗具体细目数量挂钩，如民间文学遗产越丰富的国家对此大类的二级至四级分类也越细，表演艺术大类下项目数量较少的国家则只至二级分类。下文中将对目前老挝官方三种非遗分类方式做对比分析。

（一）《国家遗产法》

老挝《国家遗产法》（2014 年修订版，以下简称"本法"）规定老挝国家遗产包括自然、历史、文化遗产，物质及非物质、动产及不动产，有生命及无生命的，为老挝国家及民族发展历程的见证。本法参照联合国教科文组织《公约》，制定了"地方 + 国家 + 区域 + 国际"四级申报、保护、管理的实践框架体系。本法中非遗分为三类：非物质文化遗产、非物质历史遗产、国家瑰宝中的非物质遗产。

第 11 条国家非物质文化遗产，指在文化方面具有珍贵价值的非物质文化财富，如代代相传的智识、哲理、信仰、生活习俗、社会礼仪、语言文字、数字、民间传说、小说、谚语、诗歌、舞蹈、乐曲、民歌及药方等。

第 14 条国家非物质历史遗产，指历代非物质精神思想遗产，如表现爱国传统的思想及理论，战术、管理及建设国家的经验。[①] 关于此类非遗，作者解读为军事战术和历代治国理政方针等，若其通过文字作品或图画等形式传承，可视为人文精神遗产。如中国的《孙子兵法》归为文学类非物质文化遗产。

第 24 条国家瑰宝包括物质及非物质、动产及不动产类非遗，如万象塔銮、玉佛寺、香通寺、帕邦佛、坤布隆传记、十二风十四俗等，本条中所指非遗为语言文学及社会礼俗类。

此外，本法第三章第一节还按空间及地区将国家遗产（包括物质遗产

---

① 武智：《老挝非物质文化遗产报告》，载刘志强主编《东盟文化发展报告（2019）》，社会科学文献出版社，2019，第 225 页。

和非物质遗产）统分为地方级、国家级、区域级、世界级四类。地方级遗产需通过评估方可升级为国家级遗产，地方级遗产中的非遗项目多数为乐曲、民谣、舞蹈类。国家级遗产中的非遗为老挝全民族传播较广的南旺舞、辛赛史诗及休沙瓦故事等。本法中的非遗多按照以表现形式为主、以空间分布及文化功能为辅进行分类。老挝目前尚未出台专门的非物质文化遗产法，本法中三种非遗分类稍显复杂，非遗名录也未列举完全，且有定义、归类重叠现象，如"国家瑰宝"类，可归至国家级非遗内容中，无须单独分类。

（二）《老挝非物质文化遗产保护工作实地调查报告》[①]

2011 年发布的《老挝非遗保护调查报告》由亚太地区非物质文化遗产信息和网络中心[②]与老挝新闻文化旅游部合作编写，按照联合国教科文组织《公约》的非遗五分法，对本国非遗情况进行分类描述。

1. 口头传统和语言表达

①民间故事，如教导故事、童话、浪漫故事、圣贤传说、寓言故事、动物故事、鬼故事、幽默故事及类型故事等。②口述历史，包括有关历史起源、民族迁徙及民族英雄的故事。③经文赞偈，指在各种宗教和传统习俗仪式中念唱的经文，如ຄำສິມມາ（祈求宽恕的经咒）及ຄำເວນທານ（布施献词）。④民间歌谣，包括摇篮曲、爱情对歌及民歌等。⑤谚语和格言，包括警句、箴言、隐喻格言、口号标语、经咒、颂词、俚语及押韵的双关语。⑥谜语、占星术、药典及关于人类与动物生理知识的古籍。

---

① "2011 Field Survey Report-Intangible Cultural Heritage Safeguarding Efforts in Lao People's Democratic Republic," 亚太地区非物质文化遗产国际信息和网络中心网站，http：// www.ichcap.org/eng/ek/sub1/pdf_file/south_east_asia/Laos_pdf.pdf，最后访问时间：2020 年 3 月 9 日。

② 联合国教科文组织亚太地区非物质文化遗产国际信息和网络中心（ICHCAP），联合国教科文组织赞助于 2011 年成立并由韩国执行运营工作的二类中心，http：//www.ichcap.org，最后访问时间：2020 年 2 月 28 日。

2. 表演艺术

①音乐，指风俗仪式或表演的伴奏乐。②表演，指通过身体动作表达情感和故事，可伴有音乐和歌唱。如肢体动作、舞姿及木偶戏等。③戏剧，指具有宗教或民俗仪式性的传统戏剧表演，如节日戏剧及仪式舞剧等。④民歌，指在各种庆典或劳动场景演唱的歌曲，其词曲风格简练。

3. 社会风俗、礼仪、节庆

①信仰，指个人、群体和民族对某种事物或预设情况的信奉，如鬼魂、宿命、预兆、护身符、禁忌及超自然事物等。②社会礼俗，指在社会中长期形成的一种行为或信仰方式，如表示尊敬问候的双手合十礼（ນົບ）、兄弟结拜仪式（ແຮກສ່ວງ）及请求长辈宽恕的仪式（ພິທີສົມມາ）等。③传统礼俗，指在特定社会或群体中长期遵循的信念、原则或行为模式，如职业传统、卫生保健传统、人生仪式、宗教仪式及年度节庆等。

4. 有关自然界和宇宙的知识和实践

①聚落，指关于选择居住社区及房屋建筑地理位置的知识。②烹饪技艺，指准备食材、烹饪、保存及食用方式的知识，包括节庆仪式中的食物及所使用的厨具。③医疗保健，指传统医疗保健知识。④自然资源管理，指本地居民在管理、保护和利用自然资源方面的知识，如对土壤、矿产、森林及水资源的管理等。⑤天文占星术，指关于如何预测占卜星座、宇宙及超自然现象的知识，研究星相及其运动轨迹的知识，如命名、预言、预测良辰等。

5. 传统手工艺

①纺织品，通过织造、刺绣、染印等方式制作纺织品，多数采用经纬线纺织术，通常用纬线织制图案。手工制作的衣物亦可彰显主人的身份地位，老挝的纺织材料选择性较少，其图案多与民间神话、信仰及自然相关。老挝人偏好无剪裁整片式织品，如格纹布①、筒裙及纱笼。老挝筒裙图案多变

---

① 老挝语为ຜ້າກາງມ້າ，是一片式格纹布，旧时多为男用浴巾或兜裆布。

并且设计感强，而上身搭配的披肩则为花式简洁的素色布料。②篮筐织品，用竹、木及藤条等材料编制的容器，多用于盛放谷物及食物。采用编织、打结、紧固、捆扎及拉线等方法制作。③陶器，以黏土为主要制作原料的手工艺品，分上釉和无釉两种。黏土必须混有细河沙，助于干燥和防开裂。陶器颜色随黏土产地而异。④金属制品，以铁、黄铜或铜为主要制作原料的工艺品。手工铁制品主要用于家庭和农业生产，采用明火锻造打制。黄铜制品先熔融，再倒模冷却。铜是用于制作老挝银合金首饰的主要复合材料。⑤木制品，用原木或木板制作的手工艺品，用于建造老挝民宅（不使用金属钉）、家具、祭祀龛、祭坛、服装辅料、工具、武器、乐器、玩具及运输工具等。使用的技术包括雕刻、刨凿及抛光等。⑥皮革制品，将动物皮浸泡于碱溶液中，后鞣制而成的手工艺品。皮革也用于制作各种鼓乐器及皮影戏人偶。⑦装饰品，用作装饰佩戴的手工艺品，如珠宝饰品。⑧民间艺术品，为营利或自赏而创作的艺术品，包括绘画、雕塑品及铸造品等。⑨其他传统手工艺。

本报告亦有归类重复现象，如民歌同时出现在口头传统及表演艺术大类中，社会礼俗及传统礼仪可归为一类。有关自然界和宇宙的知识与实践，这一类较为抽象，也是最难调研记录、最易濒临失传的一类非遗。本报告认为老挝应着重培养本地艺术家和非遗研究人员，因为相对艺术作品而言，艺术家是更为重要的活态非物质文化资源，其对传承非遗的作用不容小觑。而培养专业研究人员，开发非遗课程，可在收集资料、访谈和文献记录等方面更加专业化。老挝政府也支持成立相关艺术文化协会，以保障文艺工作者的权益，如已成立老挝作家协会、艺术家协会、作曲协会及手工艺协会等组织。

（三）《老挝国家级非物质文化遗产名录》*

老挝新闻文化旅游部于 2018 年发布的《老挝国家级非物质文化遗产名

---

* 《老挝国家级非物质文化遗产名录》（2018），联合国教科文组织非物质文化遗产网站，https：//ich. unesco. org/doc/src/41769. pdf，最后访问时间：2020 年 3 月 7 日。

录》（以下简称"本名录"），可谓非遗"国家队"名单。本名录也体现了老挝作为多民族国家，其非遗分类的地域性及多族群性。本名录中非遗共分为八大类：表演艺术、建筑及雕塑图腾、花纹图案、雕塑艺术、金属铸术、手工艺术、故事、饮食。

①表演艺术：舞蹈、朗姆①、卡布②、音乐、歌曲（包括歌词）。

②建筑及雕塑图腾：万象塔銮四角荷花图、玉佛寺，二者皆为澜沧时期艺术形式。

③花纹图案：古琅勃拉邦花纹、古万象花纹、老挝基普花纹③。

④雕塑艺术：翁德佛坛、玉佛佛坛、川矿佛坛、香通寺金箔技艺、西沙格寺雕纹、壁画、翁德佛像。

⑤金属铸术：琅勃拉邦桑海村塑罐技艺，属于澜沧时期艺术形式。

⑥手工艺术：娜迦④王角织纹、娜迦王首织纹、娜迦织纹、花朵织纹、动物织纹及其他织纹，主要呈现于筒裙、头巾、围巾、披肩及布艺，图形多为花朵、娜迦及鸟类等。

⑦故事：佛教故事、寓教故事、民间传说、动物故事、幽默寓言。

⑧饮食：谷食和谷粉、凉拌肉末⑤、凉拌生肉末⑥、烩菜、酸菜、酱料、腌肉、酒及其他菜品。

本名录中各非遗项目罗列细致，细至四级分类，但多为民间文学、表演艺术及传统手工技艺，并未包括传统仪式和民俗。为就南旺舞申遗做准备，名录中只单独将南旺舞细分至第四级类目，共19种舞势，其余均只至二级或三级类目，可见老挝非遗项目的调研及认定工作还有待完善。本名录中也

---

① 老挝语为ລຳ，一类民歌总称。唱词为叙事诗，分独唱和对唱并用笙乐伴奏。

② 老挝语为ຂັບ，为老挝民谣。

③ 基普，为老挝法定货币名称（ກີບ），此处指老挝纸币图纹。

④ 老挝语为ນາກ，老挝神话中形似巨蛇或龙的一种动物。

⑤ 老挝语为ລາບ，用柠檬汁及各种辛香料调拌焯过的肉末。

⑥ 老挝语为ກ້ອຍ，用柠檬汁及各种辛香料调拌的生肉末。为预防疾病，目前提倡用熟肉末烹制。

有归类不合理之处，如将烤鸡归入谷食类，建筑雕塑图腾与雕塑艺术可合并为一类。

上文中的法律、报告及名录在对接《公约》非遗分类标准的同时融合了老挝本国非物质文化的特点，若中和三者将更为全面，联合国教科文组织也认可"入乡随俗"灵活对非遗进行分类。①

二 老挝代表性非物质文化遗产

（一）笙乐*

老挝目前有琅勃拉邦古都（1995）、瓦普庙群（2001）、石缸平原（2019）入选联合国教科文组织《世界遗产名录》，而"笙乐"则是老挝唯一正式入册《人类非物质文化遗产代表作名录》的项目。

老挝笙乐被列入联合国非物质文化遗产名录文件中的正式名称为"Khaen music of the Lao people"（ສຽງແຄນເຊື້ອຊາດລາວ，意为老挝民族传统笙乐）。在老挝众多传统乐器中，芦笙历史悠久，笙乐被称为"老挝音乐之母"。作为老挝笙乐呈现载体的芦笙，是其传统民乐中最受欢迎的一种口吹乐器，类似竹管制排箫或排笛（旧时使用稻秆等管状植物制作），可调节竹管长度，每根管里内置一枚金属簧片，吹奏者向置于中部外凸的气腔孔吹气并可控制气流强度。每根竹管都有孔，可变化按孔位置及频率以控制声乐，老挝芦笙的演奏技巧又与泰国和柬埔寨的同类乐器略有不同。高低音取决

---

① "Inventory-making: A Cumulative in-depth Study of Periodic Reports," 联合国教科文组织非物质文化遗产网站，https://ich. unesco. org/en/focus – on – inventory – making – 2014 – 00876，最后访问时间：2020 年 3 月 9 日。

* "笙乐"（Khaen music of the Lao people），联合国教科文组织非物质文化遗产网站，https://ich. unesco. org/en/RL/khaen – music – of – the – lao – people – 01296，最后访问时间：2020 年 3 月 10 日。

于竹管大小,其设计和竹管数量会根据老挝民乐旋律的变化而不断调整。竹管为两排式,现有十二管、十四管及十六管三种,其中演奏效果最好的是十六管式。①

芦笙是老挝民族生活不可或缺的一部分,是老挝民族文化的象征之一,正如老挝古谚语所言"住高脚屋,吃糯米饭,吹芦笙,才是真正的老挝人"。老挝人认为其极具魅力的旋律具有增强民族凝聚力和归属感的功能,还是许多民俗节日里的舞曲和歌唱伴乐,其欢快的节奏可使民众迅速融入节日氛围。作为著名传统舞蹈南旺舞的伴乐也是老挝笙乐一大特色,多对情侣或男女一齐围跳成一个大圆圈,边跳边转圈气氛愉悦。笙乐也常为传统民间歌手莫兰(ໝໍລຳ)的念唱伴奏乐。笙乐既可在宗教节日吹奏,又可为男孩向女孩示爱时吹奏的配乐,也可在苗族葬礼仪中演奏以引领逝者灵魂。由于芦笙为竹制乐器,而竹笋是一种健康可口的食物,所以在老挝人眼中芦笙也象征着健康长寿。

老挝笙乐爱好群体广泛,男女老少皆有。家庭是传承笙乐的重要媒介,通常是"子承父艺",后辈从父辈那承袭笙乐的基础知识、演奏技巧及精神内涵,老挝人认为不同的笙乐旋律对健康和福祉都有积极影响。老挝各地都有芦笙演奏协会或组织,年轻人可在此学习如何为不同风格的歌手和舞者伴奏。老挝官方鼓励在正式场合演奏笙乐为传统舞蹈伴奏,如 2016 年在老挝主办的东盟峰会欢迎仪式上演奏笙乐迎宾。在老挝政府支持下,于 2002 年成立了笙乐文化基金会。②

---

① Convention for the Safeguarding of the Intangible Cultural Heritage, Intergovernmental Committee for the Safeguarding of the Intangible Cultural Heritage, Twelfth session, Jeju Island, Republic of Korea 4 to 8 December 2017, Nomination file no. 01296 for inscription in 2017 on the Representative List of the Intangible Cultural Heritage of Humanity, 联合国教科文组织非物质文化遗产网站, https: //ich. unesco. org/doc/src/36210 - EN. docx, 最后访问时间: 2020 年 3 月 9 日。

② "FEATURE: Khaen reflects Laos' true musical heritage", 〔老〕亚洲新闻联盟(Asia News Network), http: //www. annx. asianews. network/content/feature - khaen - reflects - laos' - true - musical - heritage -69147, 最后访问时间: 2020 年 3 月 10 日。

（二）南旺舞 *

"南旺舞"（Fone Lamvong，ຟ້ອນລຳວົງ）是老挝珍贵的民族文化遗产，其最初的功能是庆祝稻谷丰收。"南"（ລຳ）意为舞蹈，"旺"（ວົງ）意为圆圈，故"南旺舞"又称"圆圈舞"。目前，老挝南旺舞已进入联合国教科文组织审查提名申请阶段。

几个世纪以来，南旺舞都是老挝民间传统舞蹈的代表。南旺舞为群舞，男性站于女性左边，男性形成一个内圈，女性形成一个外圈，舞台大时男女间距一米，舞台小则为半米。南旺舞正如其直译名"圆圈舞"，边跳边行进绕大圈，绕一大圈完成八个动作，绕大圈数视音乐长度而定。地理及历史差异使老挝各地的南旺舞舞姿特点各异。例如，南部沙拉湾省、中部沙湾拿吉省和北部琅勃拉邦省的南旺舞风格在承袭经典舞姿的基础上会略有不同。经典式南旺舞常在各类社交活动中出现，如婚礼、节日、仪式及文艺活动等。南旺舞的一大特色就是可邀请他人共舞，通常由男性先行双手合十礼（ນົບ）再邀请女性共舞，但政府正式活动场合中也可先由女性邀请男性共舞，南旺舞也是婚礼开场舞及各种国家级活动的表演舞蹈。南旺舞舞姿发展至今可谓古典与现代的融合，舞者沉浸享受着欢快的音乐及优雅的舞姿。

与笙乐一样，家庭是南旺舞的重要传承媒介。舞者的父母通常会训练自己的孩子，孩子耳濡目染地习得南旺舞基本知识，如姿势风格、走站位及其精神内涵。老挝人认为其每种舞姿及节奏都对健康、福祉和思想有积极正向力量。老挝各地都有南旺舞表演艺术团或协会，表演艺术学校、高等院校和私立音乐学校也提供专业的南旺舞课程。为推广南旺舞，各机构还针对年轻群体进行课程开发设计，召开相关研讨会及举办各类舞蹈赛事。老挝南旺舞爱好者团体发起了地区国家间传统舞蹈文化交流计划，如泰国北部和柬埔寨

---

* "Fone Lamvong Lao, Lao People's Democratic Republic Representative List – 2019"，联合国教科文组织非物质文化遗产网站，https：//ich. unesco. org/en/10b – representative – list – 01098？include = film. inc. php&id = 50613&width = 700&call = film，最后访问时间：2020 年 3 月 10 日。

都有着与南旺舞风格类似的舞蹈艺术。① 老挝人认为男女老少在传统节庆中共跳南旺舞，可促进民族凝聚力与归属感，"笙乐与南旺舞"可谓老挝各类社交活动中活跃气氛的"法宝"。

三 结语

作为世界最不发达国家之一，非遗保护工作对老挝来说是一项新挑战。老挝众多少数民族居住于地形复杂的山区，调研工作难度可见一斑。民众对保护及传承非物质文化遗产的意识和责任感较低，加之囿于人才及技术等，致使老挝非遗调查及保护工作进展缓慢。在进行少数民族非遗调查过程中，也遇到一些阻碍，如仍有一些村民对非遗知之甚少，不愿提供信息，要求高报酬；民族语言及方言也成为调研人员与村民之间沟通的屏障。老挝官方公布其有 50 个民族，但其民族总数估计远超 200 个。② 有西方学者认为，老挝目前的民族文化宣传内容多只涉及主体民族佬族，而"冷落"了其他少数民族。老挝政府于 2011 年 5 月至 12 月在南部沙湾拿吉省的十个布鲁族村落（ເຜົ່າບຣູ）和十个普泰族村落（ເຜົ່າຜູ້ໄທ）分别进行为期两个月的调查工作，主要收集民间故事、诗歌和传统仪式等非物质文化资料。③ 再如 2018 年发布的国家非遗名录中包含众多少数民族非遗项目，可见老挝官方在尊重及平等对待各民族文化方面的努力。

---

① Convention for the Safeguarding of The Intangible Cultural Heritage, Intergovernmental Committee for the Safeguarding of the Intangible Cultural Heritage, Fourteenth session Bogotá, Colombia 9 to 14 December 2019, Nomination file No. 01488 for inscription in 2019 on the Representative List of the Intangible Cultural Heritage of Humanity, 联合国教科文组织非物质文化遗产网站, https：//ich. unesco. org/doc/src/42919 – EN. doc，最后访问时间：2020 年 3 月 11 日。

② "The World Factbook-Central Intelligence Agency", 〔美〕中央情报局世界概况, https：// www. cia. gov/library/publications/resources/the – world – factbook/geos/la. html，最后访问时间：2020 年 3 月 16 日。

③ "2011 Field Survey Report-Intangible Cultural Heritage Safeguarding Efforts in Lao People's Democratic Republic", 亚太地区非物质文化遗产国际信息和网络, http：//www. ichcap. org/ eng/ek/sub1/pdf_ file/south_ east_ asia/Laos_ pdf. pdf，最后访问时间：2020 年 3 月 9 日。

近年来，老挝努力履行作为《公约》缔约国的义务，不断调查、记录本国文化遗产的历史背景及特点，建立相关资料库及名录。通过颁布、修订及完善相关法规，以加强非遗工作的法律保障。加大媒体宣传力度，提升民众对本国非物质文化的认知度及自豪感。定期开展各类民俗文化展览及竞赛等活动，如举办诵读辛赛史诗、南旺舞比赛、美食节、万荣音乐节、老挝手工艺日、琅勃拉邦电影节、老挝时装周等活动，积极宣传报道非遗活态传承人事迹。老挝新闻文化旅游部发布的《文化创意产业推广计划（2011～2016 年）》及《文化部门五年工作计划（2016～2020 年）》中关于文化保护及宣传的主要措施有通过各类媒体在国内外传播民族文化；在国内外参与组织出版物、绘画、雕塑、电影及其他文化产品的展览；本地社区和私营部门合作组织文化节、传统仪式等活动；鼓励举办文化展览及传播文化产品的活动，国内不少于 10 次，国外不少于 3 次。①

老挝数字化管理非遗的能力也有所进步，如始建于 2009 年的老挝文学手稿善本数字图书馆②；在各地图书馆、国家博物馆及国家电影档案局建立宣传"传统舞蹈"的项目，将各地南旺舞资料数字化归档；③ 在德国研究协会（DFG）和德国技术开发合作协会（GTZ）资助下，于 1999 年启动建设老挝传统音乐档案库项目，共采集了老挝 25 个民族的音乐影像资料。④

为保护和推广民族手工技艺文化，老挝政府还大力推进手工艺品出口及

---

① "Lao People's Democratic Republic 2018 Report ＿ Diversity of Cultural Expressions"，联合国教科文组织文化表达多样性网站，https：//en. unesco. org/creativity/node/16028，最后访问时间：2020 年 3 月 18 日。

② "Digital Library of Lao Manuscripts"，〔老〕老挝文学手稿善本数字图书馆，http：//www. laomanuscripts. net，最后访问时间：2020 年 2 月 16 日。

③ Convention for the Safeguarding of the Intangible Cultural Heritage, Intergovernmental Committee for the Safeguarding of the Intangible Cultural Heritage, Fourteenth session Bogotá, Colombia 9 to 14 December 2019, Nomination file No. 01488 for inscription in 2019 on the Representative List of the Intangible Cultural Heritage of Humanity，联合国教科文组织非物质文化遗产网站，https：//ich. unesco. org/doc/src/42919 – EN. doc，最后访问时间：2020 年 3 月 11 日。

④ "Traditional Music and Songs in Laos"，美国国防部及教育部资助北伊利诺伊大学东南亚研究中心项目（SEAsite Laos），http：//www. seasite. niu. edu/lao/culture/traditional ＿ music/music ＿ intro. htm，最后访问时间：2020 年 3 月 18 日。

与旅游业的深度融合，如近年来有关雕刻品和纺织品的政策及活动日渐增多。此外，还有外资机构助力少数民族非物质文化的保护及发展，如2006年于琅勃拉邦成立的传统艺术和民族学中心（TAEC），主要经营一家老挝民族文化博物馆，帮助当地工匠经营线上及线下手工艺品商店，以促进其职业的可持续发展。① 而当前老挝非遗保护及传承工作的重心为提高少数民族文化实地调查记录的效率和能力，还有更多绚烂夺目的老挝民族文化待揭开神秘面纱。

---

① "Traditional Arts and Ethnology Centre"，https：//www. taeclaos. org，最后访问时间：2020 年 3 月 18 日。

B.17
柬埔寨非物质文化遗产专题报告

周惠雯*

摘 要： 2018 年，柬埔寨瓦斯维安德面具舞成功申遗，被联合国教科文组织列为"急需保护的非物质文化遗产"。当前，柬埔寨政府通过积极申报非遗项目、完善国家非物质文化遗产名录、制定文化保护政策、筹办非遗周年庆典活动、加强与世界非遗领域的合作与交流等举措，进一步宣传、保护与发展国家非物质文化遗产。

关键词： 非物质文化遗产 瓦斯维安德面具舞 柬埔寨

依据《柬埔寨非物质文化遗产名录》，柬埔寨的非物质文化遗产可划分为表演艺术、口传文化遗产和工匠技艺。其中，表演艺术包括古典舞、民间舞蹈、戏剧、音乐和杂技表演等；口传文化遗产包括高棉语、口头文学、民间传说；工匠技艺包括纺织技艺、银器制作、面具制作、手工艺、风筝制作等。① 截至 2017 年，柬埔寨有四项非物质文化遗产被联合国教科文组织列入《人类非物质文化遗产代表作名录》，分别是柬埔寨皇家芭蕾舞（Royal Ballet of Cambodia）、皮影戏（Khmer Shadow Theatre）、拔河仪式和比赛（Tugging Rituals And Games）、长臂琴（Chapei Dang Veng）。

---

* 周惠雯，广东外语外贸大学东方语言文化学院柬埔寨语系讲师，主要研究方向为柬埔寨文化。

① 联合国教科文组织主编《柬埔寨非物质文化遗产名录》，JSRC 出版社，2004，第 13 ~ 14 页。

2018 年以来，柬埔寨在保护与发展非物质文化遗产工作上取得阶段性成果。本文对 2018 年以来柬埔寨申报非遗的情况，以及柬埔寨政府宣传、保护与发展非遗的相关举措进行介绍与分析。

一　瓦斯维安德面具舞被列入急需保护的非遗名录

表演艺术类非物质文化遗产以民间戏剧、民间舞蹈、民间音乐为代表，是一个国家的民族文化积淀，呈现了人类表演艺术的精华，从中可见一个民族或国家的历史进程、文化心理和审美情趣。[1] 在东南亚地区，早前被列入《人类非物质文化遗产代表作名录》的表演艺术类项目有柬埔寨皇家芭蕾舞、柬埔寨皮影戏、印度尼西亚哇扬戏和马来西亚玛雍戏。[2] 瓦斯维安德面具舞（Lkhon Khol Wat Svay Andet）[3] 是柬埔寨的表演艺术类非物质文化遗产代表，在文化社会的发展过程中，推进了高棉民族文化建设，增进了高棉民族身份认同，增强了高棉民族凝聚力。瓦斯维安德面具舞早期流行于距离金边市东边 10 公里处的佛教寺院——瓦斯维安德寺周边的村落，故而得名。该舞由头戴面具的男子进行表演，演出中伴随着传统的乐曲和悠扬的吟诵。柬埔寨人希望通过瓦斯维安德面具舞从守护神涅达（Neak Ta）处获得庇护，保佑村庄、土地、庄稼呈现繁荣景象。柬埔寨人认为，瓦斯维安德面具舞在表演之时，神灵现身，能拉进涅达、表演者和村民之间的距离。假若神灵对表演满意，村民就能得到他的庇护，否则，舞者们会停下，而音乐继续演奏，观众们安静下来仔细地聆听神灵。但是随着柬埔寨经济的发展，农村居民开始向经济发达地区迁移，致使当地瓦斯维安德面具舞传承者的数量日渐减少。此外，20 世纪晚期柬埔寨政局动乱不安，长期的战争和资源的匮乏也严重制约了瓦斯维安

---

[1]　陈兵：《东南亚表演艺术类非物质文化遗产概观》，《歌海》2019 年第 6 期。

[2]　吴杰伟：《从世界非物质文化遗产代表作看东南亚文化的区域性特点》，《东南亚纵横》2008 年第 12 期。

[3]　柬埔寨的瓦斯维安德面具舞简称为"柬埔寨面具舞"，或音译为"考尔剧"。

德面具舞的发展。

2017 年 3 月 29 日，柬埔寨文化艺术部向联合国教科文组织提交申报瓦斯维安德面具舞、高棉武术斗狮拳（Kun Bokator Khmer）列入《人类非物质文化遗产代表作名录》的材料。同日，联合国教科文组织给予了柬埔寨文化艺术部官方回复。[①] 另外，柬埔寨政府还在整理申报阿拉克乐（Arak Music）和高棉丝绸纺织（Khmer Silk Weaving）列为非遗的材料。2018 年 11 月 28 日，在毛里求斯路易港召开的第 13 届保护非物质文化遗产政府间委员会会议期间，联合国教科文组织宣布将柬埔寨的瓦斯维安德面具舞列为"急需保护的非物质文化遗产"。[②] 瓦斯维安德面具舞申遗成功是柬埔寨政府、社会组织机构与民众共同努力的结果，提高了柬埔寨民族文化在世界文化中的影响力与知名度。

值得注意的是，柬埔寨的瓦斯维安德面具舞与泰国的面具舞在某种程度上具有相似性，而泰国在较早之前也将泰国的面具舞申请列遗，因此，面具舞申遗在柬埔寨与泰国两国成了争议性话题。柬埔寨文化技术局局长哈杜表示，柬埔寨不会反对也不会担忧，每个国家都拥有人类非物质文化遗产，且互相受到影响，柬埔寨不会反对泰国申遗，泰国也是如此。泰国文化部部长威叻则表示，列遗并不代表注册产权，只是要保护这一文化，而且联合国教科文组织并没有禁止相似的文化遗产申遗。[③] 2018 年 11 月 29 日，继柬埔寨瓦斯维安德面具舞申遗成功之后，联合国教科文组织也正式批准将泰国面具舞列入《人类非物质文化遗产代表作名录》。

---

① 《联合国教科文组织承认面具舞是世界遗产》，〔柬〕Apsara 中心网，2018 年 11 月 29 日，http：// apsaracentral. com/en/article/5965。

② 《关于"柬埔寨面具舞被联合国教科文组织列入人类非物质文化遗产名录"的公告》，柬埔寨文化艺术部官方脸书，2018 年 11 月 28 日，https：//www. facebook. com/Khmer CultureMinistry/photos/pcb. 1971581279591010/1971578806257924/？ type＝3&theater。

③ 《柬"面具舞"正式申遗》，〔柬〕华商传媒网，2017 年 4 月 4 日，https：//mp. weixin. qq. com/s/nbVV2e 2nBwUMWc4fvtjq8A。

二 柬埔寨政府保护和发展国家非物质文化遗产

非物质文化遗产的保护与发展离不开柬埔寨政府的努力。其中，柬埔寨文化艺术部是保护与发展非物质文化遗产的主要政府职能部门。当前，柬埔寨政府积极采取举措，旨在进一步宣传、保护与发展国家非物质文化遗产。

（一）积极申报非物质文化遗产项目

柬埔寨非物质文化遗产众多，诸如 20 余种戏剧、仙女舞、高棉古典音乐、写诗技巧、诵诗方式、高棉文学、传统游戏、民间故事等。为更好地保护和传承柬埔寨非物质文化遗产，近些年来，柬埔寨政府积极向联合国教科文组织申报非遗项目。

2019 年 11 月，柬埔寨文化艺术部文化遗产司司长普拉克索纳拉表示，柬埔寨米粉、斗狮拳、丝绸纺织 3 项非物质文化遗产，以及荔枝山景区、崩密列寺、班迭奇马寺、磅士威圣剑寺群、乌栋山景区等 7 项物质文化遗产已被编入向联合国教科文组织申遗的预备名录。他还透露，柬埔寨炒扁米和龙舟也被列入了考虑范围。[1] 柬埔寨文化艺术部部长彭萨格娜也在柬埔寨文化艺术部 2019 年度成果总结与 2020 年度工作目标会议上表示，柬埔寨政府将向联合国教科文组织提交申报柬埔寨米粉列入《人类非物质文化遗产代表作名录》的相关材料。[2]

事实上，柬埔寨斗狮拳申遗的过程并非一帆风顺。早在 2012 年，柬埔寨曾经完成斗狮拳申报非物质文化遗产的材料编制工作，并提交到联合国教科文组织，但是当时遭到了拒绝。据柬埔寨旅游部部长唐坤解释，被联合国

---

① 《柬埔寨筹划向联合国教科文组织申报 10 项文化遗产》，〔柬〕《金边邮报》2019 年 11 月 29 日。

② 《柬埔寨米粉将被申报联合国教科文组织人类非物质文化遗产》，柬埔寨新闻部官网，2020 年 1 月 29 日，https://www.information.gov.kh/detail/387792。

教科文组织拒绝是因为申报时填写的格式与斗狮拳的现况不符。① 由于柬埔寨斗狮拳申遗三年都未取得进展，2016 年 4 月 21 日，柬埔寨奥林匹克委员会秘书长沃忠南与韩国跆拳道研究院院长南重雄签署合作备忘录，旨在加快整理和研究有关高棉传统体育的相关材料。② 2017 年 3 月 29 日，柬埔寨文化艺术部再次向联合国教科文组织提交申报斗狮拳列入人类非遗的材料，并于同日得到联合国教科文组织的官方回复。2018 年 3 月，联合国教科文组织对柬埔寨斗狮拳进行了初审，但鉴于该年度的申遗项目较多，联合国教科文组织需要优先考虑入遗较少的国家，于是柬埔寨斗狮拳的评估工作又被延至第二年。③ 相传，柬埔寨古代曾有狮子出没，狮子的出现常对居民与家畜造成威胁，于是当地居民自创出一套威猛的格斗术来保护人身财产安全，柬埔寨斗狮拳也因此得名。④

迄今，柬埔寨正在筹备和已经申报的非物质文化遗产包括柬埔寨米粉、斗狮拳、丝绸纺织、阿拉克乐四项，柬埔寨炒扁米和龙舟近期也被列入申报非遗的考虑范围。据悉，柬埔寨政府预计在 2020 年得到来自联合国教科文组织的斗狮拳申遗审核结果。

（二）完善《柬埔寨非物质文化遗产名录》

《柬埔寨非物质文化遗产名录》收录了一部分柬埔寨非物质文化遗产，然而仍有一些非遗由于不受重视而濒临消失，柬埔寨政府决定尽快将其编录进《柬埔寨非物质文化遗产名录》。2018 年 6 月 28 日，柬埔寨文化艺术部国务秘书萨姆闰·卡姆森在"2018 年度践行《保护和促进文化表现形式多

---

① 《柬埔寨推进斗狮拳申遗》，〔柬〕Thmeythmey 新闻网，2016 年 1 月 18 日，https：//thmeythmey. com/？page = detail&id = 35444。

② 《为柬埔寨斗狮拳申遗助力，韩国跆拳道研究院与柬埔寨签订协议》，〔柬〕Freshnews 新闻网，2016 年 4 月 22 日，http：//freshnewsasia. com/index. php/en/22520 - 2016 - 04 - 22 - 08 - 20 - 40. html。

③ 《柬埔寨斗狮拳申遗评估工作延期一年》，〔柬〕《柬华日报》2018 年 6 月 14 日，http：//jianhua daily. com/20180614/20832。

④ 《2013 年度斗狮拳比赛月底登场》，〔柬〕《高棉日报》2013 年 8 月 15 日，https：//www. facebook. com/124023714419000/posts/218908888263815/。

样性公约》① 报告"研讨会上表示，此举有助于有效管理与保护文化遗产。被列入国家非物质文化遗产名录的项目，必须符合要求和条件，例如那些对国家发展有益的非物质文化遗产，诸如信仰、节日、传统工艺等。联合国教科文组织驻柬办事处主任安妮·勒迈特也表示，国家非物质文化遗产名录的编定对保护及发展柬埔寨文化遗产具有重要的意义。在联合国教科文组织与瑞典国际发展合作署的援助下，柬埔寨政府出版了柬文版 2018 年度报告，并预计在 2020 年编写一份完整报告，进一步践行《保护和促进文化表现形式多样性公约》。②

《柬埔寨非物质文化遗产名录》是记录柬埔寨非物质文化遗产的珍贵资料，有利于提高民众对保护非遗的认识。柬埔寨 1996 年颁发的《文化遗产保护法》第二章第三则第七条曾规定，文化财产名录的登记对象为具有科学、历史、艺术和宗教价值的公共文化财产或私人文化财产，即便不是急需分类定级的文化财产，也应列入文化财产名录。③

（三）制定文化保护政策

柬埔寨的非物质文化遗产保护与发展任重而道远，建立健全文化政策是柬埔寨开展保护与发展非物质文化遗产工作的强有力保障。为传承与弘扬柬埔寨民族文化，1998 年以来，柬埔寨政府规定每年的 3 月 3 日为国家文化节，并在当日举办各类民族传统文化活动，柬埔寨首相洪森在每年的国家文化节上都会呼吁宣传、保护和发展民族传统文化。

2020 年 3 月 3 日，柬埔寨首相洪森在出席主持第 22 届国家文化节之际，指示柬埔寨文化艺术部应当继续保护和发展物质和非物质文化，将柬埔寨传统文化传承下去。其间，柬埔寨首相洪森的主要工作指示包括如下

---

① 2007 年，柬埔寨国会批准并通过联合国教科文组织的《保护和促进文化表现形式多样性公约》。

② 《柬埔寨整理非遗项目编入国家非遗名录》，柬埔寨新闻部官网，2018 年 6 月 28 日，https：//www. information. gov. kh/detail/196999。

③ 《柬埔寨文化遗产保护法》，1996，第 1256 页。

九点。

第一，柬埔寨文化艺术部须与各级有关部门协作，重视保护全国的历史建筑、寺庙、景区，并且及时有效打击犯罪行为；进一步合作完善物质文化遗产名录；继续追回战争期间流失在海外的国家雕塑作品。

第二，携手保护好濒临消失的国家非物质文化遗产；探寻更多的人类瑰宝，传承给子孙后代。

第三，加强与旅游部的合作，加大向国内外游客宣传柬埔寨文化之旅的力度，有助于提高民族文化评价，同时发展国家经济、减少贫困。

第四，支持柬埔寨文化艺术部和新闻部携手制作柬埔寨影视，对黄金时段插播的影视作品的进步表示肯定；同时，各地政府应提供场地，协助其他国家在柬埔寨境内制作与拍摄影视作品。

第五，继续与外交部合作，鼓励所有柬埔寨驻外大使馆及领事馆每年筹办柬埔寨文化活动，宣扬高棉民族文化，同时强化文化政策，要求海外柬埔寨协会积极参与筹办国家文化节及其他活动。

第六，与各地政府密切合作，有效保护柬埔寨少数民族的传统习俗。

第七，继续与柬埔寨邮电部合作，尤其是与柬埔寨内政部打击电信诈骗犯罪局合作，打击文化造假行为。

第八，呼吁所有人特别是文艺工作者，应立即停止侵犯知识产权行为。

第九，诚挚感谢支持柬埔寨庙宇修缮工作的慈善捐赠者。①

从上述工作指示中可发现，柬埔寨宣传、保护与发展文化遗产的工作不应局限于柬埔寨文化艺术部单个机构，而是需要柬埔寨从中央到地方的各部门通力合作。在非遗有关工作中，柬埔寨王国政府起主导作用，地方政府职能部门积极协助王国政府开展工作。另外，柬埔寨国内外保护与发展非物质文化遗产的非政府组织同样发挥着重要作用，例如高棉

---

① 《首相洪森对文化艺术部与有关部门保护物质与非物质文化遗产的九项工作指示》，柬埔寨人民党官网，2020年3月4日，https：//www.cpp.org.kh/details/187402。

艺术协会、永生高棉艺术协会、艺术之光协会、仙露表演艺术协会、黄金之地协会等。①

（四）筹办非物质文化遗产周年庆典活动

每逢柬埔寨皇家芭蕾舞、皮影戏、拔河仪式和比赛、长臂琴、瓦斯维安德面具舞成功申遗周年，柬埔寨政府则举办大型非物质文化遗产周年庆典活动，希望通过表演非物质文化遗产内容，宣扬柬埔寨非遗文化，展现柬埔寨社会风采，延续柬埔寨非遗文化的生命力，使其世代相传。

2019 年 11 月 29 日，为庆祝柬埔寨瓦斯维安德面具舞被联合国教科文组织列入《人类物质文化遗产代表作名录》一周年，柬埔寨文化艺术部在暹粒省巴戎寺附近的斗象台举办了大型艺术庆典——"回忆之夜"。柬埔寨文化艺术部部长彭萨格娜希望通过瓦斯维安德面具舞表演向世界进一步清晰地展现柬埔寨文化，并呼吁柬埔寨人民加强对文化遗产的支持与保护。② 按照计划，参加此次活动的人员为 3000 人，而实际上约有 10000 人参加，可见柬埔寨人民高度重视非物质文化遗产的发展。

同日，为庆祝柬埔寨长臂琴被列入"急需保护的非物质文化遗产"三周年，柬埔寨 44 位长臂琴艺术家齐聚金边市柬埔寨—日本合作中心举办"长臂琴演奏之夜"。此次演奏会中有 80 岁以上的高龄长臂琴艺术家，聚集了柬埔寨三代长臂琴艺术家。其间，柬埔寨长臂琴协会会长贝萨拉呼吁宣传、保护和传承长臂琴艺术。③

此外，柬埔寨首相洪森、文化艺术部及有关部门也会通过网络社交平台在非物质文化遗产周年日表示祝贺，强调重视保护和发展非遗工作。

---

① 转引自苏华才《柬埔寨非物质文化遗产专题报告》，载刘志强、胡乾文主编《东盟文化发展报告（2018）》，社会科学文献出版社，2018，第 201 页。

② 《文化艺术部为庆祝瓦斯维安德面具舞被列入人类非物质文化遗产名录一周年在暹粒斗象台举办艺术庆典》，柬埔寨新闻部官网，2019 年 11 月 29 日，https：//www. information. gov. kh/detail/365336。

③ 《柬埔寨庆祝长臂琴列遗三周年》，法国国际广播网，2019 年 11 月 30 日，http：//www. rfi. fr /km/cambodia/somnop – desk – chapey – dong – veng – 30 – 11 – 201。

（五）加强与世界非物质文化遗产领域的合作与交流

近年来，柬埔寨政府逐步意识到非物质文化遗产领域交流与合作的重要性，踊跃参加与非物质文化遗产有关的国际培训，积极搭建区域和国际交流平台，加强与世界非物质文化遗产领域的合作。

2014～2016 年，联合国教科文组织亚太地区非物质文化遗产国际培训中心与柬埔寨文化艺术部一起主办《保护非物质文化遗产公约》框架下的能力建设培训班，推进柬埔寨非物质文化遗产能力建设。2015 年，柬埔寨文化艺术部部长彭萨格娜在非遗数字化保护与建设的培训后，高度评价此次活动。柬埔寨学员们通过参加培训活动也能更加清楚地认识到非遗数字化保护的重要性，将非物质文化遗产领域的知识付诸实践，加快实现柬埔寨非物质文化遗产工作的数字化。[①] 2019 年 10 月 16～19 日，柬埔寨作为《保护非物质文化遗产公约》缔约国，参加在成都举办的亚太中心非物质文化遗产能力建设培训，互相交流工作经验。[②]

柬埔寨与中国在保护与发展非物质文化遗产领域保持着良性互动，两国在人文领域不断深化交流与合作。2018 年 9 月，柬埔寨文化艺术部与中国有关部门机构联合主办"多彩中华——中国西南地区少数民族非遗文化展"。访问期间，代表团专家带来了《中国的民族政策及实践》《云朵上的民族——中国最美羌族服饰》《中国藏区唐卡艺术》等专题讲座。[③] 2019 年 2 月 18 日，"感知中国·江苏文化周"在柬埔寨金边开幕，同时举办了"无锡非遗展演季"。[④]

---

① 《联合国教科文组织亚太非遗国际培训中心成立七年成就回顾》，中国非物质文化遗产网，2019 年 4 月 19 日，http：//www. ihchina. cn/Article/Index/detail？id＝18570。

② 《非物质文化遗产传承与保护在成都》，中国非物质文化遗产网，2019 年 11 月 1 日，http：//www. ihchina. cn/Article/Index/detail？id＝19246。

③ 《"西南地区少数民族非遗文化展"亮相柬埔寨金边》，中国非物质文化遗产网，2018 年 9 月 20 日，http：//www. ihchina. cn/Article/Index/detail？id＝550。

④ 《"感知中国·江苏文化周"在柬埔寨举办》，新华网，2019 年 2 月 19 日，http：//www. xinhua. net. com/world/2019－02/19/c_ 1124134364. ht。

三 柬埔寨非物质文化遗产的总结与展望

当前，柬埔寨正在有目的、有计划地开展保护与发展非遗工作，在保护和发展非物质文化遗产过程中取得阶段性成果。2018 年以来，柬埔寨瓦斯维安德面具舞被联合国教科文组织列入"急需保护的非物质文化遗产"名录，柬埔寨米粉、斗狮拳、丝绸纺织和阿拉克乐正在积极申报非遗。柬埔寨政府高度重视保护与发展非物质文化遗产工作，通过积极申报非遗项目、完善国家非物质文化遗产名录、制定文化保护政策、筹办非遗周年庆典活动、加强与世界各国非遗领域的合作与交流等举措，进一步宣传、保护与发展国家非物质文化遗产。2020 年 1 月 30 日，柬埔寨副首相梅森安在柬埔寨文化艺术部工作会议上表示，柬埔寨政府需要继续研究濒临消失的物质与非物质文化遗产，将其编录进世界遗产名录；定期编辑文化遗产名录，绘制濒临消失的物质与非物质文化资源地图，安全地、持续地保护和发展民族文化。[①] 此番工作指示为未来保护和发展柬埔寨非物质文化指明了方向。

然而，柬埔寨在传承与发展非物质文化的过程中难免遇到阻碍与困境，柬埔寨民众对非物质文化遗产重要性与知识产权的认识和保护意识较为薄弱就是一大问题。以柬埔寨皇家芭蕾舞为例，自联合国教科文组织宣布柬埔寨皇家芭蕾舞为人类非物质文化遗产以来，柬埔寨皇家芭蕾舞在世界艺术舞台上声名鹊起，商业价值猛涨，商演机会激增。柬埔寨一些个人、艺术团体、组织机构出于营利目的，在不合适的场所进行表演皇家芭蕾舞，或者在无法保证艺术价值的情况下进行低质量演出，破坏柬埔寨皇家芭蕾舞名誉，更严重者则侵害国家声誉。在此情况下，柬埔寨政府立即采取措施，打击该违法行为。2020 年 3 月 4 日，柬埔寨文化艺术部发公告呼吁个人、艺术团体、组织机构应该宣传和保护柬埔寨皇家芭蕾舞，要求个人、艺术团体、组织机

---

① 《柬埔寨政府推进文化艺术部研究物质与非物质文化遗产》，柬埔寨新闻部官网，2020 年 1 月 30 日，https：//www.information.gov.kh/detail/388126。

构在境外表演皇家芭蕾舞之前需要向柬埔寨文化艺术部报备，并对贬低皇家芭蕾舞艺术价值、侵害皇家芭蕾舞名誉的行为进行了强烈谴责。①

日后，作为《保护非物质文化遗产公约》的缔约国，柬埔寨还需不断提高其非物质文化遗产保护与履约能力，提升民众对非物质文化遗产重要性的认识，加强非物质文化遗产领域的地区与国际合作，宣扬非物质文化遗产的当代价值。

---

① 《公告》，柬埔寨文化艺术部官方脸书，2020 年 3 月 4 日，https：//www. facebook. com/KhmerCultureMinistry/photos/a. 548390798576739/2785237188225411/？ type＝3&theater。

文化交流篇

Topic on Cultural Exchanges

B.18

2019年韩国与东盟的文化交流

易 超*

摘　要： 2019 年是韩国与东盟建立对话关系 30 周年。在这个契机下，韩国也加强了与东盟之间的文化交流。不论是"韩流"文化的输出，还是东盟国家文化在韩国的传播都在不断深入。韩国"新南方政策"的持续推进和年底"2019 韩国—东盟特别文化部长会议""2019 韩国—东盟特别峰会"两个会议的召开，进一步推动了韩国与东盟在各领域的合作与交流，双方之间的文化交流也将迈入新的发展阶段。

关键词： 文化交流　韩国　东盟

---

* 易超，文学博士，讲师，硕士生导师，毕业于韩国延世大学，现为广东外语外贸大学朝鲜语系主任，主要研究方向为韩国语教育、语料库语言学、语言文化对比等。

267

韩国与东盟自 1989 年建立对话关系后，双方的交流与合作得到了全面的发展，合作领域也逐渐扩大。现在东盟已发展为韩国第二大贸易伙伴①，与韩国的经济发展有十分紧密的联系。与此相反的是，韩国与东盟的社会文化交流发展较缓，从 20 世纪 90 年代中期起步，2003 年才开始有所发展。当然，这与当时韩国的文化产业发展情况和对外文化交流政策有很大关联。而随着 2017 年韩国推出"新南方政策"，韩国与东盟在各领域的合作与交流加速，双方之间的文化交流也将迈入新的发展阶段。

一 韩国—东盟文化交流相关组织和成果

目前，韩国与韩国—东盟文化交流相关的组织主要有韩国—东盟合作基金、韩国—东盟中心和东盟文化院。

韩国—东盟合作基金（ASEAN – ROK Cooperation Fund，AKCF）成立于 1990 年，主要职能是为韩国和东盟之间技术、教育、文化艺术等领域的合作提供资金支持。该基金自成立以来，为韩国与东盟的双边关系发展做出了重要的贡献。通过技术的传播和共享，提升了韩国在东盟国家中的形象；通过推动双方青少年、公务员、学者和高层次人才之间的合作，促进了相互理解，强化了双边关系。从 2019 年起，韩国—东盟合作基金的出资规模将从 700 万美元增至 1400 万美元，还设立了教育、文化、环境三大优先合作领域。② 这意味着文化合作将成为促进韩国与东盟国家之间交流的新动力。

韩国—东盟中心成立于 2009 年，旨在促进韩国和东盟十国政府间经济、社会、文化等领域的友好交流，下设企划总务局、贸易投资局、文化观光局、情报资料局四个部门。其中，文化观光局主要是通过举办各种活动来促进双方的文化交流，如文化周、饮食文化体验、旅游宣传等。2019 年是韩

① 韩国外交通商部网站，http：//www. mofa. go. kr/www/wpge/m_ 3925/contents. do。
② 《2019 东盟概况》（2019 아세안 개황），韩国外交通商部网站，2019 年 12 月 27 日，http：// www. mofa. go. kr/www/brd/m_ 4099/list. do？page = 1&srchFr = &srchTo = &srchWord = &srchTp = &multi_ itm_ seq =0&itm_ seq_ 1 =0&itm_ seq_ 2 =0&company_ cd = &company_ nm =。

国与东盟建立对话关系 30 周年以及韩国—东盟中心成立 10 周年，中心还举办了韩国—东盟媒体论坛、东盟周、韩国—东盟列车、韩国—东盟研究周等特别纪念活动。①

东盟文化院成立于 2014 年，由韩国国际交流财团负责运营，旨在促进韩国和东盟国家之间在学术、教育、文化等多个领域的相互理解与合作。东盟文化院负责的文化活动主要有文艺表演、电影节、文化论坛、青少年交流等。为了提高效率和避免资源浪费，东盟文化院还与韩国—东盟中心形成了协调机制。2019 年，东盟文化院举办了东盟文化年、东盟电影周、摄像摄影展等纪念活动。②

另外，还有韩国外交通商部、韩国文化体育观光部、韩国观光公社、韩国文化院、韩国国际交流财团、韩国旅游发展局、韩国国际文化交流振兴院等部门和组织也参与主办或协办各种文化交流活动，在韩国与东盟文化交流的过程中发挥着不可或缺的作用。除了官方组织和大型财团，各种民间团体、"粉丝"团体也积极地参与韩国与东盟国家的文化交流。

在韩国与东盟建立对话关系 30 周年这个契机下，韩国越来越重视与东盟之间的文化交流，不论是从资金支持方面，还是从交流密度方面，都在不断加大对文化领域合作项目建设的投入，2019 年双方之间的文化交流成果丰硕。

二 "韩流"文化是韩国与东盟文化交流的重要基础

"韩流"文化是韩国重要的文化产业增长点，不仅对于东盟，也对全世界文化交流的发展都有一定的影响。从韩国与东盟历年文化交流情况来看，"韩流"文化交流占较高的比重。随着"韩流"文化的发展，其涵盖领域已

---

① 韩国—东盟中心网站，http：//www. aseankorea. org。
② 《2019 东盟概况》（2019 아세안 개황），韩国外交通商部网站，2019 年 12 月 27 日，http：//www. mofa. go. kr/www/brd/m_ 4099/list. do？page = 1&srchFr = &srchTo = &srchWord = &srchTp = &multi_ itm_ seq =0&itm_ seq_ 1 =0&itm_ seq_ 2 =0&company_ cd = &company_ nm = 。

远超影视、音乐、时尚等流行文化，还拓展到了衣、食、住、行等方方面面，可以说是韩国文化软实力最重要的体现。因此，本报告首先从"韩流"文化的角度，来考查和分析 2019 年韩国与东盟的文化交流情况。

东盟十国中最早与韩国进行现代文化交流的应属泰国。参与朝鲜战争的泰国作曲家帕克（Tumthong）将韩国民谣《阿里郎》带回了泰国，并用《阿里郎》的曲调重新填词，创作了泰文歌曲。而"韩流"文化在泰国的传播则始于 2001 年播放的电视剧《蓝色生死恋》。① 经过数十年的发展，韩国和泰国之间的文化和人员交流已经形成了一定的规模。2019 年访韩的东盟游客中，泰国游客达 571610 人次，是所有东盟国家中访韩人数最多的。访泰的韩国游客达 1706215 人次，在所有东盟国家中排第二位。另外，在韩的泰国劳务人员、留学生等其他人员也达 20 余万人，在所有东盟国家中排第二位。② "韩流"文化在泰国的传播除了影视、K-pop 等常规领域外，还拓展到了其他领域，呈现多元化、高层次的特点。2019 年 9 月 2 日，韩国总统文在寅访问泰国期间，泰方组织并邀请文在寅总统夫人出席了"韩国语演讲比赛"。现场青瓦台官方还发布数据表示泰国是最早将韩国语设置为高考科目的东盟国家，充分体现了泰国的韩国语教育热潮。③ 9 月 11 日，为了庆祝韩国—东盟特别峰会的召开，韩国国立国乐管弦乐团受邀在泰国举行了"Together with ASEAN"特别演出，这也是韩国首次在泰国进行国乐管弦乐的演出。④ 9 月 28~29 日，在泰国曼谷举办了"KCON 2019 THAILAND"。

---

① 《2019 地球村韩流现状 1》（2019 지구촌 한류 현황 1），韩国外交通商部网站，2020 年 1 月 22 日，http：//www. mofa. go. kr/www/brd/m_ 4099/view. do？seq =367606。

② 韩国—东盟中心网站，2020 年 2 月 3 日，https：//www. aseankorea. org/kor/Resources/statistics_ view. asp？page =1&BOA_ GUBUN =13&BOA_ NUM =15325 。

③ 《金正淑女士出席泰国举办的"韩国语演讲大赛"》（김정숙 여사, 태국서'한국어 말하기 대회'현장 찾아），韩联社报道，2019 年 9 月 2 日，https：//www. yna. co. kr/view/AKR20190831050051001？input =1195m。

④ 《2019 国立国乐管弦乐团特邀演出"Together with ASEAN"在泰国圆满结束》（2019 국립국악관현악단 태국 초청 공연 'Together with ASEAN' 성료），韩国国立国乐管弦乐团网站，2019 年 9 月 16 日，https：//www. ntok. go. kr/Orchestra/BoardNotice/Details？integratedArticleType =8&articleId =174238。

"KCON"作为最具代表性的韩国流行文化输出平台，每年定期在美国和日本举办，从2016年开始不定期在其他国家举办。2019年是"KCON"第二次在泰国举办。由于反响热烈，2020年韩国计划将在泰国举办"KCON"。

虽然东盟十国中最早开始与韩国进行现代文化交流的是泰国，但是不论是从文化交流规模还是从人员交流规模来看，居首位的都是越南。2019年，访越的韩国游客达3866066人次，比排在第二位的泰国多一倍。访韩的越南游客也达563731人次，在东盟国家中排名第二位，且人数与排在首位的泰国差距较小。① 另外，越南是最早引入"韩流"文化的东盟国家，始于1997年的韩国电视剧《初恋》，之后韩国影视、音乐在越南不断盛行。随着互联网的发展，韩国与越南之间的文化交流还拓展到艺术、文学、食品等多样领域。2019年1月14日，在越南河内举行了"韩—越新年音乐会"，由韩国交响乐团和首位获得肖邦国际钢琴比赛冠军的亚洲钢琴家邓泰山共同参与出演②。5月15日至6月23日，在河内举行了"韩国现代漆器艺术展"，并且展览中没有使用英文单词"lacquer"，而是使用韩国语固有词"ottchil"和越南语固有词"San mai"进行展览说明③，将艺术交流拓展到了语言交流。9月18日，韩国文化体育观光部和越南教育培训部联合主办的"谢谢你，图书馆"开馆仪式在越南举行，活动向越南三所中学捐赠了越南教育培训部指定书目书籍，以及翻译成越南语的与韩国文学、文化相关的书籍和多媒体资料。④ 8月，韩国国际交流财团发行了越南语版的韩国现代短篇小

---

① 韩国—东盟中心网站，2020年2月3日，https：//www.aseankorea.org/kor/Resources/statistics_ view. asp？page = 1&BOA_ GUBUN = 13&BOA_ NUM = 15325。

② 《盛行越南的"古典韩流"——韩越新年音乐会圆满举行》（베트남에 퍼진'클래식 한류'…한·베 신년음악회 성황），韩联社报道，2019年1月14日，https：// www. yna. co. kr/view/AKR20190114159600084？input = 1195m。

③ 《风靡越南的韩国漆器艺术》（베트남 홀린 한국의 옻칠예술），每日经济报道，2019年5月30日，https：//mk. co. kr/news/culture/view/2019/05/367497/。

④ 韩国国际文化交流振兴院网站，http：//kofice. or. kr/e50_ exchange/e50_ exchange_ oda_ view. asp？seq = 693。

说选集。① 9 月 28～29 日，韩国旅游发展局在胡志明市主办了"2019 韩—越文化旅游展"，进行了明星演出、旅游推介会、论坛等一系列活动。② 11 月 8～10 日，韩国驻越大使馆主办了"2019 韩—越饮食文化节"，对进军越南市场的韩国农产品进行了推广。③ 除此之外，2019 年度韩国文化院还在越南举办了丰富多彩的韩国文化推广活动，如体育交流、摄影展、青少年交流、文化体验、文化讲座等。④

除了泰国和越南，韩国与其他东盟国家之间的交流，根据贸易、旅游、人员等交流情况，大致可分为两个梯队，一个是交流较为密切的印度尼西亚、马来西亚、菲律宾和新加坡，另一个则是交流相对不太密切的柬埔寨、缅甸、老挝和文莱。

2019 年"韩流"文化在印度尼西亚、马来西亚、菲律宾和新加坡四个国家的传播主要集中在影视、K-pop、艺术、饮食、旅游、体育等方面。

第一，影视作为"韩流"文化的发源，仍然是双方文化交流的主力。2019 年恰逢韩国电影 100 周年，在印度尼西亚、马来西亚、菲律宾和新加坡都分别举行了纪念活动。其中，比较大型的活动有：10 月 9～13 日在印尼举行的"韩—印尼电影节"、10 月 18～27 日在新加坡举行的"韩国电影节"、11 月 21～24 日在马来西亚举行的"韩国电影节"、11 月在菲律宾举行的"Sailing Beyond Together 韩国电影节"等。⑤ 这些电影节大都由当地韩国大使馆主办，由韩国文化院或韩国国际交流财团协办。

---

① 《韩国现代短篇小说选集（印尼语·越南语版）发行》（KF, 인니·베트남어'한국 현대 단편소설 선집'발간），韩联社报道，2019 年 8 月 28 日，https://www. yna. co. kr/view/AKR20190828059300371？input = 1195m。

② 《2019 越南胡志明市韩国文化观光展成果报告书》（2019 베트남 호치민 한국문화관광대전 결과보고），韩国观光公社网站，https://kto. visitkorea. or. kr/file/download/trip/379290e0 – ec03 – 11e9 – aeb8 – d136c7e97fc7. pdf. kto。

③ 《2019 韩越饮食文化节》（2019 제 11 회 한베 음식문화 축제），亚洲新闻通信报道，2019 年 11 月 8 日，https://www. anewsa. com/detail. php？number = 2013317&thread = 05r02。

④ 韩国文化院网站，http://vietnam. korean – culture. org/ko/816/board/178/list。

⑤ 《2019 地球村韩流现状 1》（2019 지구촌 한류 현황 1），韩国外交通商部网站，2020 年 1 月 22 日，http://www. mofa. go. kr/www/brd/m_ 4099/view. do？seq = 367606。

第二，K-pop 在"韩流"文化中占据的地位越来越重要。2019 年，K-pop全球舞蹈大赛选拔赛分别在四个国家如期举行，还有 K-pop 明星的各种演出也在东盟国家中相继举行。

第三，艺术和饮食是韩国和东盟国家文化交流中新的增长点。除了K-pop 文化交流外，韩国也开始与东盟国家进行其他艺术领域的交流。如 1 月 25 日由韩国文化院在菲律宾举办了韩文书法展；4 月 6 日韩国国立釜山国乐院在印度尼西亚举行了"韩国临时政府成立 100 周年纪念演出"；6 月 29 日，韩国文化院邀请韩国现代舞蹈家朴罗训在印度尼西亚举办了个人演出；9 月 7 日韩国知名爵士乐队参与了"韩国—新加坡爵士乐之夜"演出；9 月 18～22 日韩国驻马来西亚大使馆为两名韩国知名画家举办了个人画展；11 月 12 日，韩国驻马来西亚大使馆主办了"2019 Korea Festival in ASEAN（ASIA Connection-Malaysia）"活动，邀请了韩国知名的伽倻琴乐队和街舞队进行表演，将韩国的传统音乐和现代流行舞蹈相融合。另外，随着韩国影视剧、综艺节目等在东盟国家的热播，韩国的饮食文化开始受到越来越多的关注。因此，韩国饮食文化体验活动也在东盟国家中人气颇高。如 4 月 30 日，韩国文化院在印度尼西亚举办了韩国甜点制作表演，厨师们现场展示了如何用韩国传统食材来制作现代甜点；6 月 15 日，韩国文化院在菲律宾举行了韩国料理制作比赛；7 月 6 日和 9 月 28 日，韩国驻新加坡大使馆和驻马来西亚大使馆分别在当地举办了韩国料理制作比赛。[①]

第四，旅游是了解对象国的最佳窗口之一。2019 年，访韩东盟国家人数排名中，菲律宾、马来西亚、印度尼西亚排名第三位至第五位，分别达 503884 人次、408590 人次和 278573 人次；韩国人访问东盟国家人数排名中，菲律宾、新加坡、马来西亚分列第三位至第五位，分别达 1607172 人

---

① 参见韩国文化院网站（http：//vietnam. korean‐culture. org/ko/816/board/178/list）和《2019 地球村韩流现状 1》（2019 지구촌 한류현황 1）（http：//www. mofa. go. kr/www/brd/m_ 4099/view. do？seq＝367606）。

次、543757 人次和 508080 人次。①

第五，韩国和东盟国家的其他文化交流也日趋多元化。7 月 19 日，韩国文化院在印度尼西亚举办了"全州旗接游戏"，展示了韩国全罗北道的第 63 号非物质文化遗产；9 月 30 日，韩国驻马来西亚大使馆主办了"2019 Korea Culture Festival"活动，邀请了韩国的"乱打"表演团体进行表演；9 月 7～15 日，韩国驻新加坡大使馆举办了"跆拳道大赛"，邀请了当地的韩国人团体和新加坡人团体参加。②

2019 年"韩流"文化在柬埔寨、缅甸、老挝和文莱四个国家的传播比起在其他东盟国家，主办单位和交流领域较为单一，主办单位一般为韩国驻当地大使馆，交流领域也主要集中在影视、K-pop、体育等方面。③

第一，影视交流除了电视剧和电影的播放，最主要的交流形式还是举办电影节。如 2019 年 10 月 5～7 日韩国驻老挝大使馆和韩国旅游发展局联合举办了"Taste Korean Cinema"电影节；12 月 6～8 日韩国驻柬埔寨大使馆举办了"第 13 届柬埔寨韩国电影节"，免费放映了 5 部韩国电影，还举办了见面会等系列活动；12 月 14～15 日韩国驻缅甸大使馆举办了"第 12 届韩国电影节"。

第二，双方的 K-pop 文化和体育文化交流仍然相对较为频繁。如韩国大使馆于 5 月 5 日、6 月 7 日、6 月 22 日分别在老挝、柬埔寨和缅甸举办了"2019 K-pop World Festival"选拔赛。体育文化交流则以跆拳道比赛为主。韩国大使馆于 6 月 29 日、10 月 12～13 日、11 月 9～10 日分别在柬埔寨、缅甸、老挝举办了"2019 大使杯跆拳道大赛"。

第三，四个国家中，韩国与缅甸的文化交流形式相对较多，除了影视、K-pop、体育之外，还有饮食、语言等方面的交流。例如，韩国驻缅甸大使

---

① 韩国—东盟中心网站，2020 年 2 月 3 日，https：//www. aseankorea. org/kor/Resources/ statistics_ view. asp？page ＝1&BOA_ GUBUN ＝13&BOA_ NUM ＝15325。
② 《2019 地球村韩流现状 1》（2019 지구촌 한류 현황 1），韩国外交通商部网站，2020 年 1 月 22 日，http：//www. mofa. go. kr/www/brd/m_ 4099/view. do？seq ＝367606。
③ 参见《2019 地球村韩流现状 1》（2019 지구촌 한류 현황 1），韩国外交通商部网站，2020 年 1 月 22 日，http：//www. mofa. go. kr/www/brd/m_ 4099/view. do？seq ＝367606。

馆在 8 月 3 日和 12 月 6 日分别举办了"第一届韩国料理制作比赛"和"2019 泡菜制作暨试吃会"活动；5 月 31 日举办了"第 17 届韩国语演讲大赛"。韩国与另外三个国家的文化交流除了影视和 K-pop 以外，则以举办文化节或文化周为主，通过系列活动综合性地向当地人民展示韩国的传统文化和流行文化，以及饮食、服装、美容等日常文化。如 9 月 13 ~ 15 日韩国驻文莱大使馆举办了"Korea Festival"文化节；11 月 23 ~ 24 日，韩国驻柬埔寨大使馆举办了韩国文化节；11 月 22 ~ 23 日，韩国驻老挝大使馆举办了韩国文化周系列活动。

随着"韩流"文化在东盟国家中的传播，韩国的文化产业输出保持着稳定的增长态势，东盟已成为韩国除了中国、日本以外最大的文化产业输出市场。"韩流"效应所带来的贸易增长也是显著的，韩国对东盟国家的服装、化妆品、首饰等商品的输出也不断扩大。"韩流"文化是韩国和东盟文化交流的重要基础，在"韩流"文化的影响下，韩国和东盟国家在其他文化领域的交流也在不断增长。

三 "新南方政策"推进韩国与东盟的文化交流

2017 年 11 月，韩国总统文在寅访问印度尼西亚、越南和菲律宾等东盟国家，并于 11 月 9 日在"韩国—印尼商务论坛"上发表演讲，正式提出"新南方政策"，其核心就是加强与东盟国家之间的交流与合作。从 2018 年 8 月开始，文在寅总统继续对越南、新加坡等东盟国家进行国事访问，也意味着"新南方政策"的正式启动。2019 年 3 月和 9 月，文在寅总统又接连访问文莱、马来西亚、柬埔寨、泰国、缅甸和老挝等东盟国家。至此，两年内完成了对东盟十国全部国家的国事访问，可见其对东盟国家的看重和"新南方政策"的重要性。随着"新南方政策"不断推进，2019 年韩国与东盟国家之间的各项交流稳步推进，双方在文化领域交流的成果也十分丰硕，不仅韩国文化在东盟国家广泛传播，东盟国家文化在韩国的传播也不断深入，具体情况可以通过与之相关的最重要的两个组织——韩国—东盟中心和东盟文化院的动向来掌握。

　　正如前文所述，2019 年是韩国—东盟建立对话关系 30 周年以及韩国—东盟中心成立 10 周年，为此，韩国—东盟中心举行了各种高层次的纪念活动。4 月 24 日，韩国—东盟中心举办了"韩国—东盟媒体论坛"，邀请了来自韩国和东盟十国的主要新闻媒体，以及来自政府、学界、传媒产业的相关专家 130 余人参与，论坛主要探讨了东盟国家中"韩流"的发展现状和展望以及韩国国内"东盟流"的现状和发展方向。① 6 月 14～16 日由韩国—东盟中心主办的"ASEAN Week 2019"活动在首尔举行，该活动由韩国—东盟音乐节、东盟时尚节、东盟旅游展、东盟十国文艺表演、东盟商品展等环节构成，旨在通过展示东盟国家的各种文化来增进韩国民众对东盟国家的了解和认识，也体现了韩国"新南方政策"中基于人民的理念，构建了人与人连接（people-to-people connectivity）的交流体系。② 10 月 16～18 日，来自韩国和东盟国家政府、经济、学界、文化、媒体等各界人士和青年代表共 200 余人参与了由韩国外交部和韩国—东盟中心举办的"韩国—东盟列车"活动。三天的铁路之旅，途径首尔、庆州、釜山、顺天、光州等韩国主要城市，在城市观光的同时，双方还在列车内进行文艺表演，身临其境地体验对方的文化，起到了很好的交流作用。③

　　除了纪念活动，韩国—东盟中心还组织了青少年交流活动和旅游考察活动。7 月 8～18 日，"2019 韩国—东盟青年互联网论坛"在韩国和新加坡两地举行，该论坛以智慧城市为主题，邀请了来自东盟十国和中、日、

---

① 《韩国—东盟媒体论坛》（한-아세안 미디어 포럼），韩国—东盟中心网站，2019 年 4 月 24 日，https：//www. aseankorea. org/kor/Activities/activities_ view. asp？page＝1&BOA_ GUBUN ＝99&S_ FIELD＝TITLE&S_ TEXT＝한-아세안 미디어 포럼&BOA_ NUM＝13794。

② 《2019 东盟国家》（2019 아세안 위크），韩国—东盟中心网站，2019 年 7 月 6 日，https：//www. aseankorea. org/kor/Activities/activities_ view. asp？page＝3&BOA_ GUBUN＝99&S_ GUBUN＝5&BOA_ NUM＝14563。

③ 《韩国—东盟列车：共同的未来》（한-아세안열차: 함께하는 미래），韩国—东盟中心网站，2019 年 10 月 31 日，https：//www. aseankorea. org/kor/Activities/activities_ view. asp？page＝3&BOA_ GUBUN＝99&BOA_ NUM＝14864。

韩三国的大学生和研究生参与讨论。① "2019 韩国—东盟青年学术论坛"于 2020 年 1 月 6～11 日和 1 月 12～16 日分别在越南河内和韩国首尔、釜山举行。该论坛在举行学术讨论和专题讲座的同时，还组织参会者参观韩国和越南的各类政府部门、学术组织和文化遗迹，以此来增进双方之间的了解。② 另外，2019 年 12 月 3～7 日，韩国—东盟中心和缅甸酒店观光部共同举办了"韩国—东盟旅游考察（缅甸）"活动，四个知名的韩国媒体参与其中，对缅甸的旅游资源进行了深入报道。③

为了庆祝韩国—东盟建立对话关系 30 周年和继续推进"新南方政策"，东盟文化院也加大了对东盟文化的宣传和介绍。如举办"轻松了解东盟"系列活动，每个月介绍一个东盟国家，并且针对不同的受众，分为儿童版和成人版，组织旅游讲座和文化体验活动。另外，为了提高韩国民众特别是青少年对东盟国家社会和文化的认识，2019 年东盟文化院举办了多种形式的面向儿童和青少年的文化活动。6 月 1 日至 7 月 21 日，东盟文化院举办了"韩国—东盟动画节"活动，其间共选映了来自东盟国家的长篇动画 6 部、短篇动画 3 部及韩国的长短篇动画共 3 部，为韩国的儿童和青少年以及成年人开放了一扇了解东南亚文化的不一样的窗口。7 月 30 日至 8 月 18 日，东盟文化院举办了"东盟的生活与水土"艺术展，主要面向中小学生，通过展示描绘东盟各国风土人情的画作和图画书并邀请观众参与艺术创作的形式，让韩国的青少年在趣味中了解东盟国家的传统文化。8 月 3～11 日，韩国国际交流财团和东盟文化院联合主办了"东盟青年领袖论坛"，面向韩国

① 《2019 韩国—东盟青年互联网论坛》（2019 한-아세안 청년 네트워크 워크숍），韩国—东盟中心网站，2019 年 7 月 29 日，https：//www. aseankorea. org/kor/Activities/activities_ view. asp？page =1&BOA_ GUBUN =99&BOA_ NUM =14638。

② 《2019 韩国—东盟学术论文大赛——青年学术论坛》（2019 한-아세안 학술에세이 공모전 -청년학술워크숍），韩国—东盟中心网站，2020 年 2 月 6 日，https：// www. aseankorea. org/kor/Activities/activities_ view. asp？page = 1&BOA _ GUBUN = 99&S _ GUBUN =5&BOA_ NUM =15349。

③ 《韩国—东盟旅游考察——缅甸》[한-아세안 팸투어(미얀마)]，韩国—东盟中心网站，2019 年 12 月 12 日，https：//www. aseankorea. org/kor/Activities/activities_ view. asp？page = 1&BOA_ GUBUN =99&S_ GUBUN =5&BOA_ NUM =15263。

的高中生和多文化家庭青少年，举办了专题讲座、讨论、文化探访、外交体验等系列活动。9月28日，东盟文化院面向韩国的中小学生举办了"欢迎来到东盟"活动，以体验东盟国家传统游戏为主，还设置了与东盟国家相关的问答环节，让韩国的青少年更加主动积极地了解东盟文化。另外，语言交流也是双方文化交流中不可或缺的一部分。东盟文化院与釜山外国语大学合作，定期举办免费的东盟国家语言培训班，2019年共举办了两期，分别是3月12日至5月29日的春季班和9月17日至12月4日的秋季班，开设了泰语、越南语、马来—印尼语、缅甸语和柬埔寨语等语种的培训班。①

总的来看，相较于"韩流"文化在东盟国家的传播，东盟国家文化在韩国的传播仍然有很大的进步空间。而文化交流作为韩国"新南方政策"的重要一环，在今后韩国和东盟国家的交流中必将占据越来越重要的地位。

四 韩国与东盟文化交流展望

2019年的两大事件将影响韩国与东盟之间的文化交流走向。一是10月23~24日在韩国光州举行的"2019韩国—东盟特别文化部长会议"，二是11月25~26日在韩国釜山举行的"2019韩国—东盟特别峰会"。

"2019韩国—东盟特别文化部长会议"由韩国文化体育观光部主办，并邀请东盟十国文化部部长出席，旨在通过此次会议提升韩国与东盟国家之间的文化交流，同时为11月在釜山举行的"韩国—东盟特别峰会"预热。会议以"以人为本的和平与实现互惠共赢的未来共同体"为主题，主要有以下两方面内容。

第一，增进相互理解，扩大文化产业交流。双方就通过相互理解来增进文化表现多样性达成一致，并将致力于提升创意力量。数据表明，2014~2019年，东盟的文化创意产业市场以每年8%的速度增长，潜力巨大。因此，双方将积极发掘新的文化内容，为双方年轻人提供更多发挥创意的机会。

① 东盟文化院网站，https：//www.ach.or.kr/user/program/list。

第二，双方在增进文化理解、共同创作、扩大文化产业交流、深化文化遗产保护合作、深化文艺组织合作等五个交流领域提出了具体的合作方案。在增进文化理解方面提出了举办文化交流年、亚洲文化周、韩国—东盟文化合作论坛提案；在共同创作方面提出了支持韩国—东盟艺术家和团体合作、韩国—东盟青年艺术家创作论坛、传统音乐家互访提案；在扩大文化产业交流方面提出了举行文化产业交流活动、建立韩国—东盟电影组织和共同维护知识产权提案；在深化文化遗产保护合作方面提出了建立亚太文化遗产合作组织，以及制定基于信息通信技术的文化遗产保护和使用方案；在深化文艺组织合作方面提出扩大国立博物馆、美术馆和图书馆之间的交流与合作。

韩国—东盟特别文化部长会议结束后，11月25～26日，韩国总统文在寅以及东盟十国领导人和高级官员出席了"2019韩国—东盟特别峰会"，在闭幕式上，文在寅和东盟领导人签署了《韩国—东盟特别峰会共同议长声明》。对于文化领域的交流愿景，该声明中提出加大人员交流力度，适当放宽签证制度；强调了双方青年、媒体和智库之间交往的重要性；加大韩国—东盟奖学金投入力度，同时加强基于通信技术的高等教育合作；继续推进电影产业的合作；充分发挥韩国—东盟中心和东盟文化院对双方文化交流的促进作用；韩国—东盟合作基金将加大对教育、环境、文化产业合作的支持力度；韩国将与东盟国家合作进一步完善婚姻移民和多文化家庭的保障政策等。

从这两个会议的结果可以看出韩国对进一步加强与东盟之间文化交流的强烈愿望，并对拓展交流领域、确保资源投入、创新交流方式、丰富交流内容等都做出了具体部署。若全部顺利实施，那么未来韩国与东盟之间的文化交流质量将得到大幅度提升。

参考文献

赵大炫：《韩国—东盟经济合作成果及问题：新南方政策的方向及展望》，《POSRI热点报告》2019年第5期。

Abstract

The culture development of ASEAN countries in 2019, as usual, embraces uniformity and diversity. Uniformity implies the policymakers in ASEAN countries remain in charge of culture planning and policymaking. Inheritance and protective measures of traditional cultures remain to be the emphasis. Construction of ethical cultures stands still at the core of national culture development. Meanwhile, cultural exchanges within or between ASEAN, Korea and other countries are also growing. Diversity explains the vast range of differences between ASEAN countries in terms of economy, religion, ethnicity, societal development and so on, resulting in amazingly varied forms of culture development. For those who have a mature market economy, for instance Singapore, market plays the main role in the field of culture while the government remains in the backdrop. Brunei increasingly shows a tendency of lower aging and commercialization, while emphasizing the Islamic culture touch. Thailand holds strong to the status of Buddhism and the royal legacy as the core of Thai culture. The Philippines borrowed the concept of "culture landscaping" as to seek a balance between domestication and globalization. Intangible heritage protection has long been the keyword for Myanmar, Laos and Cambodian culture development. The UNESCO-listing, repair and protection of Pagan, pagodas, Prasat Phra Viharm and Koh Ker complex faces challenges of complexity and long duration. The import of foreign technology and fund is inevitable.

Keywords: Multiculture; Cultural Exchanges; Intangible Cultural Heritage; ASEAN

Contents

Ⅰ General Report

Abstract: The year of 2019 as usual has witnessed a diverse development of the ASEAN countries' cultures. All ASEAN countries have endeavored to inherit while consolidate unique cultural values perspectives. Despite differed economic and cultural developing status, international cultural exchanges has been the unanimous choice. A norm of promoting national cultures by absorbing essence of foreign cultures, so to maintain an everlasting updated status quo has already emerged. Building on the achievements of the past two years, cultural exchanges between China and ASEAN countries have been gradually enter a phrase of normality and institutionalization. The width and depth of humanistic exchanges continuously to march towards the vision of "people-to-people bond".

Keywords: Cultural Inheritage; Cultural Exchanges; ASEAN Culture

Ⅱ Country Reports

Abstract: 2019 is the first year of the Malaysian PH government in power. The new government faces more challenges, the domestic political situation is not stable, and some hot topics involving language, culture and ethnic relations continue to ferment. In general, Malaysia's cultural undertakings have achieved certain development, various cultural activities have flourished, and the cultural ecology of multiple symbiosis has continued. The revision of the old National Cultural Policy of 1971 was put on the agenda. New progress has been made in applying to UNESCO for the World Intangible Cultural Heritage. International cultural cooperation and exchanges have deepened.

Keywords: Culture Industry; Ethnic Relationship; Malaysia

B. 3 Annual Report on Culture Development of Singapore and Brunei (2019) *Li Wanjun* / 030

Abstract: The year of 2019 has witnessed both inheritance and innovation of culture development in Singapore and Brunei. On the one side, the routine patterns of culture development in both countries have been followed by both MCCY and KKBS. Important cultural events are organized with the agenda to promote the uniqueness and charm of the Singaporean and Bruneian cultures. Meanwhile, on the other, new features have also shown respectively. Singapore has enjoyed an even higher level of commercialization in art and culture. Government remained backstage as market plays its game. Bruneian government has shown an inclination to organize youngster-targeted, commercially rational and Islamic-related culture events. The new features will translate in a long term influence on culture development of both Singapore and Brunei, as also in cultural exchanges between these two countries and their neighbors including China.

Keywords: Cultural Inheritage; Cultural Innovation; Singapore; Brunei

B. 4　Annual Report on Culture Development of Philippines (2019)

Xie Suli / 057

Abstract: Since Duterte took office as President of the Philippines in 2016, the political, economic and cultural ties between China and the Philippines have been strengthened. As an important contributor to the Belt and Road Initiative in Southeast Asia, the Philippines' cultural projects have played a key role. In 2019, the cultural development of the Philippines is very active, featuring three movements: First, focusing on cultural heritage, it promotes an awareness of local identities; second, it seeks further integration into a global multiculturalism, while expanding its influence; third, cultural criticism pushes social reform and reconstruction. Besides, the Sino-Filipino cultural exchanges help shape their mutual trust and understanding.

Keywords: Cultural Heritage; Cultural Exchanges; Cultural Criticism; Philippines

B. 5　Annual Report on Culture Development of Vietnam (2019)

Lin Li / 068

Abstract: In 2019, Vietnam's cultural development strategy was summarized and updated. The draft of new strategy pays special attention to integration into the international community and the impact of Industry 4.0. Vietnam continues to encourage the Cultural Heritage Protection, promote national culture, and attach importance to the establishment of a cultural atmosphere based on the rule of law. Actively promote the interaction between cultural diplomacy and other diplomacies, strengthen contacts and cooperation with international organizations, and publicize Vietnamese culture in various forms.

Keywords: Cultural Development Strategy; Cultural Diplomacy; Vietnam

B. 6   Annual Report on Cultural Development of Indonesia（2019）

Yuan Haiguang / 084

Abstract：2019 is the second year of the implementation of Indonesia's Cultural Promotion Law. Its domestic cultural development has 3 characteristics： first, focusing on youth, giving full play to the advantage of demographic dividend; second, focusing on the development of mainstream culture, emphasizing unity in diversity; third, vigorously promoting cultural economy, focusing on creativity. Foreign cultural exchanges focus on the promotion of Indonesian national culture and cultural diplomacy. All of these reflect the development concept of the pragmatism of Joko's government. In 2019, Indonesia cultural development broke out sporadically, lack of sustainability generally due to less investment in cultural budget, poor cultural human resources and etc.

Keywords：Culture Promotion；Cultural Economy；Pragmatism；Indonesia

B. 7   Annual Report on Culture Development of Thailand（2019）

Tang Xuyang / 100

Abstract：In 2019, Thailand's cultural development is steady and outstanding in the second half of the year. The first is to continue to maintain and promote the traditional Thai royal culture, create a good social and moral atmosphere and a civilized network environment, make use of the digital information age and high-tech role in cultural development, and make outstanding achievements in the application and protection of cultural heritage and intangible cultural heritage. Secondly, the cultural development and economic efficiency effective docking, promote multi-party cooperation in the film and Television Industry and promote the development of cultural tourism with distinctive features. In terms of foreign cultural exchanges, 2019 is the "sino-thai cultural exchange year", On the occasion of the 70th anniversary of the founding ceremony of the People's Republic of China, a series of "let culture go global" activities held by relevant organizations in China have further promoted cultural exchanges between China and Thailand. In the process of protecting and inheriting traditional culture, the Thai government has also encountered some challenges.

Keywords: Cultural Exchange; Cultural Heritage; Thai Culture; China-Thailand Relations

B. 8   Annual Report on Culture Development of Laos (2019)

Liu Yingjun / 115

Abstract: In 2019, Laos culture continued to develop steadily towards the set goals. Within Laos, the "China-Laos Tourism Year" has become a new driving force to promote the inheritance and promotion of Laos' traditional culture; the Siengkhuang Stone Vat Plain has finally succeeded to be Inscribed on the World Heritage List and became another "business card" for the world to understand Laos; youth training, network security supervision get new results. In terms of foreign exchanges, cultural exchanges and cooperation with neighboring countries, especially China and Vietnam, have reached a new level, and cultural integration with Japan, South Korea, European and American countries has steadily developed to varying degrees.

Keywords: Traditional Culture; Cultural Exchanges; Laos

B. 9   Annual Report on Culture Development of Myanmar (2019)

Wu Di / 132

Abstract: In 2019, Myanmar culture was developed under the guidance of the National Cultural Central Committee and the Ministry of Religious Affairs and Culture, showing remarkable nationality, continuity and pluralistic coexistence. Myanmar government pays attention to the discovery and protection of cultural heritage internally, strengthens the sense of historical and cultural inheritance, and promotes the development of contemporary multiculturalism. In addition, the government attaches importance to the development of cultural exchanges with neighboring countries, actively participates in the construction of ASEAN Socio-Cultural Community, strengthens relations with ASEAN countries, and promotes development with other developed countries Cultural exchange.

Keywords: Traditional Culture; Cultural Exchange; Cultural Heritage; Myanmar Culture

B. 10　Annual Report on Culture Development of Cambodia (2019)

Li Guoquan / 151

Abstract: The year 2019 has witnessed steady cultural development in Cambodia. Various cultural activities, events, and festival celebrations were held as usual; new progress has been made in the protection and restoration of cultural heritage. Cambodia's cultural exchanges and cooperation with its existing neighbors and the European and American countries continued to expand, creating more possibilities for further development.

Keywords: Cultural and Artistic Activities; Heritage Restoration; Cultural Exchanges; Cambodia

Ⅲ　Topics on Cultural Heritage

B. 11　Report on Intangible Cultural Heritage of Vietnam

Meng Lin / 171

Abstract: In 2019, with the strong promotion of Vietnam Cultural Heritage Bureau, "Dai Yi, Nong and Thai Then song" was successfully selected into the list of UNESCO representative works of human intangible cultural heritage, becoming the

13th International Intangible Cultural Heritage in Vietnam; on the other hand, Vietnam Cultural Heritage Bureau released a new batch of 17 national intangible cultural heritage lists. Vietnam's intangible cultural heritage identification and protection work was further refined, steadily advanced in depth, and made remarkable achievements.

Keywords: Intangible Cultural Heritage; Intangible Cultural Heritage Protection; Vietnam

B. 12 Report on Intangible Cultural Heritage of Malaysia

Hou Yanni / 184

Abstract: In 2019, Malaysia added one another world intangible cultural heritage, its traditional martial art Silat was enlisted in the "Representative List of the Intangible Cultural Heritage of Humanity". Lead by Ministry of Tourism, Arts and Culture Malaysia, various departments actively carry out protection and publicity activities, build brands and expand influence to promote the dissemination and inheritance of intangible cultural heritage. Furthermore, after twenty-eight years, the Kelantan state government officially lifted the ban on Mak Young theater, paving the way for coexistence of traditional culture and Islam, which is of great significance to the protection of intangible cultural heritages throughout Malaysia.

Keywords: Intangible Cultural Heritage; Silat; Malaysia

B. 13 Report on Intangible Cultural Heritage of Myanmar

Zhang Weiguo / 200

Abstract: Myanmar is a multi-ethnic, multicultural country with a long history, and it is also rich in intangible cultural heritage. In recent years, The government of Myanmar has strengthened the protection of intangible cultural heritage and carried out various forms of protection work, and forces from all walks of life in Myanmar have also actively participated in it. For instance, Thanakha is one of the most distinctive intangible cultural heritage in

Myanmar. The inheritance and protection of it are the epitome of the protection of Myanmar's intangible cultural heritage. However, the protection of Myanmar's intangible cultural heritage is still in its infancy, and there is a long way to go. In the future, Myanmar will deepen understanding among various ethnic groups and promote the development of tourism and the improvement of people's livelihood by protecting intangible cultural heritage.

Keywords: Intangible Cultural Heritage; Thanakha; Myanmar

B. 14 Report on Intangible Cultural Heritage of Indonesia

Ge Rui / 216

Abstract: As the second year after the implementation of Law No. 5 Indonesia 2017, the protection of intangible cultural heritage in Indonesia is progressing steadily in 2019. The protection of intangible cultural heritage follows the work plan, focus on "celebration of Pencak Silat selected into UNESCO's intangible cultural heritage", "preparing applicant of Pantun to become a UNESCO intangible cultural heritage with Malaysia", "celebration of 10th Batik National Day", and "selecting the annual selection of nasional intangible cultural heritage 2019". This paper will introduce the above four works, and analyzes how Indonesia takes the intangible cultural heritage project as a strong tool to promote domestic cultural development, and implement cultural foreign policy abroad.

Keywords: Intangible Cultural Heritage; Cultural Diplomacy; Indonesia

B. 15 Report on Intangible Cultural Heritage of Thailand

Chen Shi / 229

Abstract: In 2019, Thailand 's intangible cultural heritage protection will focus on three aspects, namely: actively apply for the selection of the United

Nations intangible cultural heritage list and organize national-level non-heritage selection; improve the relevant legal policies of Thailand 's intangible cultural heritage protection; holding a series of publicity activities on intangible cultural heritage. All three intangible works have achieved remarkable results, mainly including: "Thai Massage" was successfully selected into the UNESCO Intangible Cultural Heritage List; 18 new national intangible cultural heritages were added; the new Guidelines for the Inheritance and Protection of Intangible Cultural Heritage have been issued. In addition, 27 national intangible cultural heritage publicity activities were held. In the form of propaganda, they broke the tradition and have the courage to innovate. The content of the propaganda focused on the United Nations intangible cultural heritage. The propaganda organization has the characteristics of internationalization and commercialization.

Keywords: Intangible Cultural Heritage; Thai Massage; Thailand

B. 16   Report on Intangible Cultural Heritage of Laos

Wu Zhi / 243

Abstract: This study analyzes the three official classification methods of the intangible cultural heritage (ICH) of Laos. The classification of the National Heritage Law (2014) is more peculiarly Lao features, and there are many overlapping classifications. Classification method in Lao ICH report (2011) followed the UNESCO Convention for the Safeguarding of the Intangible Cultural Heritage, and the national ICH inventory (2018) being the most detailed. Give an introduction to two representative ICH elements of Laos, the Khaen music, which became the first element listed UNESCO ICH Lists of Laos. And another one, Lam Vong Lao entered the stage of examination of nominations for inscription in December 2019. The progress, problems, and challenges of safeguarding ICH in Laos are summarized and analyzed, the shortage of talents, technology, and equipment is the main obstacle to the protection and inheritance of the Lao ethnic minority groups culture.

Keywords: Classification of Intangible Cultural Heritage; Protection of Ethnic Minority Groups Culture; Laos

B. 17　Report on Intangible Cultural Heritage of Cambodia

Zhou Huiwen / 256

Abstract: In 2018, Cambodia's Lkhon Khol Wat Svay Andet was inscribed on the Representative List of Intangible Cultural Heritage in Need of Urgent Safeguarding by UNESCO. At present, the Cambodian government is taking measures in order to further propagate, protect and develop national intangible cultural heritages, such as actively applying for intangible cultural heritages, completing the national intangible cultural heritage list, formulating cultural protection policies, celebrating the anniversary of intangible cultural heritage, and strengthening the cooperation and exchanges with the intangible cultural heritages in the world.

Keywords: Intangible Cultural Heritage; Lkhon Khol Wat Svay Andet; Cambodia

Ⅳ　Topic on Cultural Exchanges

B. 18　The Cultural Exchanges Report in 2019 between South Korea and ASEAN

Yi Chao / 267

Abstract: 2019 marks the 30th anniversary of the establishment of dialogue relations between South Korea and ASEAN. With this opportunity, South Korea has strengthened cultural exchanges with ASEAN this year. Both the output of the "Korean Wave" culture and the spread of ASEAN culture in South Korea continue to deepen. And with the continuous advancement of South Korea's "New South Policy" and the convening of "The 2019 Special AMCA Plus ROK Meeting" and the "ASEAN-Republic of Korean Commemorative

Summit" at the end of this year, the cooperation and exchanges in various fields between South Korea and ASEAN have been further promoted. The cultural exchanges between South Korea and ASEAN will also enter a new stage of development in future.

Keywords: Cultural Exchanges; South Korea; ASEAN

社会科学文献出版社

皮 书

智库报告的主要形式
同一主题智库报告的聚合

❖ 皮书定义 ❖

皮书是对中国与世界发展状况和热点问题进行年度监测，以专业的角度、专家的视野和实证研究方法，针对某一领域或区域现状与发展态势展开分析和预测，具备前沿性、原创性、实证性、连续性、时效性等特点的公开出版物，由一系列权威研究报告组成。

❖ 皮书作者 ❖

皮书系列报告作者以国内外一流研究机构、知名高校等重点智库的研究人员为主，多为相关领域一流专家学者，他们的观点代表了当下学界对中国与世界的现实和未来最高水平的解读与分析。截至 2020 年，皮书研创机构有近千家，报告作者累计超过 7 万人。

❖ 皮书荣誉 ❖

皮书系列已成为社会科学文献出版社的著名图书品牌和中国社会科学院的知名学术品牌。2016 年皮书系列正式列入"十三五"国家重点出版规划项目；2013~2020 年，重点皮书列入中国社会科学院承担的国家哲学社会科学创新工程项目。

权威报告·一手数据·特色资源

皮书数据库
ANNUAL REPORT(YEARBOOK)
DATABASE

分析解读当下中国发展变迁的高端智库平台

所获荣誉

- 2019年，入围国家新闻出版署数字出版精品遴选推荐计划项目
- 2016年，入选"'十三五'国家重点电子出版物出版规划骨干工程"
- 2015年，荣获"搜索中国正能量 点赞2015""创新中国科技创新奖"
- 2013年，荣获"中国出版政府奖·网络出版物奖"提名奖
- 连续多年荣获中国数字出版博览会"数字出版·优秀品牌"奖

成为会员

通过网址www.pishu.com.cn访问皮书数据库网站或下载皮书数据库APP，进行手机号码验证或邮箱验证即可成为皮书数据库会员。

会员福利

- 已注册用户购书后可免费获赠100元皮书数据库充值卡。刮开充值卡涂层获取充值密码，登录并进入"会员中心"—"在线充值"—"充值卡充值"，充值成功即可购买和查看数据库内容。
- 会员福利最终解释权归社会科学文献出版社所有。

数据库服务热线：400-008-6695
数据库服务QQ：2475522410
数据库服务邮箱：database@ssap.cn
图书销售热线：010-59367070/7028
图书服务QQ：1265056568
图书服务邮箱：duzhe@ssap.cn

社会科学文献出版社 皮书系列
SOCIAL SCIENCES ACADEMIC PRESS (CHINA)
卡号：526142418158
密码：

S 基本子库
SUB DATABASE

中国社会发展数据库（下设 12 个子库）

整合国内外中国社会发展研究成果，汇聚独家统计数据、深度分析报告，涉及社会、人口、政治、教育、法律等 12 个领域，为了解中国社会发展动态、跟踪社会核心热点、分析社会发展趋势提供一站式资源搜索和数据服务。

中国经济发展数据库（下设 12 个子库）

围绕国内外中国经济发展主题研究报告、学术资讯、基础数据等资料构建，内容涵盖宏观经济、农业经济、工业经济、产业经济等 12 个重点经济领域，为实时掌控经济运行态势、把握经济发展规律、洞察经济形势、进行经济决策提供参考和依据。

中国行业发展数据库（下设 17 个子库）

以中国国民经济行业分类为依据，覆盖金融业、旅游、医疗卫生、交通运输、能源矿产等 100 多个行业，跟踪分析国民经济相关行业市场运行状况和政策导向，汇集行业发展前沿资讯，为投资、从业及各种经济决策提供理论基础和实践指导。

中国区域发展数据库（下设 6 个子库）

对中国特定区域内的经济、社会、文化等领域现状与发展情况进行深度分析和预测，研究层级至县及县以下行政区，涉及地区、区域经济体、城市、农村等不同维度，为地方经济社会宏观态势研究、发展经验研究、案例分析提供数据服务。

中国文化传媒数据库（下设 18 个子库）

汇聚文化传媒领域专家观点、热点资讯，梳理国内外中国文化发展相关学术研究成果、一手统计数据，涵盖文化产业、新闻传播、电影娱乐、文学艺术、群众文化等 18 个重点研究领域。为文化传媒研究提供相关数据、研究报告和综合分析服务。

世界经济与国际关系数据库（下设 6 个子库）

立足"皮书系列"世界经济、国际关系相关学术资源，整合世界经济、国际政治、世界文化与科技、全球性问题、国际组织与国际法、区域研究 6 大领域研究成果，为世界经济与国际关系研究提供全方位数据分析，为决策和形势研判提供参考。

法律声明

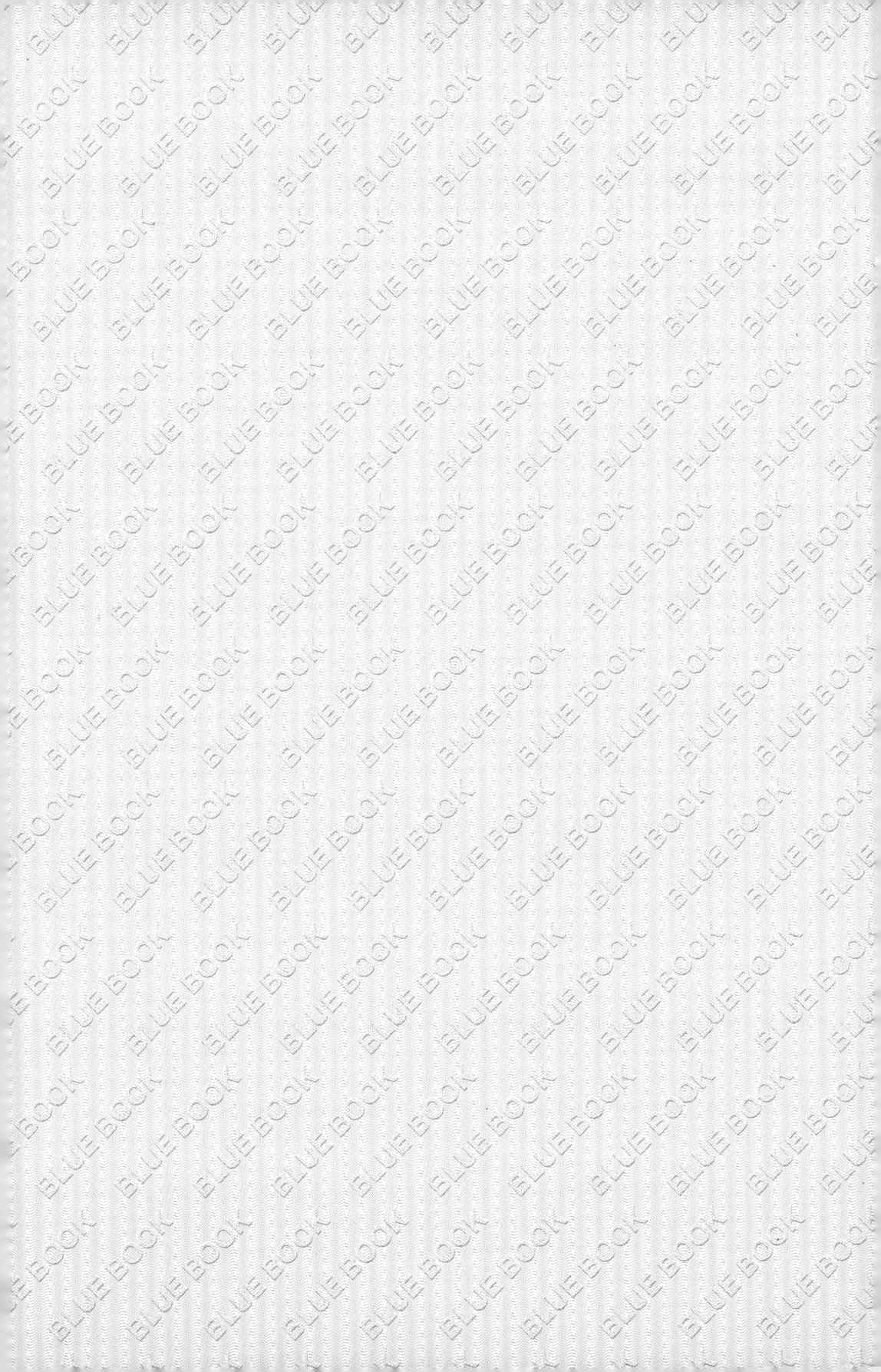